国家社科基金
后期资助项目
GUOJIA SHEKE JIJIN HOUQI ZIZHU XIANGMU

U0660995

从神学人格
到阶级意识

——马克思宗教批判的政治哲学解读

张添翼　著

南京大学出版社

国家社科基金后期资助项目
出版说明

后期资助项目是国家社科基金设立的一类重要项目，旨在鼓励广大社科研究者潜心治学，支持基础研究多出优秀成果。它是经过严格评审，从接近完成的科研成果中遴选立项的。为扩大后期资助项目的影响，更好地推动学术发展，促进成果转化，全国哲学社会科学规划办公室按照"统一设计、统一标识、统一版式、形成系列"的总体要求，组织出版国家社科基金后期资助项目成果。

全国哲学社会科学规划办公室

谨以此书献给我心爱的女儿——张知粼

目　录

1

导　言

　　自 2007 年美国金融危机以来,经济全球化面临了前所未有的挑战,西方国家向中东地区输入的民主革命,引发了伊斯兰/基督教世界的传统神学政治问题,并造成地缘格局的一系列重大危机,近年来更是演变为右翼政治势力的强势复归。随着经济社会的高速发展,新时代中国意识形态呈现出多元化的趋势,民间地下教会、封建迷信活动死灰复燃,高校大学生信教传教现象不断升温,宗教极端主义与恐怖主义日渐合流。结合这两方面的时代语境,重新思考马克思政治哲学的原点——宗教批判显得尤为重要,本书将尝试对经典文本进行创造性解读,为创新马克思主义中国化话语体系略尽绵薄之力。

　　自然界厌恶真空,思想史不接受问题意识的空白。一种学说无论经历怎样的流变,明确其最初的批判对象,都有助于理解最深层次的理论旨归。自启蒙运动肇始,西方社会的神学政治问题日渐凸显,宗教批判何以被终结?宗教批判究竟为政治批判提供了什么样的思想前提?这一思想前提,能否促成马克思主义在理论科学性与信仰性之间的平衡?上述反思与追问,皆需回溯思想史以审慎求解。

　　路德新教改革之后,德意志的社会意识逐渐彰显为虔敬心态与禁欲主义相结合的独特生活样态,由此催生出的神秘主义思潮,深刻影响到启蒙思潮的走向。相对于英法启蒙哲学,神学政治问题在德国古典哲学中得到了更深层次的概念式理解,其中,康德率先预见到神权社会的结局,他热情讴歌启蒙理性,认为基督教信仰不足以涵盖伦理价值,道德反之应该成为宗教的基础。长久以来人性都是神性的附属品,随着理性精神带来的人性解放,康德认为应当充分尊重人的主体性价值,并将个人意志提升为社会性的道德立法。

　　鉴于法国大革命的政治恐怖,费希特反思了信仰与理性的二元关系,他认为不应当把神学视为外部强加的精神禁锢,宗教理应成为人格自由的必要保障,只有把被道德哲学悬置了的神性还诸形而上学,才能确保道德律令的客观有效,知识学的"绝对自我"便象征着一种精神化的、绝对化的人格力量。谢林把这种形式上区别于上帝、本质上又趋同于上帝的精神力量界定为神学人格。无论是趋同于神性的人性、抑或摈弃了宗教异化的人本精神,它们都必须首先解释上帝的神圣形象何以依赖于人的思想,神学人格恰好介于神圣性与世俗性二者之间。作为神学理念的世俗化,神学人格可以通过参与政治权威的塑造,统摄公众的思维与行动,为社会秩序提供统一的精神基础。伦理价值与神学人格、政治权威与社会秩序,这两对矛盾统一体构成了德国宗教批判的核心命题。

作为德国古典哲学的集大成者,黑格尔通过与谢林、斯塔尔等"思辨的有神论者"的论争,批判了将神学人格视为公共政治精神基础的思路。总体上,黑格尔破除了神学人格的神秘主义要素,并代之以辩证的概念演绎,在精神哲学体系中,无论宗教世俗化还是神学理性化,都能在政治普遍性的实体——国家中找到融合之道。神人和解并不局限于信仰层面,它理应在政治世界中获得相应的存在样态——伦理人格。伦理人格不是形式化的个人主观意志,而是内涵于政治普遍性的市民社会精神,"权威宗教"将通过延续基督社团的政治诉求,把伦理人格与市民社会等级有机地统一起来。随着公权力的逐步完备,伦理本性的人格最终将被普遍性的政治权威同化,这一趋势是不可逆转的。

青年黑格尔派成员在不同的理论层面上继承了黑格尔学说,他们强化了对宗教人格主义的理解,以及特定的自我意识观念在政治领域内的引申。其中,施特劳斯强调民众普遍信念对于构筑宗教意识的核心作用,他树立了耶稣基督的道德完人形象,进而演绎出代表人类最高伦理实体的"类"观念。相比之下,费尔巴哈则把"类"如实地视为人格的自由本质,他希望通过从神学到人本学的转换,最大限度地弘扬人的主体性价值。费尔巴哈通过对"类"概念进行绝对化的理论抽象,开创了反思性的个人原则,然而由于他拒斥理性中介,即使最大限度地预设了人的感性生活,也始终无法超越人格抽象的唯心论窠臼。

在理论生涯之初,马克思便由衷认同费尔巴哈关于神学的本质即人本学的判断。神学的超验维度外在于人的类本质,与之同理,伦理社会并不能直接等同于人的类生活。马克思认为人不只是"概念的政治"的总体,它应当成为实践活动的主体,从积极全面地占有自己的本质,继而消灭资本主义的异化现象。马克思把人的共同体抽象——"类"视为必要的理性中介,将它置于人与社会的关系之中予以扬弃,即实现普遍人类解放的前提,这是他开启真正的、彻底的宗教批判的思想基础。

然而马克思随后发现,仅仅对神学和人本学进行颠倒是不够的,因为人并非蛰伏于世界之外、被动地寻求精神拯救的抽象物。通过《莱茵报》时期的现实批判,马克思找到了一个理解公共社会原则与宗教世俗化复杂关联的切入点——法律法理二者的分裂。马克思发现,与形而上学的国家权力相对的,是以神学人格为依托的君主立宪制,当专属于君主的国家权力沦为维护私权的工具,它便不再符合法哲学所宣扬的"国家主权的理想主义",也在根本上背离了信仰赋予它的神圣性。

在赫斯的启发下,马克思通过对特定的神学政治问题——犹太人问题的相关解读,解开了之前的法哲学疑问,即神学人格—伦理人格—法理人格的转换机理。其一,将神学问题转换为现实问题、倡导从政治解放到人类解放,继而从财产权批判入手,阐释了启蒙主义的政治平等精神;其二,秉承政教分离原则,通过继承现代启蒙/同化主义的思想原则并予以深化,号召民众积极扬弃资本主义异化,建立普遍性的"自由人的联合体"。这两条思路在唯物史观的逻辑演进中合流,塑造了科学社会主义全新的伦理价值与政治秩序线索。

政治国家在世俗基础层面的矛盾可以通过革命排除,而集中于宗教批判完成后的、人们精神基础层面的矛盾,亟待把人是革命的主体、人是类的存在物的判断全面整合为无产阶级的阶级意识。在宗教神学隐退之际,与无产阶级"新人"相对的,是利己主义的"末人",马克思与施蒂纳的思想交锋堪称此对立人格的最佳思想参照:施蒂纳以精神哲学的论证方式,暴露了费尔巴哈"唯物主义"的唯心论内涵;马克思拒绝从实在论角度对人进行高度的理论抽象,他认为施蒂纳用自利原则论证的"唯一者",在本质上仍然是对费尔巴哈思辨幻想的继承。人在交往过程中形成的社会性本质,是祛除精神哲学信仰、超越利己主义者联盟以建立自由人联合体的思想前提。

无产阶级在其阶级意识形成的最初阶段,便明确了反对资本世俗化、摈弃利己主义的思想路向,因为社会资本只有更迭为共同财产的形式,才能成为人类自由与公平的绝对表达,个人私利只有上升为普遍利益,才能凝聚阶级意识的内核。以往的一切宗教批判,在于为政治批判提供了基准:无产阶级的神圣性与神学的超验维度、以人为本的绝对价值无关,它在根本上基于自由人格的实现,因此不能再依赖于宗教信仰和人本主义说教。共产主义理论的科学性,则奠基于对社会原子化的利己精神的消解以及以扬弃资本主义异化为宗旨的政治经济学批判。

本书作为研究马克思宗教批判理论的专题著作,将从以下三个方面入手展开论证:

第一,反思青年黑格尔派的哲学史地位及其政治意蕴。

青年黑格尔派成员在不同的理论层面上继承了黑格尔学说,他们强化了对宗教人格主义的理解,以及作为特定自我观念在政治领域内的引申,在相当程度上启发了马克思早年的理论思考。其中,施特劳斯强调民众普遍信念对于构筑宗教意识的核心作用,进而推导出代表最高伦理实体的人类观念;鲍威尔通过取消上帝的实体性存在,颠覆了德国观念论长久以来对神学人格的思辨路径依赖。此外,费尔巴哈希望凭借从神学到人本学的转换,最大限度地弘扬人的主体性价值;施蒂纳认为宗教批判过度神化了人性,人的主体性价值需要落实为自利精神,才能在"利己主义者的联盟"中转变为政治自由。总体而言,青年黑格尔派不仅是马克思的批判对象,更是思想的引路人。

第二,梳理马克思与青年黑格尔派成员在宗教批判层面的思想渊源。

施特劳斯、费尔巴哈、鲍威尔等人完成了"摧毁宗教意识的准备性工作",马克思实现了从宗教批判到政治批判的思想转向,他通过与恩格斯、赫斯的合作,在德国思辨哲学与政治哲学互为表里的思想共同体之外,寻求人类解放的全新实践方案。此外,马克思早期学说中"类""阶级"等核心概念,直接借鉴了施特劳斯与费尔巴哈的类哲学,并在与鲍威尔的"自我意识"哲学、施蒂纳的"唯一者"绝对唯心论的论战中完成深化。青年黑格尔派通过各种方式把神性归结为人性,但人性本身仍被观念论束缚在抽象的主体性中,马克思则将抽象的人转化为现实的人,在"自由人联合体"中完善人性。本课题将分析上述学术渊源,并与唯物史观原理进行对接,为马克思实现的哲学革命与政治革命提供全新的解释框架。

第三,厘清唯物史观对宗教批判、政治批判的超越。

马克思要终结的不是宗教本身,而是青年黑格尔派试图用神学理念、或改良过的神学理念涵盖一切的宗教批判方式。当资本主义制度已经取代宗教秩序,成为社会生活中压倒一切的势力之际,以神学人格的逻辑重构为线索的宗教批判、基于启蒙精神展开的政治批判便完成了其历史使命,它终将让位于对人的一切社会关系总和的现代性诠释——唯物史观。唯物史观一方面吸收了宗教批判的成果,揭穿了德国观念论的主观性和唯心性;另一方面涵盖政治批判的目标,诠释了资本逻辑与人权理念之间的根本矛盾。

本书试图以政治哲学为视角,实现以下三个方面的理论创新:

第一,问题意识方面。在政治哲学视域中,反思早期马克思学说中的神学政治问题线索,完善并推进马克思主义研究的学术内容及思想深度。对马克思而言,宗教究竟是亟待扬弃的思想"鸦片",还是内化于科学世界观中的理论线索,亟待于在观念论层面还原人的自我异化的神圣形象,并诠释其内涵;宗教批判承担着启蒙主义的原初诉求:消解宗教信仰预设的彼岸世界,完善规范政治现实的此岸世界,马克思继承了康德、黑格尔以来德国观念论哲学批判神权政治的思想脉络;犹太人问题是西方神学政治问题的突出表现,马克思曾予以重点关注,他将神学问题转换为现实问题,并倡导从政治解放到人类解放的实践路径。

第二,方法论方面。从观念论、社会历史的双重维度中揭示马克思学说的思想源流。在德国观念论传统中,探讨从"类本质"到"类解放"的理念跃迁,重新审视无产阶级的阶级意识;在社会历史层面,论证宗教批判的局限,以及马克思转向政治批判乃至资本逻辑批判的必然性。

第三,论点方面。马克思的宗教批判不是对宗教本身的批判,而是对在资本主义生产方式的统摄之下,人的自我异化的根源——"宗教性"的批判。本书将通过分析马克思宗教批判观,揭示早期马克思学说中蕴涵着的"双重革命"——政治革命、哲学革命的精神内核,发掘唯物史观在克服资本主义异化、推进人类解放事业等方面的思想内涵,即从宗教批判到"宗教性"批判。费尔巴哈在进行宗教批判的同时,也借由"类"掩盖了人的宗教性,马克思将自我意识置换成为一种客观的理论自觉之后,开始经由法哲学批判,全面反思人的宗教性。对马克思而言,"宗教性"批判是宗教批判到政治批判转向的中介环节,即杜绝人类"在根本上还从自己产生宗教的状态"。在以"类"为中介的人类解放理想中,马克思发现了承载"迄今为止的世界制度的解体"使命的无产阶级。共产主义的理论宗旨,即在无产阶级的政治实践中,完成主体性原则的再生产。

第一章　神学政治问题源流
——宗教批判的思想史前设

何谓马克思主义的"初心"？《马克思恩格斯选集》第一卷、第一篇文章、第一句话开宗明义：其一，宗教批判已经结束；其二，宗教批判是其他批判（政治批判、政治经济学批判）的思想前提。人们据此认为，德国的宗教批判已经由施特劳斯、鲍威尔乃至费尔巴哈彻底完成，对于马克思而言，宗教只是附属于经济社会环境变迁的现象，不再值得进行独立批判。这类"已经完成"的论断，完全消解了作为政治批判前提之宗教批判的重大理论意义，也忽略了宗教批判与唯物史观原理的思想关联。在马克思主义的早期发展线索中，有必要还原马克思宗教批判的政治动机，以实现对于无产阶级意识的全新解读。

第一节　宗教批判的历史背景

一、马克思主义与神学政治问题

倘若模仿列宁对马克思主义三重理论来源（德国精神哲学、古典政治经济学、空想社会主义）的界定，可以得出一个简明的公式：马克思主义＝唯物史观＋政治经济学批判＋科学社会主义，把它与早期马克思主义的思想结构进行对比，便能够发现那消失了的重要一环——宗教批判。

以近代西方思想沿革为参照，马克思主义显然是十九世纪最具综合性的社会批判理论，其中相对于政治经济学、社会学、历史学等学科，宗教批判所占理论比重非常之小，即便把它放诸哲学观也难称为核心命题，遑论举世公认的马克思主义开端，正是为宗教批判本身画上句号："就德国来说,对宗教的批判基本上已经结束。"①西方学者认为,对于马克思而言宗教问题是"不重要"的:在施特劳斯、费尔巴哈、鲍威尔等青年黑格尔派成员的努力下,宗教问题已经得到最大限度的延展,缺乏继续拓展下去的余地,且面临日益紧迫的资本主义异化,民众亟待扬弃旧时代的精神鸦片,直面即将到来的政治浪潮。马克思认为宗教作为附属于社会经济环境的历史现象,不再值得进行独立的批判活动,换言之,宗教批判是政治批判视角内的理论延伸。

围绕"马克思的宗教批判"这一论题,人们热衷于列举鲍威尔、施特劳斯等人宗教批判的诸多局限,继而从唯物史观的角度阐述马克思借鉴费尔巴哈哲学,继而结束宗教批判转向政治批判的必要性,其观点可简要概括为两种倾向:其一,青年黑格尔派的宗教批判成果极大丰富了马克思政治批判的具体内容,宗教批判作为"其他一切批判的前提",是马克思清除德国唯心论哲学影响、创建唯物史观的一个独立的思想环节;其二,马克思的宗教批判全然超越了青年黑格尔派的宗教批判,并借此实现了唯物史观的哲学观变革,并最终体现在"用澄清商品的神秘性来消除宗教的神秘性"的政治经济学研究中。② 尽管侧重点各有不同,研究者都自觉地将马克思视为青年黑格尔派的思想综合者,却鲜有从思想史角度来正视下列基本事实:宗教批判视域内,马克思基本上没有参与福音书考据、耶稣人格性等具体的神学论争,却持有与青年黑格尔派一脉相承的宗教观,他自始至终只是一个审慎的旁观者,而非积极的践行者;马克思之所以断言宗教批判已经终结,并非由于宗教论题的思想资源已经穷尽,而是因为在费尔巴哈哲学的短期影响下,他悬置了政治—神学问题而转向经验层面的革命实践,即追求无产阶级的尘世救赎——全人类的解放。全面分析宗教批判的思想史渊源,进而探讨马克思宗教批判的政治哲学内涵势在必行。

从宗教批判到政治批判,这一转向无疑是马克思从青年黑格尔派脱颖而出、开启独立运思的关键点,而马克思对宗教问题的有意识回避,也成为两个世纪以来部分学者指责马克思学说具备所谓"神学立场"的主要依据。对荒谬指控的回应,往往成为洞察真知的桥梁,那么,马克思的全部学说是

---

① 《马克思恩格斯选集》第1卷,人民出版社1995年版,第1页。
② 叔贵峰:《马克思宗教批判的革命变革——从理性的批判到实践的批判》,人民出版社2008年版,第236页。

否只是犹太—基督教宗教情怀的虚假变形？这是现在信奉马克思主义为科学的人们仍然需要审慎对待的理论难题。诚如洛维特所言，想要以"科学性"来论证无产阶级的弥赛亚使命观是根本不可能的，那么，把宗教批判还原为神学——政治问题本身，将为求解"马克思的宗教批判"意义提供契机。有必要着眼于这段思想公案的"史前史"，即在德国社会思潮的更远之处追溯，截取宗教批判转向的思想史节点，为全部论证厘清路径。

在二十一世纪的当下，人们的确有充足理由去质疑马克思的很多具体论断，如无产阶级/资产阶级的二元矛盾注定长期存在且无法化解、国际垄断资本终将灭亡资本主义社会等，却不能回避他做过最为精准的一个预言：启蒙肇始、理性彰显后的数百年间，资本主义已经席卷了全世界，它裹挟着国家与社会、民族和民众，一同涉入最为普遍的异化进程中。在现代性滥觞的起点，东方人选择了退守传统，试图以儒家伦理来规范、化解虚无主义价值观，西方人则把悔思诉诸他们的文明根基——具备超越维度的宗教，这一倾向很早便出现在德国社会思潮沿革之中。"德国的革命的过去就是理论性的，这就是宗教改革。"①在路德"理论性的"《九十五条论纲》的感召之下，德意志民众前所未有地团结起来，向"人世间的瘟疫"——天主教廷发起了进攻；而在费希特"理论性的"《对德意志民族的演讲》中，宗教教育将缔造纯粹的伦理生活，引导德国公民在拿破仑入侵后重塑民族精神。身处新教的策源地，德国思想家们本能地希望取缔一切依附于世俗权力的教会，却又不得不正视邦国分裂造成的政治软弱、亟须用宗教整合民众意志的现实。换言之，在统一德意志的宏图愿景中，神学政治问题是不能割裂的，宗教既是严肃的理论问题，更是全面的实践标准。

二、近代德国的神学政治问题

十七世纪下半叶，与英国光荣革命后的君主立宪制、法国路易王朝的中央集权相比，莱茵兰地区只有三十年战争留下的满目疮痍。德皇不再作为罗马帝国道统的捍卫者，而只是哈布斯堡家族的王权傀儡，德意志领土也分裂成多达1789个邦国与骑士庄园领地。普鲁士在这一时期内的迅速崛起，成为德国复兴最大的亦是唯一的希望。客观而论，普鲁士外处复杂的中欧地缘政治格局，内有邦国林立造成的经济羸弱，如此困局之中尚能

---

① 《马克思恩格斯选集》第1卷，人民出版社1995年版，第10页。

实现富国强兵,宗教的精神力量不容小觑。路德新教改革后,普通民众无须再听任神职人员的谎言而购买赎罪券,贵族乃至容克也不必对梵蒂冈教廷的教谕俯首听从,信仰的解放让德国人获得了全新的救赎途径——职业。

现世的辛劳、对工作恪尽职守都与神之恩宠直接相关,这也便意味着,人们只要灵魂中虔诚信仰,生活中积极工作,就能迎接神的降临。路德宗虔信派的斯宾奈尔(Spener)认为,基督徒无须刻意遵守陈腐的、形式化的教义,而务必在日常起居中实践"内心的虔诚":要尽职尽责工作;要谨慎言行、事事自省,要远离奢靡的生活方式,把自身利益与对社会的义务相统一,实现个体灵魂在神之恩宠中的重生。这种教义与弗里德里希·威廉一世的施政理念不谋而合,在他看来,勤勉并恒久忍耐、忠诚且严守纪律的宗教戒律,与忠君爱国的国家意识形态是完全同步的。"士兵王"威廉一世开始力促教会与军队结盟,他将战地牧师引进了兵营,把虔信宗教士佛兰克的文章散发给普通军官,并定期组织将士精读《新约》福音书……上述措施都强化了对军人的精神掌控。随着宗教性即军队性、军队性即国民性的日益彰显,军国主义潜移默化成为一种名为"普鲁士性"(Preußentum)的独特民族精神。

德国虔信派追求与上帝合一的修行方式,与其他新教流派存在明显差别。对加尔文教和清教徒而言,对神的虔敬心态是兼具理性主义的,"在此世的生涯便彻底地被理性化,并且完全被增加神在地上的荣耀这个观点所支配"①。它与盎格鲁—撒克逊小资产者的严谨自省、积极开拓的气质契合,缔造了早期的新教伦理;虔信派倡导的虔诚心则是纯粹的感性认知,在宗教性即国民性的社会氛围中,虔敬心态与禁欲主义的生活方式融合,在信众的精神生活中渐渐催生出了神秘主义,它不仅发生在信仰层面,更深刻影响了德国社会思潮的走向。

康德在《纯粹理性批判》中阐述了以往形而上学的最大弊端,即理性范畴在不受限制的情况下,演绎而出的并非客观真理,而是先验幻象,他因此设定了一个不能为理性所把握的自在之物"物自体",为人类认知能力划定界限以杜绝理性能力的僭越。道德哲学的宗旨在于"必须扬弃知识,以便

---

① 〔德〕马克斯·韦伯:《新教伦理与资本主义精神》,康乐、简惠美译,广西师范大学出版社2010年版,第99页。

为信仰腾出地盘"，自在之物拒斥理性认知，却为上帝的存在预留空间。从目的论角度，"物自体"无疑代表哲学向神学做出的妥协，以往研究者认为它是在特定时期内，德国小市民阶层保守宗教价值观的集中反映。但究其本质，一种不可认知却又实际存在的神秘主义概念并不能简单视为阶级意识的产物，它是哲学阶段性发展的必然现象，在思想演变中亦不乏先例。

漫溯西方哲学史，从伊壁鸠鲁主义、新柏拉图学派到托马斯·阿奎那，快乐、太一、光明、天启……此类概念屡见不鲜，它们作为核心的伦理准则，与所处时代的宗教意识相互交织，以不同形式完成演绎并为哲学提供了源源不断的思辨动力。古希腊晚期，随着世人对柏拉图主义和实体哲学的淡漠，怀疑论和犬儒主义逐渐盛行，相近的中世纪末，当教父哲学被启蒙理性扬弃后，唯理论与经验论之间的分歧逐渐扩大，并分别衍生出了独断论和不可知论。前后异质的思辨路径，可以在特定时代的精神主题——哲学观层面完成整合，基督教早期教父们就借鉴了新柏拉图派的太一学说，在抽象理念层面阐述圣灵、圣父、圣子三位一体，与之类似，康德试图解决唯理论与经验论的矛盾，势必要以启蒙理性为参照，完成对以往思想成果的综合，其间，抽象的、不可认知的自在之物是构筑理论体系的必要环节。以思想史为参照，神秘主义概念演变通常与宗教意识紧密相关，人们亟待反思德国古典哲学的神学背景。

对于德国哲学的体系化倾向，谢林曾这样评价：唯一可能的理性主义体系是泛神论，而泛神论将不可避免地导致宿命论，这种说法显然不适用于康德哲学。漫长的中世纪中哲学一直是"神学的婢女"，信仰与知识二者直到人本主义和启蒙精神兴起后才趋于平等，在哲学的自我理解层面，形而上学批判一直优先于宗教批判。康德之所以为理性区划边界，背后没有主观的神秘意图，他希望通过先验层面的理性反思，实现一种既作为后形而上学的，又作为后基督教（而非反基督教）的哲学思考。同时代法国爱尔维修、狄德罗等机械唯物论者否定超验的精神实体的存在，试图以无神论方式为理性与宗教彻底划清界限，康德走向另一条路，他坚持让宗教受到理性的检验，"这便是宗教哲学诞生之时"①。在进步史观的影响下，人们坦然接受了这样的论调：启蒙理性驱散了宗教蒙昧的黑暗，科学精神祛除

---

① 〔德〕尤尔根·哈贝马斯：《在自然主义与宗教之间》，郁喆隽译，上海人民出版社 2013 年版，第 175 页。

了神学的伪善光芒,但在十九世纪的德国,理性取代神学的过程十分漫长,列奥·施特劳斯认为,早期的激进启蒙者如霍布斯、莱马鲁斯等人回避了理性与神学间的复杂关联,借助嘲讽、诘难的方式将启示传统从一个位置中"笑"出去,并武断地让理性充当真理的唯一标准。对他们而言,嘲讽尽管是事后进行的,却也是让他们获得精神自由,绝对性的合法化保障。①相比之下,康德的态度要更加审慎,他的哲学思考也因此具备了深层次的神学政治论意味,值得审慎地加以探究。

第二节　神学政治问题的思想史线索

一、康德:在"神法"与"人法"之间的实践理性

在德国观念论哲学阵营中,康德颇具远见地阐述了欧盟前身即欧洲共同体之构想,他已经意识到,随着教会神权与世俗政权的逐步分离,旧有世界政治体系的衰落将不可逆转。政治共同体如斯,个体民众亦然,因此需要"把启蒙运动的重点,亦即人类摆脱他们所加之于自身的不成熟状态,主要是放在宗教事务方面"。对启蒙者来说,最为迫切的任务并非驱散神学蒙昧、以知识来丰富心智,而是要直面宗教改革之后的"礼崩乐坏":在精神生活层面,民众已经逐渐失去了从天主教廷到主教们的规训,他们要听凭自己灵魂做出决断,这是人性解放的开端,亦可以成为道德堕落的先兆。启蒙精神的基石是人,而只有听从内心理性判断的人才是自由人,阿多诺把康德写作《实践理性批判》时的心态概括为"不可想象的绝望",甚为精当。理性决定人之为人的伦理价值,上帝存在确保伦理价值的至高与至善,这二者皆不可偏废,康德更改了中世纪伦理学"上帝—人—道德"的模式,代之以"理性—道德—人"的路径,上帝以理性的名义被悬置在外。这种道德哲学指向一种全新的可能性:当理性完成了以自身为目的的自我确证,作为理性存在者的个人,就可以不用问询神的旨意,通过严格的意志自律实现德福统一,即世俗生活层面的自由。

---

① 〔美〕列奥·施特劳斯:《哲学与律法——论迈蒙尼德及其先驱》,黄瑞成译,华夏出版社2012年版,第12页。

有必要陈明一个事实:以哲学家著称的康德,在日常生活中是一名标准的虔信宗教徒,他崇拜卢梭,也按时作息、虔诚礼拜,他向往自由平等的法国大革命,也信仰原罪与救赎,认同从原罪到人伦的神恩教化。回到康德道德哲学的著名的三条绝对命令:上帝的存在为道德律令提供了的神性权威,善良意志需要承认道德责任的权威,意志自律则依靠每个理性存在者在日常生活中的切实践行,它们与虔信派崇约、信神、自律的禁欲修行方式是颇为相似的。虔敬派倡导信众在禁欲与玄思中获得神恩,在这种神—人关系之中,人忍受世间苦楚,承担的却是精神的绝对孤独,倘若以道德目的论为基础,把上帝理解为世间一切善行的始基,他的全知全能就能够弥补自然目的论的理论局限性,并以此为基础建立一种神学。康德自己也承认理性道德与三位一体、道成肉身等教义并没有直接关联,但如果借鉴新教的解经方式,把圣子诠释为至善伦理的载体,把神恩定义为超感性的向善冲动,就可以让人们意识到道德生活是通达幸福的唯一路径,只要坚定信念,便不会丧失对彼岸世界的希望。

康德并不是神学家,他认为信仰不能涵盖道德的价值,反之道德应该成为宗教的基础,换言之,与其坚信因上帝存在(甚或人类灵魂的不朽)而产生的终极关怀,毋宁选择上帝所应许的尘世王国的视角。[①] 虔信派神学家向信徒允诺了一个靠禁欲和服从在工作中就能获取神意恩宠的世界,康德则创造了一个理性解读宗教的范例,他关注剥离了神性普照之外的现实个人生活,对人性报以充分的尊重,并试图将个人意志提升为社会性的道德立法。综合来看,实践理性不把人当成目的,而把神的存在视为手段,康德想要回答这样一个疑问:在神权政治即将完结之际,人类如何缔造合理的世俗生活状态?

斯宾诺莎在《神学政治论》中区分了“人法”和“神法”,其中,人的法律是令生命与国家皆得安宁的生活方略,神的法律追求德性,“其唯一的目的就是最高的善”。二者之间,人法并不服从于神法,神法也不逾越德性的边界,而最高的律法,只与人所处天然条件中的生存与活动相关。这一思路为康德所借鉴,对他而言,“人法”和“神法”各司其职,需要的仅仅是悬置、而非取消神性的存在。自然神论认为上帝的力量仅限于自然实体,道德哲

---

① 〔德〕尤尔根·哈贝马斯:《在自然主义与宗教之间》,郁喆隽译,上海人民出版社 2013 年版,第 185 页。

学保留了与德性相关的神性，康德虽身为道德主义者，也反对无信仰的启蒙悲观主义。针对怀疑主义，他想挽救那种可以在单纯理性限度内获得辩护的宗教的信仰内容和约束力。[①] 康德认为，在上帝的信仰权威下，如果辅以自律的道德准则，便可以逐步祛除自利人性对社会原则的侵害。理性存在者之间的关系，由此成为道德义务的依据，政治世界也转变成检验伦理普遍性的平台。在卢梭"自然人是什么"追问的启发下，康德开始追问"人应该是什么"。如果以道德原则为最高宗旨，理性将变得更加纯粹，被引导的人不再是自然人，而是现代社会的合格公民，"随之而来的启蒙了的人们……就必定会一步步地上升到王座上来，并且甚至于会对他们的政体产生影响"[②]。在道德哲学层面，普遍性的"公意"与个人自由实现了统一，神学问题也被转换成了政治问题。

在近代政治精神生成的视野之中，康德充分尊重人性，用道德弘扬了启蒙主义的价值。在重树人的主体性价值方面，任何思想家都务必认真回应康德哲学，而不是绕过它。然而物极必反，抽象化和形式化的绝对命令，落实到十八世纪末的德国现实后出现了难以化解的矛盾：崇高理念缺乏可以支配的质料——民众。具体而言，人们在日常生活中需要摆脱情感冲动，谨慎自律来践行道德律令，但个人生存、现世操劳不可避免地要同感性世界发生关联。人性自然层面的祛除，伦理主体的崇高自我规定，为了满足体系论证需要而树立的神学权威，这些可以为知识阶层所理解，却难以打动普罗大众，因此实践理性成为一种与理性范畴之先验幻象相对的，形式化的道德理想。在封建集权制几近完备的法国，道德哲学可以充当平民权、均国富的政治宣言，而在缺乏统一政治权威的德国，形式化的道德劝诫则容易沦为空泛的国民教育。更为根本的，道德哲学存在"这种对一切实在东西的厌恶，自然也导致对恶的本原视而不见"[③]的特性，经由法国大革命清楚地昭示世人，理性的绝对自由只会招致绝对的恐怖，那些所谓符合普遍公意的良心，大都成了政客们伪善邪恶的借口。

---

① 〔德〕尤尔根·哈贝马斯：《在自然主义与宗教之间》，郁喆隽译，上海人民出版社 2013 年版，第 176 页。
② 〔德〕康德：《历史理性批判文集》，何兆武译，商务印书馆 1990 年版，第 18 页。
③ 〔德〕F.W.J.谢林：《对人类自由的本质及其相关对象的哲学研究》，邓安庆译，商务印书馆 2008 年版，第 69 页。

二、费希特:"绝对自我"的理性使命

"自由自由,天下古今几多之罪恶,假汝之名以行!"罗兰夫人对世人的告诫深刻而悠远。现代性的生成过程中,人们不能单纯依靠道德力量来诠释自由、统一理性,主观情感、人格意志便成为哲学向神学复归时期的核心论题。在强调启蒙精神与人类主体价值的关联时,康德也承认了唯有在基督教的启示传统中,才能发展出人在个体性中的永恒规定——人格,这其实已经为神正论预留了空间。"物自体"的不可知性,实际上以约束认知能力自由的方式,赋予个人在道德领域中自由的可能,因为只有上帝才能洞察人心,自然人性的根本恶以信仰教化的名义被隔离后,理性才可以丰富人格的自由与独立性。对康德而言,自由意志是道德的源头活水,但启蒙主义者的理性规划,还没有健全到足以约束自然人性的地步。

康德晚年的理论活动立足于化解道德哲学的政治困境,在他并未多加留意的神正论讨论中,后继哲人却开启了摈弃理性、复归神学的"反动"思潮。对他们而言,信仰不是外部强加的,而是人格自由的必要保障,人如果能做到明辨善恶,他在理性层面就不能否认神的存在。神权可以统御世人,不仅根植于信仰层面的神人契约,它需要悬置的超验价值观,而一种超验的正义,常常表现为独立的、纯粹的道德主体,康德的晚辈后学之中,费希特最先延续了这一思路。

费希特哲学设定了作为知识及其对象的"自我","自我"的核心特征,在于抛却了"物自体"概念的神秘性,并代之以无可置疑的、绝对化的人格力量。费希特认为,道德观念与自由的客观现实并非派生于纯粹的或形式化的意志,而派生于具体情境中的人与意志,将与其他人的意志发生相互作用,并为这些意志所反映。[①] 他希望借助绝对自我的主体性意志,来全面统一理论理性和实践理性。唯心论的抽象进程终有止境,它势必要与神学展开对话,与康德对待宗教的审慎态度不同,费希特的宗教立场爱憎分明,宗教观也构成了知识学的一个独特维度。1791年匿名发表的《试论一切天启》,被人们误认为康德的宗教哲学论文,费希特凭借此文在哲学界声名鹊起。八年之后,由于允许弗贝格《宗教概念的发展》发表,作为刊物主

---

① 〔英〕克里斯·桑希尔:《德国政治哲学——法的形而上学》,陈江进译,人民出版社2009年版,第192页。

编的费希特被群起而攻,神学保守派指责文章的怀疑论倾向,并认定作者也是一个"无神论者",不堪旷日持久的批判,费希特被迫丢掉了教职。不知是否与此打击相关,在离开耶拿转赴柏林后,费希特对宗教问题的态度发生了极大逆转,他开始主动把神学理念代入哲学思考,继而认定神才是"宇宙间的道德秩序,是在宇宙内逐渐实现其自身的自由:除此之外,他不能为任何其他的东西"①,只有受到圣灵启示,从上帝中流出的精神生命才是真实的,宗教不是"坟墓的彼岸",它切中的是时代现实生活的核心,因此有必要推行普遍性的宗教教育,为德意志之国家复兴提供源源不断的精神动力。

作为承上启下的唯心论流派,费希特哲学为德国思想界"开风气之先",其思想轨迹亦颇具代表性,施莱尔马赫、谢林甚至于费尔巴哈纷纷步其后尘,在各自晚期哲学运思中复归神学,这种理论示范效应是值得深思的。有研究者认为,"无神论事件"中断了费希特哲学既定的理性进程,使他的知识学体系分成了两个前后异质的阶段:自我哲学和宗教哲学,前期的绝对自我是"革命"精神的产物,晚期宗教哲学的转向则是"反动"精神的复归。在一定程度上,自我哲学通达了一种康德意义上的伦理学,上帝只是纯粹自我的彰显,宗教转向之后,费希特眼中的上帝成为绝对存在者,知识学也由此沦为神秘主义的宗教意识。诗人海涅这样形容道:"我们已经发现了这一巨大转折,费希特开始磨磨叽叽,沉醉于舞文弄墨,变得拘谨而又温和了起来。"上述看法尽管各有理由,仍不免囿于进步史观的推演。需要正视的是,在客观历史层面,费希特的思想成熟期与法国大革命是完全同步的,其哲学运思对宗教的关注,可以视为对法国革命局限性的理论回应;从哲学层面加以考量,所谓的宗教转向本质上是主体自我抽象化的必然产物。众所周知,知识学肇始于康德哲学的批判性反思,在康德哲学的体系框架中,理论理性与实践理性各司其职,如果有人质疑理性无法涵盖道德律令,上帝的存在便能赋予理性无可辩驳的权威。总体来看,理性与神性不是互为表里的统一关系,而是道德哲学体系中的平等合作者,当费希特用抽象的主体自我意识打破了这两种类型理性的边界,绝对人格与神学人格便只有一步之遥了,换言之,哲学会自然而然地转向神学。

---

① 〔德〕艾尔弗雷德·韦伯:《西洋哲学史》,詹文浒译,华东师范大学出版社 2007 年版,第 431 页。

形而上学介于神学和政治之间,倘若政治理性不能履行道德使命,它便自然会转向人格与情感的神学框架,如果仅从这个角度看,这不是反动的思想倒退,而是务实的理论选择。康德与谢林都曾经批评过费希特对于主体性的过分强调,在他们看来,想从自我的主体性中推演出客观世界是不可能的。费希特对这类批判的回应十分巧妙,他认为,绝对自我固然是抽象的精神实体,但它也包含着无数的经验自我。在人与他人共同塑造的世界历史进程中,绝对自我的具体彰显,即经验自我的具体道德行为,经验自我在交互的伦理关系中获得自由。另一方面,个体经验自我越是独立和自由,便越要征服和支配外在于自我的存在,消弭所有外在的物质、情感欲望,这就是“绝对的自由即绝对的恐怖”的思想源头。与康德对待启蒙的乐观态度不同,费希特看到了大革命以来人性解放与启蒙精神的矛盾,深感于主体性泛滥的恶果,他势必要树立一个更高的、不可动摇的道德权威。

众所周知,道德规律之所以有效,在于它根源于自由人的本质——理性,然而与现实政治革命对照,自由却沦为了“理性”公民们手中的双刃剑:从巴士底狱的炮火,到雅各宾派的倒行逆施,直至波拿巴王朝的兴起,专制皇权、共和制、威权僭主的政体演进中,不同阵营的政治领袖们接受的是同一波被启蒙精神洗礼的民众欢呼。这形成了一个悖论:人们为了权利与平等,以理性名义发动革命,最终却为了结束自由的恐怖,情愿接受约束自由的专制政体。这也便意味着,如果理性引导的政治革命不能保障人的生存,人的生存反倒维系了理性的意义,“至善”的道德规律符合理性推演,却高估了人性的可塑性,费希特从人的主体性着眼,开始了对道德哲学的反思。对他而言,绝对自我还只是尘世的伦理态度,唯有把被康德悬置了的神学人格还诸形而上学,才能确保道德律令的客观、中立和有效,“一个没有无条件的东西的认知是不可思议的;反过来,无条件的东西并不以认知为条件”[①]。超越性的、“无条件的”伦理精神实体,即绝对自我之权威——至高存在者的神,通过神秘主义演绎,人生的终极目的凸显了出来:凭借意志来磨砺灵魂、乐于本业、勤勉事功并最终实现人神合一。毋庸置疑,这才是费希特哲学宗教转向的真正“反动”之处:其一,他坚信上帝的爱才是理性的“来源与实在性的根基”;其二,他把康德已经扬弃了的虔信派修行方

----

① 〔德〕威廉·格·雅柯布斯:《费希特》,李秋零、田薇译,中国社会科学出版社1989年版,第154页。

式,以自我主体性的名义复活了。人们可以指责伦理准则的形式化,质疑崇高道德感难以实践,却不能因此否定启蒙精神,从而放弃理性彻底复归神学。正是看到了这种倾向的巨大危险,康德在 1799 年的封笔之作《论与费希特知识学之关联》中,对知识学做出了最为言简意赅的评价——"一文不值",神学人格讨论延宕德国思想界近半个世纪之久,费希特哲学无疑是始作俑者。

政治哲学的思想史研究路径,区别于以概念的线性因果延续、理念的层级构建为基准的纯粹哲学思辨,它力图在社会现实的形而上解读之外,赋予人们不断拓展的问题意识。以往研究者认定的所谓青年黑格尔派与马克思的诸多理论"创见",不单是延续或扬弃黑格尔哲学的产物,它们与一段思想公案息息相关,即十九世纪初德国思想界的"道德与法律之争"。对应到宗教批判,鲍威尔和青年马克思把自我意识视为人类生活的标志性特征、以自我意识解释神学启示的合理内容,宗旨就是要突出人的主体性原则,费尔巴哈、施特劳斯等人在十九世纪四十年代初对基督教人格主义的批判,赫斯、施蒂纳对政治个人原则的解构,这些都可以概括为特定的抽象自我观念,以及它们在社会政治层面的引申。随着政治运动的陆续谢幕,革命成果都落实于稳定的政治秩序,这是现代政治的客观发展规律使然。除此以外,主观性的道德教化,终将逐步被客观理性的法权政制取代,其间德福统一的至善、基于个人意志的良知,对冷峻的宪政国家而言并没有多少实在意义。康德、费希特所倡导的理性道德与政治生活实际上是脱节的,以道德为名义强求统一的理性,如同坚持自由和人格的情感一样,总是被一种虽能把持一段时间,但终遭破灭的权力话语(Machtspruch)拒绝。对比后不难发现,与统一国家的政治愿景相比,那种经由伦理原则构筑的世界秩序是"寒酸"的,它一面世就会直接陷入种种矛盾。[①]

正如列奥·施特劳斯所判定,"康德政治哲学所产生的问题,根源就在于道德和政治的含混性,不仅每一方而且双方的关系都是含混不清的"[②]。想要化解这种含混性,道德/政治哲学要接受双重指认:人性仍不够神圣;理性不能赋予人性以神圣性。接下来费希特的思路便顺理成章了,把彼岸

---

① 〔德〕F.W.J.谢林:《对人类自由的本质及其相关对象的哲学研究》,邓安庆译,商务印书馆 2008 年版,第 49 页。
② 〔美〕列奥·施特劳斯、约瑟夫·克罗波西:《政治哲学史》(第三版),李红润译,法律出版社 2009 年版,第 673 页。

的神性权威引入尘世,用一种政治国家于外的强制力,引导强力意志涵盖理性反思,进而以神权政治为意识形态的国民教育替代缓慢优雅的自由教育,对于德国民众而言,这是深刻却阴郁的思想遗产。启蒙主义的原初诉求,正是根绝神权政治对个人意志的侵害,而横亘于德国政治思潮中的神权意识,让宗教批判成为对德意志民众进行"二次启蒙"的前提。

英法社会革命爆发之前,激进政治都是国内主流的思想氛围,譬如国民公会代表巴布鲁就这样看待新生的共和国:它的主权不能因为被议员代表而陷于沉默,它的伟大源于活跃着的公众,人民可以对现有的一切体制进行监督,可以自由发表言论;宪政由公众意志塑造,人民可以审核所有不合理的法案,这就是所谓"无套裤汉"的平民政治理想,虽未免激进而空泛,却也不乏建设新世界的满腔热情。德国则与之大相径庭,在政治革命尚在孕育之时,从思想家到民众都罕见地趋向保守,这形成了一种极为僵化而沉闷的思想氛围,在"普鲁士性"的国民性中绵延不断。浪漫主义乃至历史法学派成员都把虔敬的宗教情感、绝对的依赖感视为强化统一历史意识,甚至病态地认为"朝向上帝的运动,就是朝向死亡的革命"。民众普遍缺乏支持进步事业的动机,反而热衷于支持保守主义的宗教立场,布鲁诺·鲍威尔表达过对这种状态的绝望:德国的激进政治之所以必然沦为悲剧,在于民运领导者们总是天真地指望"博得群众的喝彩",马克思则以时代性为参照,描绘了这样的荒诞场景:"即使我否定了1843年的德国制度,但是按照法国的纪年,我也不会处在1789年,更不会是处在当代的焦点。"①

围绕近代启蒙主义的宗教议题,我们可以概括出两个基本目标:其一,完成宗教批判,祛除神学的愚昧与偏见,以理性精神竖立政教分离原则;其二,意识形态与政治运动合流,在世俗政权中践行民主平等的社会理念,构筑"自由人的联合体",二者前后相继关系非常明确。德国思想于西方社会思潮主流处偏离了,它表现为上述两个目标的同时进行,这造成了宗教批判的特殊性和复杂性:在德国,宗教批判面对的并不是中世纪神学,而是经由理性改造后的近代神权政治理论;启蒙者不单单要弘扬理性精神,剖析宗教现象与宗教意识,还必须深入神学—政治问题的框架中,剥离唯心主义哲学的神学目的论,进而直面"思辨的有神论者"的国家哲学。

---

① 《马克思恩格斯选集》第1卷,人民出版社1995年版,第3页。

三、谢林:启示哲学的人格主义内核

"在柏林,随便问一个哪怕稍微懂得一点精神统治世界的人,在政治和宗教方面争夺对德国舆论的统治地位即争夺对德国本身的统治地位的战场在哪里……就在谢林讲授启示哲学的第六讲堂。"①无论是唯心主义哲学观,还是"争夺对德国本身统治地位"的国家哲学,谢林都明显要早于黑格尔,在他看来,唯物主义、无神论是代表粗俗机械主义思维方式的深渊,只有唯心论才是国家把原子般的民众"有机地"整合起来的关键,唯心论要杜绝抽象与空洞的道德说教,有必要引入更具活力的实在论,谢林借鉴了圣奥古斯丁对上帝之城/尘世之城的区分,开始着重阐释政治生活中的"光明原则"与"黑暗原则"。这两种原则的区分本质上是一种更为精致的神秘主义框架,其中"光明原则"与自然神性相关,在谢林看来,上帝是较之于单纯的道德世界秩序更为实在的存在,人的自性(Selbstheit)可以使灵魂脱离抽象道德律令和无权威主体性,回归信仰的怀抱。在词根上,自性代指最基本的自我意识,它在与理想原则统一后才能获得丰富的内容。精神就是与理想原则相统一的自性,人就是一种自性的、特殊的存在者。谢林认为这种精神区别于上帝又趋同于上帝,它与神性的联系使之成为一种新型的近代人格(Persönlichkeit)样态,即神学人格。

青年黑格尔派在宗教批判方面的诸多"创见",都可以追溯到更久远的神学—政治问题框架,以费尔巴哈为例,他用感性主义和唯物论阐述人本哲学,在强化宗教批判力度的同时,也简化了问题本有的思想深度。作为核心论题,神学人格直接预示了"神学的本质即人本学"的判断。在谢林看来,为了弥合自性人格和上帝的精神鸿沟,只有"人格的东西才能拯救人格,上帝必须变成人,以便使人再通达上帝"②,无论费希特如何强调绝对自我的经验来源,也不能回避它只是一个"没有人格的存在物",斯宾诺莎把上帝实体化为无生命及无人格的存在,在康德哲学中则演变成了一种盲目的道德必然性。施莱尔马赫批判了上述哲学家对宗教问题的僭越,他把理性谈论神学问题的人统称为"蔑视宗教的有教养者"。在他看来,无论思

---

① 《马克思恩格斯全集》第 2 卷,人民出版社 1957 年版,第 323 页。
② 〔德〕F.W.J.谢林:《对人类自由的本质及其相关对象的哲学研究》,邓安庆译,商务印书馆 2008 年版,第 95 页。

辨程度高低、论证是否客观理性,虔诚的信众根本就不关心宗教是否承担了道德说教的使命,他们也不愿用自由精神和任意的神圣性去重塑世界观,宗教的真正本质既不是行动也不是思维,而是直观与情感。谢林以"思辨的有神论者"著称,他虽然恪守宗教启示,却没有遵循神学家的论证思路,对他而言,人格不是单纯的神学范畴,阐述神学人格也不是为了坚定信仰,它关乎更为重要的思想主题——政治合法性的重构。

谢林的思想活动可划分为同一哲学与启示哲学两个阶段:同一哲学摈除了已混淆的道德/政治,它通过绝对的理智直观,把道德和政治统一为人自身的理解路径——人格;启示哲学以神学人格为基准,延续了莱布尼茨的神义论传统。[1] 对谢林而言,上帝的绝对同一性,决定了作为受造物的人的自由本性,人在绝对自由中所造恶业,并不能用来质疑上帝的至善。在神学人格的自然层面,至善也处于不断生成的过程中,在神学人格的精神层面,上帝的存在成为人类自性的根基,基督社会伦理的日益完善则确证了至善理念,这是辩证统一的。在近代政治语境内,政治权力的合法性、政治权威的塑造,要追溯到作为社会原则的公意,谢林把公意翻译为"Universalwille",它的德文词根"universal"指代普遍性,超出了卢梭从公共社会角度阐述的原意。首先,上帝唯独在公意的普遍性上爱世界和怜悯世人,这充当了政治世界的光明原则:一方面"正是这个上帝的肖像才把握到了处于中心的渴望";另一方面,个人在自身内拥有一种独立于上帝的原则即人格,上帝以爱的公意化解了个人私意的黑暗原则,二者相辅相成,人格在神性中最终擢升为绝对精神。其次,上帝在道德层面的博爱众生,使得其必然"以一种真正的形而上学的必然性产生出来"。[2] 在谢林看来,启蒙主义的自由观共享了近代政治的黑暗原则,而真正的自由在于与神圣必然性的协调一致。至此,启示哲学中和唯心论与实在论的动机已然初显,它

[1] 神义论(theodicy)是神学和哲学的交叉学科,它着力探究上帝内在至善、全知全能与普遍性罪恶之间的关联。"神义论"作为一个术语由莱布尼茨于《神义论》中率先提出。神义论集中探讨人的罪恶问题,寻求化解人类原罪与上帝消灭罪恶意愿之间的矛盾。支持上帝全知、全爱、全能观点最为普遍,即罪恶事实上并不像人们定义的那样存在,即使是至善的对立面,上帝也是能够做出预见和赦免的。综合而言,神义论尝试在罪恶存在的前提下,提供一个正面的理论框架来说明上帝的存在在逻辑上的可能性,进而统一神性人格与超验正义观念。

[2] 〔德〕F.W.J.谢林:《对人类自由的本质及其相关对象的哲学研究》,邓安庆译,商务印书馆2008年版,第115页。

想通过还原上帝与自然之间的纽带,生成谦卑而有活力的个人人格,这种人格将同神权政治的公意相得益彰。以这重理解为基点,强调神性就是强调人自身的存在价值,用感性的直观的方式进行思维与行动,显然比客观冷峻的理性思辨、时时自省的意志自律更能切入世俗众人的精神世界。谢林自认为已经解决了康德与费希特的问题,即只有以神学人格为基础,用有机的方式来感受人的思维与行为,才能为真正的人类秩序提供一个重要的、统一的基础。①

为了描述这种全新的神人关系,谢林颇为自负地认定,德意志已经处在新联邦的开端,普鲁士王国可以把王政同神性连接,这个新联邦就是连接上帝之城的尘世"中介者",它通过神性的政治权威赋予公民自由。此外,上帝之城的启示并不是一种必然发生的,它是神性的最自由、最有个体性的意志的展开。② 谢林在探讨上帝的自由意志过程中,通告了下一阶段德国神学政治问题的核心论题:神学人格的肉身化,即既具备人性又具备神性的中介——耶稣基督。

在唯心论哲学框架之内,神秘主义的抽象终有止境,谢林却在《〈世界时代〉导论》中如作神谕一般,描绘了启示哲学的全知全能:过去的尽知晓,现在的终认知,未来的可预知,推算的一切都将被预言。十九世纪四十年代,谢林批判黑格尔哲学的理性主义"使人坚持片面性,直到他把片面性的一切可能性耗尽为止",当他把上述构想兜售给柏林大学的学生,向他们确保信仰和启示将带来奇迹的时候,得到的却是年轻学子们的集体揶揄,时代的风向已然转变,思想上的妥协终将被扬弃。

法国大革命和拿破仑帝国前的欧洲,历史凝滞于教廷和邦国间的攻占杀伐,人们为了某种历史使命而沦为时代的祭品。公众被告诫要极尽谦卑,对政权和教会保持一种古希腊神祇般的敬畏,大革命以平等和自由为准绳,向世人传递了一个全新的共识:要把社会从专制与愚昧中解放出来,必须用激进政治的方式重塑世界,其中神权是终将被扬弃的存在,康德的欧洲共同体和"永久和平"只是这一思路的温和延续,其要旨在于规划神权政治瓦解后的世界历史。十九世纪上半叶的德国思想界,神学政治问题表

---

① 〔英〕克里斯·桑希尔:《德国政治哲学:法的形而上学》,陈江进译,人民出版社 2009 年版,第 246 页。

② Schellings Werke, VI Bänden, herausgegeben von Manfred Schröter, Leipzig, 1927, S. 403f.

现为道德与法律之争,被"思辨的有神论者"寄予厚望的神法,与近代政治维护公民权益的法律存在本质差别,即便在资本主义发展的薄弱阶段,它可以于落后的政治经济环境中,完善民众的道德教化,为集体主义营造思想氛围,但在根本上它隶属于神权的载体——教会。邦国林立的政治分裂,让路德宗难以构筑统一的神权威信而只能寄生于容克贵族和集权国家,当教会与政权相互掣肘的局面已然消解,德国这种"新的"神权政治理论,最终只会沦为军国主义者的意识形态。借用梅因的名句:一切进步的社会运动,都是"从身份到契约"的过程。绝对哲学把神学人格的"身份"分给个人,为了确保在普遍化的宗教信念中,国家和公民缔结"契约",由此把德意志民族精神的纽带系于普遍化的宗教信念……这与中世纪的神权社会还有何分别? 上述倾向还造成了知识阶层普遍的理想缺失:在中世纪有传教士的基督教理想,文艺复兴时期艺术家引领了对世俗性的再发现,启蒙主义者把理性精神发扬光大,而德国人在宗教神学的蛊惑下"虽然没有共同的理想,甚至根本没有任何理想,但生存一段时间了"①。综合来看,以谢林为代表的思辨有神论者,淡忘了转向宗教神学的初衷——弥合近代自由观念与社会伦理的矛盾。总体而言,这已经不是理性还是非理性的理论选择,启示哲学是毋庸置疑的、反理性精神的思想倒退。

作为连接康德、费希特与青年黑格尔派的思想中介,谢林漫游于理性和非理性之间,走上了一条尽可能弯曲的道路。启示哲学把对神学人格的权威迷信、神秘主义幻象掺杂在哲学中,分裂了世界观的完整性,最终把基督教的世界观矛盾也上升为哲学原则。在宗教问题视域内,学术界普遍把《〈黑格尔法哲学批判〉导言》奉为圭臬,认定青年黑格尔派成员之中,是马克思最先揭示了从宗教批判到政治批判的必要性,苏联学者马利宁和申卡鲁克却认为,作为德国神权政治理论与神秘主义结合的范本,恩格斯对启示哲学的批判才代表了黑格尔左派的最高哲学成就。谢林关涉到神学政治论的讨论,是因为他的同一哲学"为费尔巴哈以及其他青年黑格尔派成员树立了完美的人本主义世界观的榜样,而这样的世界观也为许多黑格尔的批评者所共享"②。客观而言,在自我意识哲学的影响下,青年恩格斯的

① 〔德〕西美尔:《现代人与宗教》,曹卫东等译,刘小枫审校,中国人民大学出版社 2005 年版,第 29 页。
② 〔美〕沃伦·布雷克曼:《废黜自我——马克思、青年黑格尔派及激进社会理论的起源》,李佃来译,北京师范大学出版社 2013 年版,第 58 页。

思辨水准并不高,论证也大多流于表面,还把"追随精神的自我发展的人"视为新时代塑造民族意识的模范,这里值得深思的是他对宗教问题的预判——"'黑格尔'帮现在直言不讳地说,他们不能再把基督教看作自己的界限"①。所以称恩格斯跳出了神学政治论的框架,呼吁人们质疑德国神权政治的哲学基础是何等荒谬,这是敢为人先的理论直觉。文本方面,他早于马克思,在青年黑格尔派内部率先指出神学论争的局限性。②

费希特、谢林以来哲学的宗教转向,催生出作为道德/政治权威的神学人格,它一方面在西方主流理性主义之外,演绎了"用比喻替代证明"的神权政治理论,另一方面则造成哲学精神的萎靡,造成整个知识阶层的理想缺失。恩格斯意识到,德国神学论争的基础是哲学观念,谢林追求自然与精神的绝对同一,其客观性却完全建立在人格化的上帝观念之上,而如果把上帝观念撤开,只攫取与人格化没有关联的纯粹思维规定,启示哲学便被放逐在自然与精神之外,不再有任何实在性了。此外,神学人格不恪守理性精神,而是根据需要而随意改变理念,使其无法回应神权政治的核心——一神论,且由于在理性中的不可追溯性,它并没有中和实在论和泛神论,而是在两者之间摇摆,对于以复兴基督教国家为己任的启示哲学,这是不可化解的哲学矛盾。换言之,由于上帝学说彻头彻尾的拟人观的性质,被寄予厚望的政治光明原则,完全可能被生机勃勃的人性逆转成魔鬼的伎俩,而这一切竟然也符合启示哲学的逻辑。恩格斯诙谐地为神学人格预设了一个结局:"如果撒旦在基督成为人之前把世界王国让给他,那至少有希望把他争取到自己这边来,谁知道那会发生什么情况呢!"③

教义通过自身的历史客观性,在理性精神中获得诠释,这是黑格尔宗教哲学的基本思路。青年黑格尔主义者们把宗教哲学视为自我意识演绎的最佳平台,在他们看来,理性精神应该是不受拘束的,但是黑格尔的结论却在思辨体系内变得偏狭,这就是黑格尔左派形成的思想氛围。恩格斯对启示哲学的剖析,展现出青年黑格尔派的思想共识:没有脱离理性的先验实存,必须对神学人格进行细致批判,但成果如何呢?面对施特劳斯、恩格斯等人的批判,谢林显得十分淡然,他认为这些年轻的黑格尔主义者只知

---

① 《马克思恩格斯全集》第2卷,人民出版社2005年版,第340页。
② 恩格斯的《谢林与启示》写作于1842年1~3月,马克思的《〈黑格尔法哲学批判〉导言》则写作于1843年10月中旬至12中旬,1844年2月发表于《德法年鉴》。
③ 《马克思恩格斯全集》第2卷,人民出版社2005年版,第382页。

道如何展示庸俗而市侩的低级智慧,他们"未完成"的哲学原理无法撼动悠久的神学启示传统。谢林的自信是有根据的,恩格斯也坦言"像上帝的人格化和个人不死这类问题,他们自己还弄不太清楚,所以对这类问题不能做出无保留的判断"。在这种思想氛围中,费尔巴哈认定神学的本质就是人本学,成了最为简明的理论方案,恩格斯将其视为对黑格尔宗教哲学的必要补充,在塑造理性的主观人格层面,他甚至认为费尔巴哈与施特劳斯已经达到了宗教批判的顶峰。

恩格斯着眼于四十年代的思想氛围,认为黑格尔哲学"全部不彻底性和全部矛盾"是因为汲取了过多的实证要素,而没有从纯粹意识着眼展开论证,这是对黑格尔的明显误读。客观而论,黑格尔并没有为了凸显理性的价值而号召人们在理论层面批判、在实践中改造现存世界,而是先考察宗教和政治历史的自身合理性,再以思辨的方式来解释基督教,把神恩翻译为一种"理性的狡计"。在神学政治问题层面,黑格尔哲学真正具备承上启下的思想意义,以此观之,无论是用人本哲学、感性论还原神学本质,抑或解构神学教义以重构神学人格,费尔巴哈、布鲁诺·鲍威尔和施特劳斯都只是黑格尔宗教哲学的"解经者",而非掘墓人,他们远未触及神学政治问题的本质,思想史线索的梳理亟待转换角度,继而重新开启。

第三节　神学政治问题的哲学内涵

一、启蒙理性的批判使命

二十一世纪的当下,人类如果站在进步主义的立场上回顾历史,会发现种种看似不可理喻却始终存在的事实:科技日新月异,神学观念却依旧影响着公众的心灵;现代政治理念制度完备,宗教狂热却促使国家民族之间陷入战争。"我们曾经认定自己已经学会了将宗教问题跟政治问题分离,而且确信狂热已经死去。我们错了。"[1]偶像的黄昏已经推迟,神学政治问题亟待被重新审视。西方思想史的长期演绎过程中,宗教批判承担着

---

① Mark Lilla, *The Stillborn God : Religion , Politics and Modern West* , New York : Alfred A. Knopf, 2007, p.3.

启蒙主义的原初诉求:消解信仰许诺的彼岸世界;在政治现实的此岸,完成对人类自我异化的彻底的、全面的认知。

早期启蒙者如霍布斯、卢梭等认为,国家既非古希腊哲人所认定的城邦自然秩序,也不是中世纪神学家们视域内那种由恩典启示笼罩的世俗之城。作为聚合人类的政治共同体,国家是一套基于理性的制度化社会契约。宗教改革以来,各新教派别相互攻讦以获得解释圣经和引领民众的主导权,在这个过程之中,直觉、激情成为激化纷争和破坏政治稳定的诱因。人们逐渐意识到,人和人的社会契约,迥异于人与神的信仰契约,近代民族国家的建立,势必悬置宗教情感,让理性成为社会意识的指导性原则。哲学认知的目标,就是将政治和宗教一起还原到人类社会的"自然状态"。在自然状态中,公民的政治人格不受自然法则、神学律令的制约,并只在公共社会层面成立,换言之,宗教只是个人的信仰选择,一套价值观倾向而不再具备政治意味。斯宾诺莎最早阐述了世俗律法与宗教伦理的二分——人法与神法。其中,人法是为保卫国家而颁布的行为法则,代表世俗的政治秩序,神法代表至善,它摈除了感性的、直观的信仰维度,专注于理性的、普遍的实践空间。"实在说来,政治的真正目的是自由。"① 早期启蒙者在这一点上达成了共识:政教分离原则和宗教宽容是确保政治自由的基本前提。

理性是否能够彻底取代信仰权威,并最终落实为社会契约,成为政教分离方案能否成功的关键。然而在德意志这块欧洲精神的主战场,启蒙思想家们的愿景始终没有真正实现。十七世纪以降蔓延整个欧洲的宗教战争,初步奠定了新教各派别的势力版图。德意志底层民众企望从战乱和困厄中得到救赎的强烈情绪,催生了路德宗虔敬主义。马克斯·韦伯认为,虔敬意味着将人的生存沉浸在神性之中,虔敬主义的宗旨,在于全新渴望安息在神那里的被动性格,亦即纯粹感情性的内在。② 启蒙精神所遭遇的,正是这种被动的、全面的民众信仰认知基础,一方面,机械唯物主义经验化、庸俗化的宗教批判,很难在拥有观念论哲学传统的德国知识分子中获得共鸣;另一方面,分裂多元的邦国现状、专制落后的政治氛围,导致德

---

① 〔荷〕斯宾诺莎:《神学政治论》,温锡增译,商务印书馆1963年版,第272页。
② 〔德〕马克斯·韦伯:《新教伦理与资本主义精神》,康乐、简惠美译,广西师范大学出版社2010年版,第92—93页。

国市民阶级的无意对抗封建王权，他们转而用谦卑内省来确证信仰，以恭顺勤勉为价值典范。无论权贵还是庶民，让心灵充满了宗教，才是生活的中心目的，"人必须在宗教逼迫他自内而外地采取行动之前，首先迫使自己拥有虔敬的情感"①。在法国和英国，宗教改革与政治运动是前后相继的（光荣革命、法国大革命），而在德国，新教伦理并没有迅速转变为社会革命的"动力因"，这自然有现实政治条件的制约，但究其根本，在于德国思想家们对启蒙精神的反思乃至怀疑，以反无神论为主导范式滞后了宗教批判的全面展开。

在审慎观察法国大革命的政治实践后，康德认为，启蒙精神想要避免革命的无差别恐怖，便不能仅仅满足于为神学祛魅，用知识引导民众远离迷信，进而号召他们从事政治变革。人应该有公开运用理性的自由，与此同时，理性"把这种敬重给予那经受得住它的自由而公开的检验的事物"②。启蒙的宗旨不是教化，而是批判。批判哲学不能满足于推翻宗教意识，它亟待重建人类政治生活的全新理论地平。康德认为，宗教关注"人能够期待什么"，倘若人没有理性的信仰，便会自然转向庸俗迷信或无神论。历史颇为耐人寻味，腓特烈二世曾下诏禁止康德在大学讲堂之上"误用哲学毁坏极其重要的基督圣典教义"，然而在大革命后的复辟时代，康德哲学被德国新教神学家们广泛认同，到二十世纪亦不乏拥趸。综观德国古典哲学的发展，哲学观历经客观唯心论到主观唯心论、理性主义到神秘主义的重大转变，反无神论的立场作为"共识"一直被沿袭了下来。

与现代人熟知的科学/宗教的二元对立观相悖，在欧洲文明走向世界的数百年间，神学家与启蒙主义者实际上共享着同源的思想资源。新教改革的座右铭"唯独圣经"（sola scriptura）与人文主义的信条"回到起源"（ad-fontes）有着内在的一致性：恢复那些被异教伦理破坏的文化传统，并将之重新基督教化。黑格尔全面推进了这一思路，在他的精神哲学体系中，宗教与哲学的关注对象是完全一致的，"基督徒被引入了上帝奥秘之殿堂，因此，世界历史的钥匙也就交给了我们，在此也就对于神意及其计划得到了一种确定的感悟"③。上帝就是那普遍的、本质的、绝对的精神，精神的自

---

① 〔德〕施莱尔马赫：《论宗教》，邓安庆译，人民出版社 2011 年版，第 41 页。

② 〔德〕康德：《纯粹理性批判》，邓晓芒译，人民出版社 2004 年版，第 3 页。

③ 赵林：《黑格尔的宗教哲学》，武汉大学出版社 2005 年版，第 160 页。

我认知是一个历史的过程,概念运动被拓展为宗教发展的逻辑框架,各种类型的宗教形态,是由概念的发展层次制约的。宗教史与哲学史存在交集,无论什么类型的宗教,都可以在唯一的、绝对的自我意识中找到自己的真理性内涵。毋庸置疑,宗教和政治在这套逻辑泛神论的体系中,已经得到了最大程度上的调和。黑格尔的逻辑学是理想化和现代化的神学,"自然界中的一切事物也可以在神圣的逻辑学的天国里再现"①。

然而,正如青年马克思所批判的那样,黑格尔通过哲学所扬弃的宗教,根本就不是实存之宗教,它只是成为"知识的对象"的宗教本身。"如果只有宗教哲学等等对我来说才是真正的宗教存在,那么我也就只有作为宗教哲学家才是真正信教的,而这样一来,我就否定了现实的宗教信仰和现实的信教的人。"②黑格尔的宗教哲学在捍卫基督教与摈弃基督教的立场之间摇摆不定。它超越了无神论者经验性的、庸俗肤浅的宗教批判,而对直观表象信仰维度的破除,却使哲学成了"用思想表达出来的并且得到合理的论述的宗教"。当理性试图僭越成为神性,界定并统摄一切事物之时,神秘主义倾向便不可避免了。

"山羊,别碰!它烧着呢。"谢林曾经援引《盗火者普罗米修斯》中的这句话,用山羊比喻试图用理性窥探神圣秘密的凡夫俗子。在他看来,哲学与宗教的对象的确是一致的,两者能够缔结永恒同盟,但该同盟并不存在于理性构筑的僵硬框架中,而是在与信仰合流的、神秘学的神庙之中。与黑格尔相近,谢林也坚持求索那些被"宗教的独断论"和"信仰的非哲学"所垄断的真理,认定在思辨领域哲学是高于宗教的。然而,哲学的本质已经不再是对象性的自我意识,而是通过清晰的直观认识并掌握、通过信仰而把持住的东西。③ 康德笃定坚持的人公开运用理性的自由,被演绎为灵魂对自主性的放弃,谢林将批判哲学解读成了对自然生命力的考察,亦即自然界与精神性本质和神性本质的内在统一,只有通过在观念领域内的回归,人才能重新直观到神性并创造出绝对之物。这个绝对之物即大全(Das All),是超越了理性的神性启示,谢林做了一个意味深长的比对:理性和宇宙是怎样的关系,哲学和完满的国家也就是怎样的关系。在这重界定下,

---

① 《费尔巴哈哲学著作选》(上卷),荣震华、李金山等译,商务印书馆 1984 年版,第 103 页。
② 《马克思恩格斯文集》第 1 卷,人民出版社 2009 年版,第 215 页。
③ 〔德〕谢林:《哲学与宗教》,先刚译,北京大学出版社 2017 年版,第 23 页。

理性并非培根所认定的那种恢复人对万物统治的工具,启蒙主义的理性精神亟待被翻转,"不是我们拥有一个理性,而是一个理性拥有我们"①。人作为理性存在者,不能像物体服从地心引力一般,去机械地服从道德律。理性自由能够充分认识到道德是神性统摄下的绝对极乐,进而升华为"德行"。近代以来理性主义的兴起,实质上是人的主体性彰显,谢林将人的主体性价值发挥到了极致,尽管只是在哲学与神学的交集之处。

无论是所谓"日耳曼民族的使命非他,便是要做基督教原则的使者",还是对于德意志民族的本质即宗教性的指认,它们都只是提出了问题,却没有解决问题。当自然被视为一种独立于启示的、内在性的力量,自然法的权限就从神圣意志转变为人类理性本身的能力,倘若理性能力无法逾越宗教伦理的框架,政教分离原则便永远只能拘泥于思想层面了。换言之,神学与理性可以在理念之中媾和,但对于政治与宗教的矛盾,无论是反无神论的教条,还是泛神论的折中,都只能是观念论的幻影,经不起实践的任何检验。哲学家们不愿进行彻底的宗教批判,是因为对超验的政治秩序观念充满向往;哲学家们不愿让德意志民族摈弃形而上学的政治人格,是因为抽象的权威政治人格有助于解释民族意识。他们为马克思、费尔巴哈以及其他青年黑格尔派成员树立了完美的人本主义世界观的榜样,而这样的世界观也为许多观念论哲学的批评者所共享②,简言之,提供了理论批判的基准和平台。

二、"神性"与"人性"之间的主体性价值

沃格林高度评价马克思的《〈黑格尔法哲学批判〉导言》,认为它是理论转向的标志性文本,"它的论证是如此明了,以至于几乎无须诠释"③。马克思主义追随了康德、黑格尔以来批判传统权威秩序的思想脉络,是德国新教解体的最后成果。十九世纪中叶的德意志,激进知识分子与君主官僚阶层的利益互不相容,底层无产者与容克权贵的矛盾愈发难以调和,社会革命一触即发,神学政治问题不再仅仅是知识阶层关注的理论对象,宗教

---

① 〔德〕谢林:《哲学与宗教》,先刚译,北京大学出版社 2017 年版,第 182 页。
② 〔美〕沃伦·布雷克曼:《废黜自我——马克思、青年黑格尔派及激进社会理论的起源》,李佃来译,北京师范大学出版社 2013 年版,第 58 页。
③ 〔美〕沃格林:《没有约束的现代性》,张新樟、刘景联译,华东师范大学出版社 2007 年版,第 146 页。

和政治成了最具实践意义的领域，这两者是内在统一的，换言之，宗教批判间接地也就是政治批判。对马克思和青年黑格尔派成员而言，哲学的真正使命在于"消灭传统的宗教和现存的国家"①，其对手是先验唯心论演绎的政治哲学。谢林晚年公开宣称，国家是王权主导下的、公开的政治秩序，倘若没有秘传的宗教意识，它就不可能合法存在。在这类观点的鼓噪下，斯塔尔、小费希特等保守派思想家开始吹捧一种人格式政体（personal polity），即联合教权与王权，让君主的权威凌驾民主制度，这种向中世纪政治的复归显然是极为落后和反动的，但必须指出的是，费尔巴哈正是在此基准上展开的宗教批判，即如何理解并界定现代人的人格。马克思将谢林哲学概括成"哲学掩盖下的普鲁士政治"，并将费尔巴哈的宗教批判视为典范，因为它将神学人格颠倒为类存在，使宗教问题和政治问题具备普遍的"自觉的人的形态"。用人本学颠倒神学，实际上也就颠倒了斯塔尔"是权威，而不是大多数"的极权政治方案，宗教批判和政治批判至此合流。

马克思曾致信费尔巴哈，希望他能为《德法年鉴》写作一篇批判谢林哲学的文章，费尔巴哈予以婉言谢绝，"在我面前没有对象的地方，我不能够制造对立"②。所谓"对象"代指从黑格尔到谢林的唯心论逻辑，而不能够制造"对立"，意味着类哲学要诉诸感性现实的对立，而非观念臆造的对立。如果说黑格尔宗教哲学的基本精神在于调和，那么费尔巴哈、鲍威尔、施特劳斯等人的宗教批判要旨就是抉择，在神性与人性二者之间做出抉择。哲学必须同基督教国家理念彻底决裂，因为现实不再处于理性自由所允诺的光照之中，而是深陷于人的自我异化的阴影内，宗教无疑是人的自我异化的根源。"人的自我异化的神圣形象被揭穿以后，揭露具有非神圣形象的自我异化，就成了为历史服务的哲学的迫切任务。"③问题在于，这种新哲学究竟应当如何界定？

恩格斯在回忆四十年代的思想论争时，做出过一系列判断：出于宗教批判的理论需要，费尔巴哈使唯物主义"重新登上了王座"，马克思热烈欢迎了这种唯物主义，并兴奋地成为"费尔巴哈派"的一员。人们必须对这些判断形成的思想史背景有所了解，一方面，鲍威尔、施特劳斯、施蒂纳等青

---

① 《马克思恩格斯选集》第4卷，人民出版社1995年版，第221页。
② 《费尔巴哈哲学著作选》（下卷），荣震华、李金山等译，商务印书馆1984年版，第187页。
③ 《马克思恩格斯选集》第1卷，人民出版社1995年版，第2页。

年黑格尔派成员的理论活动,基本上都局限于观念论哲学,他们从未有过
明确的唯物主义的哲学转向,更没有在各自的宗教批判和政治批判中进行
英法唯物主义所热衷的机械主义无神论宣教;另一方面,费尔巴哈《基督教
的本质》的主旨,需要深入神学与人本学、信仰与人的主体性的对象性矛盾
中,那种单纯的唯物论解释框架实际上并不适用。如卡尔·洛维特所言,
《基督教的本质》不是基督教神学和基督教的批判性解构,而是一种保存基
督教的本质性因素,也就是说一种宗教的"人类学"的形式来保存的尝
试。① 总体而论,马克思对于费尔巴哈宗教批判的理解,主要是人本主义
而非唯物主义的,是立足于政治问题而非神学问题的。马克思不关心如何
用圣经解释学的方式批判宗教(施特劳斯、鲍威尔),也没有退到小资产阶
级立场,用利己主义消解彼岸关怀(施蒂纳)。在理论生涯的起始点,马克
思就已经意识到了必须从人的世界的社会关系着眼,才能真正消解宗教以
及保守政治的"神圣形象",因为德国古典哲学塑造了虚幻的世界意识,人
却不是与世界绝缘的抽象存在者。为了与前人有所区别,费尔巴哈称自己
的哲学为"新哲学":"它是思辨的直接反对物,它是思辨的结束",其立足
点,是将积极的现实原则视为圭臬的人的主体性。

　　观念论哲学之所以能演绎出蔚为大观的理论体系,与实体学说关系密
切,而作为观念论哲学的驱动因,实体学说本身也具备唯物主义的理论内
涵。如诗人海涅所言,德国观念论哲学在经历了复杂的变迁之后,回到了
斯宾诺莎的巨像面前。斯宾诺莎提出过一个看似矛盾的命题:上帝是一种
无限博大、无限广袤的实体,而物质实体同样具备这种特质。近代哲学的
唯物主义倾向被"合法化了",对斯宾诺莎而言,上帝自身就是唯物主义
者。② 早期唯物主义哲学家如培根,在尊重科学探究物质奥秘的同时,的
确用"带着诗意的感性光辉对人的全身心发出微笑"③,但随着爱尔维修、
拉美特利的经验化庸俗化的解读,最终让感性剥离了现实鲜明色彩,而代
之以数学家的抽象感性描述,人的精神只不过是大脑中机械活动的结果,
人的存在本身成为机器般的运动,诸如人的情欲、人的选择、人的价值……
全部服从事物的机械运动规律,人本主义湮灭成了"物本主义"。近代哲学

---

① 〔德〕卡尔·洛维特:《从黑格尔到尼采——19世纪思维中的革命性分裂》,李秋零译,生活·读书·新知三联书店2006年版,第448页。
② 《费尔巴哈哲学著作选》(上卷),荣震华、李金山等译,商务印书馆1984年版,第139页。
③ 马克思、恩格斯:《神圣家族》,人民出版社1981年版,第163页。

的基本问题是思维与存在的关系问题,这种对象性的关系内含着二律背反:哲学必须容纳自然的、非我的存在,同时必须用超自然的、自我的思维反映它们。物质的高度抽象即"纯粹的实体",那么,在扬弃了主观性的绝对自我、客观性的绝对精神、调和性的绝对同一之后,如何才能重拾人的主体性价值又不至于陷入神秘主义? 费尔巴哈试图完成的,正是人的"去概念化"。

黑格尔之所以坚持理性与信仰的结合,在于他始终坚信新教对市民社会的思想解放能力。费尔巴哈可没有这么乐观,在他看来,近代宗教改革和启蒙主义所开辟的政治理性化进程,实际上已经被严重扭曲了。具体而言,即便新教介入了哲学、政治学的思想转向,这类转向在付诸实践的过程中,必定与新教所固有的宗教意识构成矛盾。宗教意识的秘密,在于"人使他自己的本质对象化,然后,又使自己成为这个对象化了的、转化成为主体、人格的本质的对象"①。然而这是形而上学和信仰的抽象,是思辨理念的幻梦,它分割了人的类本质和生存活动。在神学视域内,人民的声音便是神的声音,然而人身上的"人民"正是感觉。② 相对于其他青年黑格尔派成员坚持唯心论的"向前看",费尔巴哈实际是回溯十八世纪实体学说的"向后转",他试图以此彻底逾越思辨哲学的立场。世界不是属天的、超自然的(hyperphysisch)灵知,世界是属地的、以生活以感官为媒介展现的实体,宗教颠倒了世界的认知次序,因此异化了人类的生存活动,简言之,整个世界已经被神学化了。近代思想史已经证明,人的主体性只有在现实的人的世界中才能成立,那么对神学化世界的批判,本质上是为属人的世界预留空间。

在属人的世俗生活空间,人本身是不能被抽象概念定义的。在费尔巴哈的眼中,英法机械唯物论者是"不学无术"之辈,因为他们无视人性的尊严。人的确是从属于物质世界有血有肉的动物,受到自然规律的支配,但人的意识本身能否如几何原理般被约束,进而被预设结论呢? 答案显然是否定的。费尔巴哈认为,意识是人性的自在整体,不能任由宗教和哲学将之分裂为灵与肉、感性与理性。谢林的那种"一个理性拥有我们"中的理性,实为凌驾人性之上的神秘精神原则。要跳出这重理论困局,就必须坚

---

① 〔德〕费尔巴哈:《基督教的本质》(珍藏本),荣震华译,商务印书馆 2009 年版,第 39 页。
② 《费尔巴哈哲学著作选》(上卷),荣震华、李金山等译,商务印书馆 1984 年版,第 210 页。

持人性才是理性的尺度,"只有人性的东西才是真实的实在的东西;因为只有人性的东西才是有理性的"①。人性既非上帝的意志,亦非动物的本能,它是在人的对象性关系中得以彰显的类本质,因为"没有了对象,人就成了无"②。

对象性关系的引入,让哲学基本问题具备了全新的内涵。费尔巴哈将近代唯物主义和唯心主义的二元对立带回启蒙精神的起始处,无论唯物论者还是唯心论者,他们都是理性主义者。在本体论建构方面,唯心论者将理性等同于抽象概念的世界观演绎;唯物论者则通过物质概念的定义,间接地确证理性自身。然而,这种依赖于概念的物质,依旧"是一种抽象的物质,是一种无物质的物质,正如黑格尔的逻辑学的本质是任何自然的本质,但是没有本质,没有自然,没有人一样"③。毋庸置疑,费尔巴哈对于人性与物质对象性关系的理解是十分深刻的,他超越了传统形而上学的框架范式,为马克思的宗教批判提供了真正坚实的理论基础。然而,第二国际思想家如梅林曾经将马克思主义的哲学观与所谓"代表自然科学唯物主义"的哲学立场进行结合。这类观点罔顾费尔巴哈学说的深厚学养,其传播广度与影响程度甚大,实际上是把马克思学说的理论地平拉低到庸俗机械唯物主义的基准。因此有必要正本清源:费尔巴哈结合了启蒙思想家的审慎理性与悲悯人性,他帮助心慕自由、平等、博爱的政治理想的马克思回到了十八世纪神学政治问题的起始点。

三、人的类本质的"宗教性"

就在费尔巴哈对于德国古典哲学做出最具突破性的批判之际,马克思正遭遇其思想生涯的首度危机:《莱茵报》时期对"物质利益发表意见的难事",与青年黑格尔派唯心论思想路向决裂。他开始退回书斋,寻求批判观念论法哲学的思想武器。相对于恩格斯,马克思其实较晚才开始接触费尔巴哈哲学,他并没有如《路德维希·费尔巴哈与德国古典哲学终结》一文中所言,如何兴奋地成为"费尔巴哈派"的一员。具体而言,费尔巴哈最具盛名的著作《基督教的本质》发表于 1841 年,马克思是在两年之后的《德法年

---

① 《费尔巴哈哲学著作选》(上卷),荣震华、李金山等译,商务印书馆 1984 年版,第 181 页。
② 〔德〕费尔巴哈:《基督教的本质》(珍藏本),荣震华译,商务印书馆 2009 年版,第 7 页。
③ 《费尔巴哈哲学著作选》(上卷),荣震华、李金山等译,商务印书馆 1984 年版,第 111 页。

鉴》时期才开始真正接纳费尔巴哈哲学,对他产生直接影响的也不是声名在外的《基督教的本质》,而是《关于哲学改造的临时纲要》,方法论层面的借鉴对马克思来说显然更为重要。马克思在给卢格的信中冷静地表达了自己的态度:"费尔巴哈的警句只有一点不能使我满意,这就是,他强调自然过多而强调政治太少。然而这是现代哲学能够借以成为真理的唯一联盟。"①前文已述,马克思对于宗教批判的理解是基于人本主义而非唯物主义的,是立足于政治问题而非神学解释的,因此将其宗教观与其他青年黑格尔派成员相比较,有着最为明确的政治动机。政治动机是马克思青睐费尔巴哈哲学的动因,也是他两年之内改弦更张,转向批判费尔巴哈哲学的根由。

1842 年 11 月,马克思同青年黑格尔派正式决裂了。柏林的"自由人"团体成员拒绝卢格提出的兴办大学的设想,却拿不出任何宣传其政治主张的可行方案。布鲁诺·鲍威尔等人对德国民众不去支持民主政治运动反而沉溺于宗教和保守主义大为失望,他们的绝对唯心论观点,逐渐演变为政治虚无主义和激进无神论立场,即在意识层面摈斥形而上学信仰与国家观,进而彻底消灭国家和宗教、财产和家庭。时任《莱茵报》编辑的马克思,十分反感"自由人"成员仅仅为了批判而批判、毫无理论建构的激进观点,他警示这些人"如果真要谈论哲学,最好少炫耀'无神论'的招牌"。马克思日后在指导无产阶级革命实践时,也始终排斥激进的无神论立场,这是康德、黑格尔以来的德国哲学传统的影响使然,马克思认为,无神论观点在阶级斗争中并非决定性因素,工人沉溺其中反倒会陷入巴枯宁式的无政府主义,无益于革命愿景的动员。宗教批判的合理路径,在于更多地在批判政治状况当中来批判宗教,而不是在宗教当中来批判政治状况。

黑格尔认为,宗教在启蒙摧枯拉朽的攻击面前不能自保,因此需要哲学来拯救宗教的内容,让哲学充当神学的庇护所。费尔巴哈重建新的哲学观,首先就必须颠倒那种超验的、绝对的、外化于人的唯心论视角。"思维和存在的真正关系是这样的:存在是主词,思维是宾词。思维源于存在,存在并不源于思维。"②在这种主谓颠倒方法论的引导下,费尔巴哈将神性视为异化了的、对象化了的人性,马克思则将形而上学的政治权力看成普遍

---

① 《马克思恩格斯全集》第 47 卷,人民出版社 2004 年版,第 53 页。
② L.Feuerbach, Samtliche Werke, Stuttgart, 1959, Ⅱ.p.239.

的国家幻想的"最适当的安身之处",它不仅庇护了神学,更庇护了本该被扬弃的神权政治。那种与国家幻想密切相关的,作为"自由个体之宗教"的新教,绝非自由观念的世俗化,而是自由观念的现实禁锢。

　　马克思清醒地意识到,在近代政治理性生成的视域内,神学与哲学实际上处于两个极端,完全没有必要去刻意地调和二者。总体来说,宗教无须由哲学批判,因为"哲学是通过宗教的虚幻现实来理解宗教,宗教会由于想成为某种现实而自行解体"①,这是区别于鲍威尔、费尔巴哈宗教批判的一重洞见。鲍威尔认定,宗教使人陷入幻想,完全丧失人性而沦为动物,为了保存人性的尊严,自我意识必须断绝与宗教的关系。费尔巴哈哲学的人本学和唯物论转向,在摈弃旧哲学范式的同时,也带来了新的问题。一方面,人类被解释为统一的、普遍性的类的主体,另一方面,个体一旦从神学的精神统摄中彻底解放,其类本质就会难以界定,换言之,人可以批判宗教,但不能摆脱宗教,"人是宗教的始端,人是宗教的中心点,人是宗教的尽头"②。费尔巴哈对宗教现象、宗教心理、宗教本质进行系统批判的同时,也保存了人的宗教性。马克思将自我意识置换为一种客观的理论自觉之后,开始经由法哲学批判,全面反思人的宗教性。何谓宗教性? 一类旨在通过对生存的一般秩序观念的表述,以及对事实的预言形式来表现的观念,以及在世人心中建立强有力的、普遍持久的情绪和动机。宗教性源于宗教,却不拘泥于宗教,人类向死而生的生存境遇不变更,宗教性便始终能滋生相应的社会意识。对马克思而言,摈除人的宗教性才是真正的、彻底的宗教批判,它能为政治批判提供坚实的理论前提,即主体性的解放。

　　在古典政治思想层面,社会生活与国家政权二者往往是杂糅的,直到近代才正式完成分野。宗教将一种完全属人的关系,理解并肯定为属神的关系,民主制作为国家制度的特殊形式,将属人的关系重新社会化。在黑格尔的法哲学原理中,国家垄断了社会生活的解释权,官僚阶级成为统摄社民社会"普遍事务"的主导者,然而正如马克思所言,"普遍事务"不会是人民的现实的事务,它是在没有人民行动的情况下参与的,因此与之相关的政治等级制度,实际上不过是冠之以人民名义的"国家事务的虚幻存

---

① 《马克思恩格斯全集》第 3 卷,人民出版社 2002 年版,第 112 页。
② 〔德〕费尔巴哈:《基督教的本质》(珍藏本),荣震华译,商务印书馆 2009 年版,第 237 页。

在",是一套抽象的政治幻想。① 官僚阶层掌握了政权,实际上就是掌握了整个社会的"唯灵论"实质,为了化解这种绝对唯心论的理论预设,马克思借鉴了费尔巴哈的"类"。"类"代表着人主体性原则,类的尺度是人的绝对的尺度、规律和准则,是承载客观人格的、无条件的真理性。政治阶层或社会等级脱离了人,便只能成为一种理论抽象,人只有在自己的类存在中,只有作为人们,才是人格的现实观念。马克思突破了费尔巴哈预设的神学/人本学框架,将"类"理解成一种类似于自然状态的、原初的共同体原则,并将法哲学的对象等同为类意志。在黑格尔法哲学中,人们得到的不是国家制度的概念,而是关于概念的制度,概念的制度只能遵从"自为地存在着的主体"的真理性。在落后保守的普鲁士,这种主体的真理性实际上就是国王的政治权威,借助"类"所实现的主谓颠倒,政治权威的真理性被扩展了,"一唯有作为许多的一才无条件地具有真理性"②。君主只不过是人民主权的象征,民主政体才能缔造现实的政治权威。

然而,"类"作为宗教批判的衍生概念、人本学的理论抽象,能否全面承担起政治批判的使命? 黑格尔哲学体系中的"类"概念,本指生命从自在通达自为的逻辑中介,是在杂多中寻求统一、于生灭无常的个体中持续存在的普遍性原则。费尔巴哈抽离了这个概念的精神实体,代之以感性生活中、获得丰富现实规定性的总体性人格。然而,人本学在颠倒了神学,批判了观念论教条之后,达成的竟然是这样一个结论:"其自然的、人生来就有的要素,还原为其内在的发源和中心点——爱。"③这种截取于宗教伦理的爱的观念,充当了费尔巴哈人本哲学的形式因,它可以从精神出发来扬弃精神,可以从物质出发来扬弃物质,实现思维与存在的真正统一。"爱是唯物主义"的判断,显露了费尔巴哈只是发现了近代政治的人的主体性原则,却没能在对象性关系中继续深入理解其内涵,他想要建立以"爱"为宗旨的人类共同体,是想要通过经验性的、道德性的统观视角,来消解市民社会与国家的概念差异,在这个理论层面,费尔巴哈与马克思面临的问题是一致的,却没能给后者以启示。尽管费尔巴哈一再强调人本哲学的颠覆性,否认与鲍威尔、施特劳斯进行的同源主题批判,然而归根结底,他们都只是完

---

① 《马克思恩格斯全集》第 3 卷,人民出版社 2002 年版,第 78—79 页。
② 《马克思恩格斯全集》第 3 卷,人民出版社 2002 年版,第 36 页。
③ 〔德〕费尔巴哈:《基督教的本质》(珍藏本),荣震华译,商务印书馆 2009 年版,第 69 页。

成了摧毁宗教意识的准备性工作。

四、"宗教性"批判何以可能

客观而论,费尔巴哈的宗教批判是彻底的,因为他的确着眼于宗教的本质,颠倒神学为人本学并还原了人的主体性价值,费尔巴哈的宗教批判又是不彻底的,因为他没有在理论层面根除人的宗教性,反而在感性生活层面重塑了一种剥离了神祇的宗教体验。感性生活之丰富和自然之美,可以使人超越种种局限性和虚无,这种缔结人生观的"宗教性"(a religious attitude to life),的确可以不依赖神的意志而存在,但它对于德国人完成政治解放乃至人类解放又有何助益呢? 如马克思所言,"宗教感情"本身实为社会活动的产物,隶属于内在的、无声的、把个人自然联系起来的普遍性"类"概念,"人"也只是一个个没有公共社会规定性的私人、摈除了信仰无所适从的市民罢了。宗教文化影响下的人的僧侣本性,使市民社会难以达到对社会生活的实践性理解。① 对象性关系是一个理论问题,对象性活动则是一个实践的问题,为了从信仰的彼岸性过渡到"思维的现实性与力量",马克思注意到了早期启蒙者所关注的核心论题——政教分离原则。

就在马克思奋笔疾书《黑格尔法哲学批判》之际,布鲁诺·鲍威尔出版了《犹太人问题》的小册子,他在文中郑重做出宣告:专制政治的神权秘密已经被揭露,(理论)现在已经完成了它的任务,可以满怀信心地等待着历史的评判了。② 鲍威尔认为,国教的废除虽然赋予犹太人以自由公民的身份,但对于缓解其与基督徒的对立毫无作用,原因就是基督徒的宗教特权,这种特权原则直接支配了政治国家,使基督徒/非基督徒的自然分化变成剥削者/被剥削者的政治对立。自由主义者任由这种宗教偏见上升为政治特权,并极力寻求其在法理中的实现,这无疑是神权政治的"遗毒",因此必须坚决、彻底地消灭宗教,才能终结政治领域内的宗教性异化。鲍威尔把宗教神权与意识形态视为特权政治的表象,并没有为民主自由原则平添内容,反倒把神学政治问题仅仅限定在了神学层面,如马克思所言,"不管我们在神学中批判起来可以多么游刃有余,我们毕竟是在神学中移动"③。

---

① 《马克思恩格斯文集》第1卷,人民出版社2009年版,第501页。
② 〔英〕戴维·麦克莱伦:《青年黑格尔派与马克思》,夏威仪、陈启伟、金海民译,陈启伟校,商务印书馆1982年版,第71页。
③ 《马克思恩格斯文集》第1卷,人民出版社2009年版,第26页。

相对于鲍威尔局限在犹太人是否废黜宗教、在宗教领域探讨政治解放的消极态度,马克思显得要积极主动得多,在他看来,类哲学的主体性原则亟待跳出神学解释的宗教批判框架,介入政治解放的进程并升华为人类解放的理论愿景。

如前所述,马克思并不关心能否消灭宗教,他试图摈除的是人的宗教性。其中,宗教是政治解放的现实"牵绊",宗教性则是人类解放的扬弃对象。在政治解放的理论层面,人的宗教性是无法摈除的,因为个人生活与类生活、市民社会与政治社会的二元性,造成公域与私域各有权责界限。随着二者完成分野,公民/神之子民的杂糅就此终结,传统的政教不分的宗教伦理也就自然解体了。鲍威尔只把犹太人问题视为单纯的神学问题,认为犹太人需要放弃犹太教才能实现真正意义上的"同化",然而即便是在当时的德国,宗教也不再是国家的精神,换言之,宗教已经不再是共同体的性质,而是构成私人价值观差别的本质。政教分离原则就是为了在保留人的实际宗教笃诚的前提之下,保障公民的基本政治权利。"一旦国家不再从神学的角度对待宗教,一旦国家是作为国家即从政治的角度来对待宗教,那么,对这种关系的批判就不再是对神学的批判了。"①德国的神学政治问题,之所以始终无法逾越神性救赎/世俗理性的框架,根本原因不是鲍威尔所认定的没有彻底扬弃宗教,而是政治解放从未完成!马克思重述了黑格尔关于政教关系的论断,即必须超越教会的特殊性,国家才能真正获得自身形式的普遍性,民主政治并不需要宗教来充实其理念,"它可以撇开宗教,因为它已经用世俗方式实现了宗教的人的基础"②。

宗教批判将神学问题还原为世俗问题,政治解放确保政教分离,人类解放则必须确立新的主体性原则,才能使社会生活摆脱资本主义的全面异化。马克思要求的不仅是经济和政治上的解放,而且是全人类的解放。但是,这种解放并不涉及作为"我"和"另我"(费尔巴哈)的人,而是涉及人的世界。③ 坦率地讲,马克思为犹太人问题提出的方案并不适用于犹太人,"弥赛亚的救赎何以可能"的古老神学疑问,被马克思置换成了"政教分离之后,犹太人如何抛却民族根性并完成同化"的政治命题。同为犹太人的马克思和斯宾

---

① 《马克思恩格斯全集》第3卷,人民出版社2002年版,第168页。

② 《马克思恩格斯全集》第3卷,人民出版社2002年版,第176页。

③ 〔德〕卡尔·洛维特:《从黑格尔到尼采——19世纪思维中的革命性分裂》,李秋零译,生活·读书·新知三联书店2006年版,第423页。

诺莎,都倡导犹太人对旧宗教旧习俗的政治性超越,只不过斯宾诺莎仍然坚持犹太人的自我认同,马克思则摈弃了政治立场的民族性,也因此否定了十九世纪以来滥觞的民族国家政治方略,无论是犹太人、普鲁士人,或工人、农民,都应该服膺于普遍性的社会原则。这种源自启蒙精神的同化主义思路,被最终归结为主体性原则之再生产——无产阶级的阶级意识。

任何政治意识形态都必须以时代为参照系,"现代"是向未来启明的时间维度,它要求所有身处其中的人完成不断的自我确证。黑格尔为后续思想家开启了现代性(modernity)的理论维度,现代性依赖于人的主体性原则,其理论层面表现为新教改革与启蒙主义兴起,现实层面则演绎为法国大革命的爆发,谁能延续这种主体性?马克思认为,德国解放的实际可能性基于"一个被戴上彻底的锁链的阶级,一个并非市民社会积极的社会阶级"①,它表明了人的完全丧失,目标是通过人的完全回复来回复自身,无产阶级和新哲学观互为表里,承担从解释世界到改造世界的历史使命。无产阶级卓异于其他社会阶层,在于它代表着一种反世俗的、激进的政治力量。这种"世俗"的内容,即新教伦理所特有的社会样态,它们是造成资本主义异化现象的"宗教性"的根源,无产阶级需要在认知层面诠释、批判并最终扬弃这种世俗进程。在现代社会,资本在本质上表现为一种社会原则而非个人原则,于生产关系层面,阶级社会的解体造成了阶层特殊利益与社会普遍利益的冲突。换言之,个人原则与社会原则始终处于一种不可调和的辩证矛盾之中,在最初阶段,只有资产阶级才能够统摄全局。资产阶级规划着理性化、世俗化的生产关系,这造成了对社会原则的垄断。正像基督是中介者,人把自己的全部神性、自己的全部宗教约束性都加在他身上一样,国家也是中介者,人把自己的全部非神性、自己的全部人的无约束性寄托在它身上。② 资产阶级则拒绝充当神性和人性的中介,其阶级意识表现为一种纯粹性的、直接性的政治立场。形象地说,它是冷冰冰的、无人格的社会规范,亦即韦伯所界定的"对于社会性的自尊自重之无比强烈的个人利害关怀",这种社会规范表现为资产阶级的特有精神,为近代市民阶层竖立了思想圭臬。③

---

① 《马克思恩格斯全集》第 3 卷,人民出版社 2002 年版,第 213 页。
② 《马克思恩格斯全集》第 3 卷,人民出版社 2002 年版,第 171 页。
③ 〔德〕马克斯·韦伯:《新教伦理与资本主义精神》,康乐、简惠美译,广西师范大学出版社 2010 年版,第 215 页。

德国思想界在观念论哲学解体之后开启了泾渭分明的理论走向,老年黑格尔派沿用黑格尔《法哲学原理》中的判断,即市民社会与政治世界必须保持分立,并通过绝对的、普遍的国家理念压制自下而上的革命实践,驯服主体性以服从于现存政治的客观性、合理性,这无疑是对旧的极权政治传统的沿袭,当国家成为神意在地面上行走,公众意志便如神权政治时代一般再度被垄断;另一方面,青年黑格尔派开启了德国哲学的实践论转向,确立了从宗教解放到政治解放的问题意识,马克思将宗教批判的政治动机提取出来并通过无产阶级意识深化了其革命旨归。实践论转向意味着必须抛弃那种以"绝对精神的自我中介"来扬弃"自我意识的绝对化"的逻辑,通过"类"代替"人",经由"人"的劳动取代"自我意识"的思辨。简言之,从概念的反思到生产概念本身。无产者承担着提高社会生产力进而改造社会的使命,却因资本主义异化而沦为赤贫。无产阶级不是传统意义上的"无套裤汉",在工业化社会全面展开之际,它理应具备全新的、符合时代精神的阶级意识。

"现在问题已经不再是世俗人同世俗人以外的僧侣进行斗争,而是同他自己内心的僧侣进行斗争,同他自己的僧侣本性进行斗争。"①宗教批判的终结,意味着必须将理论批判提升至意识形态论争的维度。对马克思而言,宗教批判的积极性基于其政治动机,即杜绝人类"在根本上还从自己产生宗教的状态",进而在无产阶级的政治实践中,完成主体性原则的再生产。青年马克思热衷于普罗米修斯的形象,将其视为"痛恨一切神"并给人类带来火种的领袖。无产者不是试图用理性窥探神祇密语的"山羊",而是在共产主义精神火种引领之下的,敞开解放世界的理论空间与实践空间之革命主体。

---

① 《马克思恩格斯文集》第 1 卷,人民出版社 2009 年版,第 12 页。

第二章　"类"为中介的"人"的解放
——宗教批判的政治立场

　　就德国来说,对宗教的批判实际上已经结束,而宗教批判是其他一切批判的前提。[①]

　　就在马克思毅然为宗教批判画上句号的 1843 年,费尔巴哈在给卢格的信中表达了截然不同的观点:"宗教是德国唯一实际、有效的政治手段,至少现在如此。"[②]这其实代表了很多同时代思想家的态度。十九世纪上半叶,德皇试图在大革命后重建普鲁士社会秩序,官方的意识形态不可避免地倒向了复辟神学,德国的国家理论尤其发展出一种庞大而混杂的学术神话。[③] 简言之,就是"至尊的上帝、至尊的国家、至尊的自我"的结合。随着路德宗的兴起,其他保守思想流派与之合流成为一个松散的思想联盟,它的目标——"基督教德国"旨在重建王权和教权统一的合法性。随着同时期历史主义、浪漫主义对启蒙精神的批判,这种倾向已俨然成为主流的社会思潮。对于 40 年代德国开始的政治思想转向,马克思的判断的确具有前瞻性,但并不意味研究者可以将它不加反思地代入先前的学术论争。思想史的不完整理解将使研究者错失宗教批判背后的政治内涵,我们仍然需要"向前看"。

---

① 《马克思恩格斯选集》第 1 卷,人民出版社 1972 年版,第 1 页。

② Feuerbach, Briefwechsel, Vol. 2(1840—1844), ed, Werner Schaffenhauer und E. Voigt, Berlin, 1988.

③ 〔德〕卡尔·施米特:《政治的概念》,刘宗坤等译,上海人民出版社 2003 年版,第 81 页。

第一节　基督教精神的观念论式解读

一、宗教意识的逻辑沿革

围绕神学政治问题,谢林和小费希特、法学界的斯塔尔、神学界的新正统教派和图宾根学派等思辨的有神论者组建了"反黑格尔议事大厅",集体对黑格尔的宗教哲学进行批判。这些路径各异的言论之间有着清晰的论证思路可循:新教的宗旨既非思维也非行动,而是直观和情感,它通过想象力直觉的方式强调神性与人性的统一。新教改革实现了神—人为主体的精神生活转向,虔信派神学家认为,只有宗教与形而上学并肩而立时,公共领域才能完善和丰满起来。对于个人而言,让心灵充满了虔诚是所有宗教的目的,那么同理可知,上帝的意志统一了他所有的创造物,公共政治的精神基础是人格化的上帝,因此人类的共同体——国家必须要在一种能够包容一切的人格中到达顶点。

依照封建政治观,法统是神意秩序于共同体中的体现。在整体性的宗教社会氛围中,共同体秩序是神秘的、不可问鼎的整体。所谓正义,即天赋君权之王者,与社会各等级一起维护整体性的神意秩序;所谓公正,并非近代意义上的人人平等与自由博爱,而是确保人人在等级秩序中恰得其分,即"王在议会、法为习惯"。君主正统性是共同体政治权威的一部分,在这层意义中,君主成为所有公民人格的活的统一体,合法国家即由君主执掌主权的"个人的王国"。黑格尔的理论对手们热衷于阐释一个鲜活的、个人的上帝,继而把国家意志与这种神性人格进行衔接,这与启蒙者打破天主教政权—教权的意图相一致,而将国家属神的使命转移给君主,是对原有政治模式的妥协,且以信仰的虔诚程度为标准的论证,使其结论难以取信于人。在他们看来,人格化的上帝是人类生活与人类政治的统一基础。上帝的绝对意志而不是上帝的理性才是合法的与持续的政治秩序的来源,斯塔尔提倡一种人格政体(personal polity),它围绕着上帝个人意志的君主而联合在一起。①

---

① 〔英〕克里斯·桑希尔:《德国政治哲学——法的形而上学》,陈江进译,人民出版社 2009年版,第 267 页。

这种政体集中反映了保守派神学家的意图:"是权威,而不是大多数。"他们对启蒙主义和共和政治的敌视,使其忽略了对基督教世俗化的理性解读。本质而言,"基督教德国"是落后的政治意识形态,它只存在于现实国家与思辨精神的分裂之处。

能弥合分裂者唯有全体,在黑格尔看来,真理即全体。追溯黑格尔在图宾根、耶拿时期的著述,可以看到他为神学—政治问题圈定的底线:信仰问题上并不存在社会契约,如果教会设想它与信众的契约建立在某种精神象征——如君主人格的神性——之上,那么教会—皇帝—国家对于永恒的世俗权力的信念,"实质上是何等不合逻辑的谬论"①。综观黑格尔一生,无论他对自己的精神哲学体系做过多少损益,基督教的理性改造始终是其核心诉求。黑格尔认定,真正权威的信仰必定为理性宗教所塑造。诚如施米特所言,现代国家理论中所有的重要概念与世俗化神学存在渊源,黑格尔在神学概念和法理学概念之间进行体系化重构,完全是因为法理概念的社会学预设了某种一贯的激进意识形态。② 宗教改革以来,天主教廷森严的社会等级秩序开始崩解,神学世俗化也有了明确的方向:历史的道义不再由上帝的意志承担,而要靠现实共同体中的人来实践。黑格尔之所以比"思辨的有神论者"更为深入现代政治的本质,不仅在于他运用哲学逻辑演绎了政治与精神的统一,更为重要的是他通过宗教真理的理性运用,实现了个人政治角色的界定,即"人格"概念。

谢林、费希特之后德国思想界关于神学政治问题的讨论持续深入,集中表现为浪漫主义、历史主义的反启蒙主义思潮。浪漫主义作为对启蒙思想的反动,不仅泛滥于德国文学中,而且渗透于整个德国文化中。在神学层面,它用谦逊的口吻把自己称为虔信主义;在哲学层面,它却用狂妄的理念把自己定义为直接知识。在用神学对抗启蒙的过程中,它不想让德意志民族脱离形而上学的人格,而将其视为国家统一的根本。反观黑格尔,他以绝对精神为基准将政治与宗教、哲学与神学统一起来,对应到神—人关系层面,他采取一种普遍和具体相统一的个体性人格概念,调和了古典城邦的总体性原则和启蒙主义原子式的个人主义。"人格"概念,最初只是罗马法学体系中个人扮演的社会角色的统称,经过教父哲学的改造后,它才

---

① 《黑格尔早期神学著作》,贺麟译,上海人民出版社 2012 年版,第 226 页。

② 〔德〕卡尔·施米特:《政治的概念》,刘宗坤等译,上海人民出版社 2003 年版,第 35 页。

成为深化"人类个体的尊严之总和"①。现代国家观念实现了君主的人格化权威到自然、法律的人格的转变,人类都生活在抽象法理和社会规范的统治之下,即所谓的"精神政治"。那么,"绝对精神"国度的臣民是谁? 黑格尔延续了德国哲学的一贯理解:从旧有的王国—教会—臣民体系,到新兴的国家—伦理社会—公民架构,人始终是自由的存在者,自由充当人格的本质规定性。

在《小逻辑》序言中,黑格尔总结了宗教和启蒙的"共性":宗教上的虔诚派与它所直接攻击和排斥的对象启蒙派都同样缺乏科学和一般精神的内容。注重抽象理智的启蒙凭借抽象思维把宗教的全部内容排除净尽,这不是什么科学的论证,而是戏谑的嘲讽,两者实无二致,"谁也不比谁较胜一筹"②。当牧师们认定人与神已经在虔诚信仰中得到和解时,保守神学家把君主视为其他所有臣民人格的统一体,但法国大革命的教训历历在目:人民要寻求的政治权威与正当性(das Richtige),必然不能在个人主权者——君王和僭主的命令中寻找。十九世纪,统一的民族国家是德国思想界的核心政治诉求,一神论、自然神论与政治哲学变得愈发难以调和,在于教权、王权至上观念皆不能整合民族意识。区别于全盘否定宗教的无神论进路,对神学理念进行改良、使之符合现代政治的主题,黑格尔是费希特开辟的思想传统的追随者。卢卡奇曾经把黑格尔和康德、费希特、谢林进行比较,他发现,在理论生涯之初,黑格尔就不仅仅把宗教问题看成认识论和道德论问题,也将其视为统一的社会历史观。早在青年时代,黑格尔便坚信改造后的新教能够重树政治权威,因为它建立于历史与逻辑相统一的理性基础之上,更为根本的,它以表达政治"正当"的个人权利为前提,"只有这种可以说是由理性宣布为合法之后的要求才能成为对幸福有价值的"③。

对于近代德国政治思潮而言,神学政治问题是一个思想共同体,其中蕴含的矛盾不能分别求解。在此重述路德虔信宗的特征:与清教和加尔文派相比,虔信派教义较难与早期资产者那种锐意进取的生活态度产生共鸣,它对于神灵恩宠的"神秘合一"的追求,更像是王公贵族等有闲阶级的

① 〔德〕潘能伯格:《神学与哲学》,李秋零译,商务印书馆 2013 年版,第 131 页。
② 〔德〕黑格尔:《小逻辑》,贺麟译,商务印书馆 1980 年版,第 28 页。
③ 《黑格尔早期神学著作》,贺麟译,上海人民出版社 2012 年版,第 270 页。

宗教游戏;精神层面的执着,让信仰过多融入了公众生活,政治事务难以从中剥离。在现代社会秩序中,个人最基本的权利包括宗教自由,但它并不是人格的全部体现。如马克斯·韦伯所判定,新教唯有被当作只是扮演纯粹理性主义人格的一个"初熟果"的角色时,方才成为历史观察的对象。[①]一方面,俗世的个人要工作、要为职业劳动而献身,这是现代社会的基本共识。另一方面,新教用非理性的方式向信众宣扬天职思想,却又滋长着现代人理性的思维与生活样式。

摆脱非理性冲动、克服自然状态以服从有计划意志的支配,进而勤勉自省完善自身灵魂,这类宗教世俗化的产物即新教伦理在旧式的政教合一体系内无法真正实现。黑格尔严谨而客观地考察了宗教意识的历史沿革,再以思辨方式重解基督教义:耶稣广传福音,以生命为代价为世人偿赎原罪,此为人性的升华;耶稣与人类社会订立了新约,用道成肉身的口吻预设了神明与人性的统一——圣灵,此为道成肉身的神性基础。中世纪绵延近千年之间,梵蒂冈用教阶制度垄断了圣灵的解释权,教士们则通过宗教礼仪的繁文缛节,把食物(圣餐)、神迹(裹尸布、圣杯)等经验物生硬地与超验领域的上帝关联起来,这些只营造出对神圣性的消极服从,而无法塑造出真正的宗教意识。直至路德新教改革,神职人员与信徒间坚冰一般的界限才逐步消解,德语版的《圣经》以活字印刷术为媒介迅速传播,成为拯救民众于精神奴役的物质手段。以此为界,人人都只遵从福音书的教谕,而无须再听任教廷对神旨的曲解。形象而言,宗教改革让所有人都有了成为僧侣的资格。宗教意识的另一面被黑格尔揭示了出来:它对表象思维的过于依赖,横亘于伦理世界与个人自由之间,在隔绝理性的同时亦使各类神秘主义理念乘虚而入。带有神秘倾向的宗教意识,经常与经验领域内实在论相结合,它们往往因为拒斥辩证思维而丧失哲学的客观性,被正统神学家们嘲讽为"有时是形而上学和道德混入宗教中,有时是属于宗教的东西在某种笨拙的形式下被塞进形而上学或道德中"[②],谢林启示哲学最终所陷入的思想困局便是明证。

---

① 〔德〕马克斯·韦伯:《新教伦理与资本主义精神》,康乐、简惠美译,广西师范大学出版社2010年版,第50页。

② 〔德〕施莱尔马赫:《论宗教》,邓安庆译,人民出版社2011年版,第25页。

二、作为理性知识的宗教哲学

与保守神学家力图抹杀宗教世俗化进程,寻求建立一个没有国界限制的"有形教会"①不同,青年时代的黑格尔锐意于恢复基督教的活力和效能,满怀着将神学理性化的思想热忱,"理性和自由是我们的口号,无形的教会是把我们联系在一起的共同目标"②。对照启蒙肇始以来的社会现实,被费希特和谢林寄予厚望的神学人格,实在很难寄生于容克地主与贵族的教会,进而完成对新型政治权威的塑造;同一历史阶段,英国通过另立国教和宪章改革,缔造了近代意义的君主立宪制,欧陆爆发的法国革命,理论地基落实于弃绝超越维度的无神论深坑中,这造成了精神生活与政治世界的日渐分裂。黑格尔通过审慎反思后指出,那种意图只改革已经败坏的社会伦理、法规宪制,而不屑于改造宗教甚至无视宗教的做法,在本质上违背了启蒙精神,因而是一种没有改革的革命。在总体上,公众对宗教的认知是衡量社会伦理是否与自由精神相符的标准,新教带动了基督教的世俗化进程,上帝之城终将在尘世国度中建立,换言之,对既有的宗教/国家共同体进行改造,其基准是在新生的威权国家中塑造无形的教会,其宗旨也并非"思辨的有神论者"所设想的旧式神权国家的附属品,而是要以理性宗教为媒介,引导人类精神达到自在自为的伦理实体。

相对于无神论者通过否定神话摈除宗教意识、泛神论试图以自然理性悬置上帝,黑格尔认为宗教本身就是一种理性知识,"宗教本身就是意识到真理的观点,是对全部极其普遍的根本思辨内容的意识"③,它所深蕴的真理性,只是由于表象的思维方式而不易深入剖析。黑格尔坚信,人类的认知本性必然能将耶稣基督的精神王国上升为绝对理念。其中,与道德相关的自由意志,将在理念自我规定中实现客观化;与自然连接的理性认知,则会以这种客观性为基础不断丰富自身。神性的绝对理念建立在主客统一的自我意识上,与之相对的社会伦理,则可以演绎为现代国家,现代国家实现了个体自由意识与伦理自由实存的统一。简明而言,世俗国家将在神性

---

① 〔德〕诺瓦利斯:《夜颂中的革命和宗教——诺瓦利斯选集卷一》,林克等译,华夏出版社2007年版,第215页。

② 《黑格尔书信百封》,苗丽田译编,上海人民出版社1981年版,第38页。

③ 《黑格尔全集》第17卷《讲演手稿(1816—1831)》,梁志学、李理译,商务印书馆2012年版,第69页。

中获得必备的政治权威,个人则可以世俗国家为依托,超越单纯的知性思维,通过理性来认知政治普遍性的神圣面:法律。自由是人格的本质规定,法律即自由的定在。

黑格尔认为,上帝的人化是新教伦理概念化的根本。"在意识的绝对的对象中,意识也必定把自己的这种自在地存在的同一性表象为自己的本质。上帝的人的形象,即上帝的人化,必定会作为宗教的一个重要环节出现在对宗教对象的规定中。"①再具体一步,人格承担着人之为人的本质规定性,"人格的要义在于,我作为这个人……在有限性中知道自己是某种无限的、普遍的、自由的东西"②。很显然,脱离了人的人格只是一种抽象,只有在精神与世俗的和解领域——社会关系中,人和人格才具备现实性。在黑格尔对人格的三重界定中,法权人格诠释了财产所有权作为平等人格的基础性内涵,道德人格鼓励个人超越宗教精神生活的自我封闭,摆脱客观的目的论预设,积极从个人私利步入公德,伦理人格最终承担了神——人为主体的精神生活转向,"伦理的人格,也就是说那为实体性的生命所渗透的主体性,就是德","德"可以具体化为公正、无私、仁爱等良习,但最为根本的"德"是信赖,即"有意为这现实工作和能够为它献身"。③ 黑格尔把伦理人格视为超越道德人格和法权人格的更高阶段,在他看来,内在超越的道德律令与法权意义的身份平等,只有在客观的伦理关系中才能变为事实,法律规定基于自由人格,即"一种其实是自然决定的反面的自我决定"。法律相对于人格具有更高的逻辑必然性,与之相对,伦理人格是塑造政治权威的前提,二者相辅相成。在政治世界的实践淬炼之下,伦理人格彰显出了全新的主体性原则:个体只有在公共生活中,从客观的伦理关系及其秩序中,才能成就自身德性,去实践普遍而真实的人类自由,被康德混淆了的政治和道德,在黑格尔的法哲学中得到了恰如其分的区分。

法和人格,充当着"自由的定在"的形式与本质。与从类本质入手的道德律令不同,"法的命令"的核心是人格:成为一个人,并尊重他人为人。自由不是内在于人性的理性精神,而是与客观法律同一的理念,抽象的、形式化的自由与法对立,并不是自由的应然状态。"成为一个人"意味着人格性

---

① 《黑格尔全集》第 17 卷《讲演手稿(1816—1831)》,梁志学、李理译,商务印书馆 2012 年版,第 61 页。

② 〔德〕黑格尔:《法哲学原理》,范扬、张启泰译,商务印书馆 1961 年版,第 45 页。

③ 〔德〕黑格尔:《精神哲学》,杨祖陶译,人民出版社 2006 年版,第 330 页。

的生成,它具体表现为生存权、名誉权、隐私权等基于个人权益的政治权利,"尊重他人为人"则直指人格的先验特质——不可让渡、不可放弃。"那些构成我的人格的最隐秘的财富和我的自我意识的普遍本质的福利,或者更确切些说,实体性的规定,是不可转让的,同时,享受这些福利的权利也永远不会失效。这些规定就是:我的整个人格,我的普遍的自由意志、伦理和宗教。"①基于良知德性的伦理人格,在法权的规范性中获得客观性,在这一思想阶段,坚守形式化道德律令的教化、迷信缺乏政治威信的神学教义,这二者都有悖于理性精神的宗旨。黑格尔批判康德"物自体"割裂了信仰与理性,在他看来,神性完全可以为理性所掌握,作为理性的终极代表,上帝既能体现在人类共性的认知能力中,也能作为绝对客观实体以自我彰显。在绝对自我和同一性中,神学人格终将沦为神秘主义的概念演绎,而在宗教的理性演绎中,作为有限精神载体的个人,将通过理念绝对性的升华而与神合一。简言之,黑格尔要用理性改造宗教,让绝对精神充当连接政治意志与宗教意识的桥梁。

对黑格尔而言,思维主观性的绝对目的就是自我意识的绝对客观性,它意味着在自身之内的无限的、最后的终极目的;这种客观性被规定为道德完善、笃定宗教和永恒生活,即神圣的、极乐的生活。在此有必要简单还原黑格尔对宗教政治权威的论证路径:图宾根时期,黑格尔在康德的影响下,认为道德哲学可以让人重拾被神权践踏的权利,因此"哲学必须停止在宗教前面",接下来与费希特、谢林的思想轨迹相近,他转而否定形式化的道德律令。需要指出的是,在宗教意识过渡到哲学思辨的过程中,黑格尔始终坚持宗教问题的社会维度,这是他一生的思想路向,亦是他能够集德国古典哲学于大成的要义。对于信仰生活的恢复,政治和社会斗争能够还原整体性的异化,因为只有它们才与这种异化相关,以此为基点,一切社会问题在本质上都是精神问题,政治批判要以精神批判作为理论前提,宗教批判亦只是精神批判的一个组成部分。

在目睹了法国大革命精神的"道成肉身"——拿破仑巡视耶拿小城之后,黑格尔开始在其哲学体系内有机地融入宗教意识。《精神现象学》的第七章描述了从直观性的自我意识到道德宗教的思想历程,其中,知性思维把精神的本质视为异己的存在,直到过渡到自我意识阶段,精神才积极寻

---

① 〔德〕黑格尔:《法哲学原理》,范扬、张启泰译,商务印书馆1961年版,第73页。

求自身的客观化。如同柏拉图的洞喻,初次看到洞外斑斓世界的觉醒者一般,人类摆脱了神学认知体系,旋即面临丧失超越维度的现实世界,由此产生无法将自身客观化的"苦恼意识"。以理性阶段为标志,精神可以克服"苦恼意识",它也开始对宗教意识的摈弃,启蒙者塑造的自我意识把宗教的彼岸世界悬置起来,并全然沉醉于现实世界,这产生了与知性阶段近似的思想困局。他们把宗教视为一种愚昧的欺骗,或者将神学视为陈旧的神权意识束之高阁,此二者都不是审慎的理论选择。

尽管黑格尔曾对道德哲学的抽象化和形式化大加批判,但从神学政治论的整体着眼,他更多是康德的继任者,而非费希特和谢林的同道中人。康德服膺于理性的力量,他相信即使兑现启蒙精神——自由与平等——是一个永世无法兑现的奢望,人们朝此方向的奋斗仍然不是自欺欺人。不过正如伯克所言,法国革命前所未有地完成了一项恐怖的事业:国王和王后成了可被斩首的庶民凡人,与教权合一的君权的神圣性随之消弭,且永无重建可能。神圣性即政治权威,政治共同体不能永久受限于无组织的民众意志,维护法律的客观公正就是塑造新生共和国的政治权威,这是至为紧迫的理论任务。近代的自然法理论把希腊时代的自然理性、中世纪的启示传统改造成人们可以独立运用的政治理性,在道德与法律之争的最初阶段,自然法的问题不在于缺乏理性,恰恰在于缺乏权威。与宗教禁令相近,人造法律需要的不止于"更高法律"即宪法的理论构造,也不能依靠对不朽立法者的信仰和对更高存在的崇拜,宪政的牢固信念在于"唯一真正的以道德立国"。①

在这样信念的指引下,黑格尔找到了践行启蒙理性与延续启示传统二者的平衡点:它们的对立"不是'永久的',不是哲学的,不是认识论上的对立,而是一种历史上的对立",二者会在政治普遍性的载体——国家之中找到融合之道,"日耳曼人注定要做基督教原则的负荷者,注定要实现那个观念作为绝对地合理的目的"②。要达成这一目的,有双重任务亟待完成:其一,调和理性与信仰,其二,有机连接宗教与国家。对于理性与信仰的矛盾,休谟在《人类理解研究》中指出,如果把信仰的对象与求知欲连接,其后果不是束缚的理性(教父哲学、经院哲学)就是神学的消弭(泛神论与无神

---

① 〔美〕汉娜·阿伦特:《论革命》,陈周旺译,译林出版社 2007 年版,第 176—177 页。
② 〔德〕黑格尔:《历史哲学》,范扬、王造时译,上海书店出版社 2006 年版,第 333—334 页。

论）。在理性范畴抵达不了的地方，维系宗教的唯有感性且谦卑的虔诚，这就是施莱尔马赫的所谓对神的"绝对依赖"，黑格尔讥讽道，如果依靠毫无保留的依赖感来塑造神学权威，狗绝对能成为最合格的基督徒，因为它对主人有着毋庸置疑的虔诚与信赖。道成肉身，意味着神的逻各斯与人的理性构成了关联，信徒把灵魂交付神祇，就意味着他在纯粹的精神层面偿赎原罪，基督教毋庸置疑是一种精神宗教，对虔信派信徒来说，让心灵充满宗教是他们所有虔敬的目的，他们需要在教会威压下服膺上帝之前，预先让自己拥有虔敬的情感。黑格尔认为，神秘的精神体验会消解政治权威与客观法制，这种从形而上学向心理学转化的神学，只是为了把宗教变成完全的个人事务。必须坚持用理性思维诠释宗教，而非谢林、施莱尔马赫之流主观而随意的肤浅直观，这是理性自身的解放，也是促使人们认知宗教真理的必由之路。

神学人格是神学世俗化的载体，它促使哲学思辨至上而下地关注人性自身。诚如施特劳斯所洞见，黑格尔真正让"古今之争"回归到历史层面。对他而言，自由在哲学体系中找到了实现其真理内涵的路径，神学启示则将在历史精神的沿革中，与自由的现实化——国家达成妥协。

黑格尔要在理性神学中连接宗教与国家，神人和解便成为全新的神学政治问题。前文已述，伦理人格承担了神—人为主体的精神生活转向，那么通过类比，耶稣基督无疑是伦理人格的最高代表，"他只是为了真理、为了宣布真理而生活；他的活动只在于完成人类的更高的意识"，他为世人赎清了原罪，新约预示着人格和神性的和解，它要求人类摆脱有限事物，把自身提高到无限境界。① 在耶稣崇高的伦理人格感召下，把信徒们联系起来的教会不仅仅是信仰的场所、为君权背书的傀儡，而成为公民政治生活的最初平台，随着基督教世俗化的逐步推进，人格通过神性的桥梁与公共社会连接了起来，这符合十九世纪欧洲人公共生活的基本样态。宗教问题视域内，黑格尔坚持对普遍性社会原则的追问，在他看来，人格与神性的和解不止于灵魂中驻留，它应该在政治世界中找到应有的存在样态——国家人格（Personality of State）。该理念之形成可远溯至霍布斯，他从旧约的启示传统出发提出了近代意义上的社会契约论，利维坦代表的绝对国家中，虽然在等级形式上国家仍是上帝之国，它有赖于神的允诺而建立，但在政

---

① 〔德〕黑格尔：《历史哲学》，范扬、王造时译，上海书店出版社 2006 年版，第 221 页。

治形式上它已经不再依赖封建领主—教会—信众模式,而是谋求塑造集体人格的社会,君主不是被视为军民臣工的统治者,而是国家的人格体现者。与思辨的有神论者倡导如弗里德里希大帝的实权君主不同,也区分于马克思所批判的作为国家本质的抽象化私人的君主,在黑格尔法哲学体系中,国家人格只具备伦理典范的象征意味,"在一个有良好组织的君主制国家中,唯有法律才是客观的东西,而君主只是把主观的东西'我要这样'加到法律上去"①。

黑格尔真正倚重的是基督社团的延续目标,即"社团精神性在普遍现实中的实现。它同时也包含着社团的改革"②,他强调的神人和解远非近代的人道主义诉求,也与费希特、费尔巴哈强调主体性的人本哲学无涉,在本质上,它表现为宗教哲学的政治原则。具体而言,国家统摄宗教使之直观自身而成为绝对知识,与之相对应的,国家和宗教的联合体不是上帝或成为上帝的人,而是现实的伦理世界。国家是伦理理念的现实,在理性层面与宗教"同构"却"异质",换言之,理性改造之后的宗教只是荡涤人类灵魂自然性、健全伦理社会的中介,它不能完全充当使国家摆脱所谓"狭隘的私人社会"的手段。有研究者依照逻辑学推演,把黑格尔国家哲学视为基督教唯灵论政治秩序的庇护所,这类观点显然高估了神人和解的神学特征。伦理人格是披着人化上帝外衣的政治原则,与之相对应的,神学人格"这种不确定的东西没有成熟到可以规定在发展了的国家中存在",黑格尔在《法哲学原理》中的结论掷地有声:宗教本身不应成为统治者。③

哲学家作为新时代的"神学"祭司,其任期注定短促。黑格尔破除了神学人格玄思诡谲的神秘主义要素,代之以概念的辩证演绎;清理了对有形神的崇拜,并加强了对无形神(理念)的信仰;感性直观的宗教意识、主观自律的道德责任终将被客观的法律规范替代,这符合精神哲学的逻辑推演,亦是现代社会的发展规律使然。在新教试图用圣灵感召的教义使人脱离自然性、重铸基督社团的背景中,黑格尔的"权威宗教"希望通过理性规划,把个人、产业工会和伦理社会统一起来,让人类掌控自身命运,亦即政治生活的自由。较之于前人,黑格尔洞察到伦理人格的独特之处:它不是抽象

---

① 〔德〕黑格尔:《法哲学原理》,范扬、张启泰译,商务印书馆1961年版,第302页。

② 赵林:《黑格尔的宗教哲学》,武汉大学出版社2005年版,第228页。

③ 〔德〕黑格尔:《法哲学原理》,范扬、张启泰译,商务印书馆1961年版,第282—283页。

化、形式化的个人主观意志,而内涵于普遍性的制度规范。再抽象一步,伦理关系和绝对法权最终都归结于人自身,道德律令在主观层面设定着人的价值与尊严,法权则于客观性中生成政治人格,后者显然更符合近代政治的精神基准。自由、伦理原则是人的实体性存在,认知这种实体性存在本身,以及在其中设定人的实体性,最终表现为人的价值和尊严。为什么与人格能成为另一个人格的基础相比,"法权的本源,即法律秩序,或者说国家的法律秩序假定自己是一个产物"具有更大的逻辑必然性?启蒙运动解放了人性,却也洞开了旧式政治世界的边界,在各个社会阶级的对立乃至攻讦中,封建君主依靠专制的决断维护国家统一,人们开始寻求符合公意的新时代政治正当性。在民族国家诞生的前夜,宗教权威、伦理人格都只是"国家"这面凸透镜背后被放大的理念,具体到德意志,民族意志(Nationlbewusstein)被整合成国家观念之后,"一神论和自然神论的上帝概念对于政治形而上学来说就变得难以理解"①。

在黑格尔看来,人格之伦理本性是政治自由的实现路径,耶稣基督作为绝对化人格维系着新教伦理。支持教会、使其达成宗教目标是国家不容置疑的义务,当所有公民加入教会之际,宗教必须优先确保"在人的内心深处保证国家完整统一的因素"。黑格尔坚信,对自由不能仅从单一的自我意识着眼,实现神—人为主体的精神生活转向之后,伦理人格成为政治权威的基点,人们将以市民社会为中介,把神性与公民权全部寄托于国家。

黑格尔认为,那种依赖集聚单个人意志而产生的契约,是任性、意见等随意表达的产物,它破坏了"绝对的神物及其绝对的权威"——国家的尊严。鉴于黑格尔对卢梭社会契约论的明确批判,自由主义者们一直有"绝对精神缔造极权国家"的论调,他们把黑格尔的精神哲学视为国家主义与极权政治的理论前设,然而总体而言,黑格尔的反契约论观点并不是"要为绝对主义或个体权利的否定进行辩护,它是个体权利的一个不同的理论基础"②。构成独特人格以及自我意识的各种实体性规定——人的自由,是任何政治权力都无法剥夺的。黑格尔认为,法国思想家们倾向于谈论道德,那是因为"个人的伦理生活在更大程度上属于个人特性和行为的自然

---

① 〔德〕卡尔·施米特:《政治的概念》,刘宗坤等译,上海人民出版社 2003 年版,第 40 页。

② 〔意〕洛苏尔多:《黑格尔与现代人的自由》,丁三东等译,吉林出版集团有限责任公司 2008 年版,第 73 页。

方式的问题"①。但诚如萨拜因所研判,自然法性质的个人权利早已在法国大革命的实践中被终结了,在此问题上德国人"更习惯于沉思",他们采取的是普遍性的政治思考范式。黑格尔谨慎地把自由"人"的革命意识内化进世界历史中,进而落实为对普鲁士国家的精神认同,在他看来,伦理生活是自为存在的自我意识,它衍生为家庭和民族的现实精神,亦即个人原则和国家意志的统一,黑格尔通过基督教世俗化的理性表述,把启示传统有机地纳入了启蒙精神的进步信仰。即便黑格尔的极端追随者可以从其哲学体系中发掘出诸多"革命"内涵,然而归根结底,符合黑格尔本意的历史观之结局,不是颠覆性的政治革命,而是于历史进程中持续改良着的社会伦理原则。

具体来讲,个人只有从客观的伦理关系及秩序中,在公共社会里才能成就自身德性,进而实践普遍而真实的人类自由。因此,政治教育是培育伦理人格的基石,"为了使大公无私、奉公守法及温和敦厚成为一种习惯,就需要进行直接的伦理教育和思想教育,以便从精神上抵消……进行实际工作等造成的机械性部分"②,这是对内主权的表征,相对应的对外主权,即表现为现实精神的自为存在——独立自主,以伦理人格为基础而高度凝聚的民族意志,完成自我认知并自我实践,便足以维系"神自身在地上的行进"——国家。正如马克思所判定,对政治国家的抽象是现代思辨哲学的产物,在政教合一的国家理念层面,个人原则与民族意志二者都不能逾越理性的边界,抽象的人只有在基督社团和同业公会之中才能让自己的人格具备实体性。以神学人格为名义,绝对精神解构了宗教意识,而随着国家理念的逐步完备,人格的伦理本性终将被政治普遍性同化。

黑格尔认为,康德哲学对先验理性的自我划界以及形式化的道德律在消解宗教蒙昧的同时,也错失了宗教真理的启示传统;谢林之流的神秘主义哲学摈弃了辩证思维,用直观的同一性回避了"否定物的严肃、痛苦、容忍和劳作",幻想上帝能够赋予哲学智慧,使之最终沦为一种无味的宗教虔诚。毋庸置疑,政治神学问题流转到黑格尔才"找到了最伟大的系统化建筑师",然而正如哈贝马斯所判定的,尽管黑格尔思辨学说体系十分完备,它仍需理解为康德路径的极端化:试图扬弃知识与信仰的对立,按照理性

---

① 〔德〕黑格尔:《法哲学原理》,范扬、张启泰译,商务印书馆1961年版,第170页。
② 〔德〕黑格尔:《法哲学原理》,范扬、张启泰译,商务印书馆1961年版,第314页。

的标准为宗教真理辩护,在本质上是一种以哲学为代言人的广泛理性学。[①] 以此为视角,神学也分享了哲学的特性,"什么是宗教"竟然成了问题,因为依照精神哲学的推演,如下结论是顺理成章的:宗教哲学已经成为理性主义的宗教,它通过自我意识的沿革辩证否定了以往的一切宗教思维,简言之,宗教本身已经被哲学理念解构了。

三、宗教精神与伦理人格

与深孚启示神学的谢林不同,对虔敬主义的批判构成了黑格尔一系列宗教哲学演讲的主线,在他看来,通过神学人格强化宗教权威,并不是化解虔信派神秘玄思的最佳方案,只有先通过"权威宗教"重塑宪政的神圣性,再落实为伦理人格和绝对国家。人格(Persönlichkeit)的原初内涵——区别于上帝又趋同于上帝的自我意识,才能远离直观玄思的神秘主义侵染,它将消解于理性的思辨体系中,只剩下耶稣作为至高无上的伦理人格而自存。进一步的,神人和解弥合了表象思维中的分裂,人格仍然是自我意识的思辨残余,它势必要与耶稣的神性一道,汇聚在"决定和主宰一切国家权力的特权"、国家人格的代表——国王身上。公民自愿参与塑造普遍性国家,其动力取决于伦理生活的政治样式,总体而言,内在的道德律令、外在的理性规划都还只是精神的创制品,它们都不能赋予个人免遭威权迫害的现实尊严。当国家成为涵盖神意与人格的利维坦,它就从代议制民主的视野中消失了,以理性主义为基准的政治哲学体系,却把非理性的、任性的主观王权,视为国家典章制度的核心。这里进行一组对比:如果法国大革命的政治意图可以凝聚为一句话——第三等级即国家,那么黑格尔国家哲学中,人格化的理性具备的内容就只剩下"朕意如此"这样一个抽象理论。更为根本的,无论是启蒙主义倡导的政教分离原则,还是王权、政权至上理念,它们都回应了教会对封建和资本主义结构做出的"历史性的巨大妥协",并一起构成启蒙时代以来人类异化的实质。

人们如果只看到神学人格被政治普遍性消解、基督教精神原则被演绎为政治秩序,二者在绝对国家中完成统一等论点的整合,会形成黑格尔与保守神学家们立场一致的假象。诸如不是神学的神学、重视伦理而贬低私

---

① 〔德〕尤尔根·哈贝马斯:《在自然主义与宗教之间》,郁喆隽译,上海人民出版社 2013 年版,第 191 页。

德、高扬国家而忽略个体等说法两个世纪以来不绝于耳,它们成为诟病黑格尔哲学、称其为"国家哲学的唯灵论"和极权政治帮凶的基本论据。对黑格尔的论敌"思辨的有神论者"们而言,预设上帝是一个理性实体、而不是一种人格化的意志,这观点本身就是对神性的莫大亵渎;神意代表一种理性意志的自由、而不是绝对意志的自由,这势必要败坏社会伦理,以此观之,黑格尔所谓的"权威宗教"不过是一种逻辑主义式的泛神论,它衍生的国家观念很容易导致缺乏实际中心与最终权威的无政府主义。斯塔尔指责黑格尔宗教观本质上是一种去人格化(depersonalizing)的理论:它以神的意志为名义为人类立法,却完全祛除了神性,黑格尔的基督教世俗化方案,只赋予君主个人意志以尊严,却否定了君主的绝对权力。小费希特认为,黑格尔的宗教观非但不能凝聚政治共识,反倒把个人的伦理人格视为宪政主权的源头,应当把这类想法送上断头台。

"始作俑者,为其象人而用之也。"基督教的哲学重建,构筑了黑格尔国家学说之核心——伦理生活的普遍性政治理念。① 黑格尔的"学生们也是以其国家哲学和宗教哲学的结构为目标",对他们来说,批判的主题和中心目标就是厘清何谓"真正的"国家和"真正的"基督教。② 在青年黑格尔派尖锐批判的表象后,实则承继着黑格尔精神与世俗和解的理论预设。当下回顾十九世纪上半叶的这段思想论争,人们可以毫无异议地认定,复辟神学家们对神学人格的片面坚持是荒唐的,新教宗派的林立与信仰私人化的盛行,终将剥夺宗教意识在现代社会的超越维度。辩证否定原则把黑格尔宗教观一分为二:其一,宗教精神与伦理人格只有在"权威宗教"中达成共识,即宗教良知与世俗社会结合,才能在国家中实现真正的和解;其二,尽管黑格尔一再肯定国家和宗教的真理统一性,但宗教本身并不直接构成政治权威,它不能干涉国家事务,"上帝之城"与"尘世之城"依旧是分立的,只是经由理性的权摄,其界限不再那么泾渭分明。诚然,绝对精神把日耳曼民族视为基督意志的执行者,将德意志定义为新教精神的使者,但对黑格尔宗教哲学的理解不能本末倒置,如把它视为所谓基督教唯灵论秩序,或传统神权政治的延续。即便是黑格尔的对手,从事神学研究的罗特也坦

① 〔美〕沃伦·布雷克曼:《废黜自我——马克思、青年黑格尔派及激进社会理论的起源》,李佃来译,北京师范大学出版社2013年版,第82页。
② 〔德〕卡尔·洛维特:《从黑格尔到尼采——19世纪思维中的革命性分裂》,李秋零译,生活·读书·新知三联书店2006年版,第58页。

承,只有黑格尔真正深入深刻地理解了国家,只是这种国家过于观念化和绝对化。罗特认为,倘若完全依照黑格尔的推演,今后能够适应基督教生活的已然不是教会,而全然只剩下国家了。这一论断甚是精准,黑格尔显然坚信,国家可以不需要教会,"这种国家生活已经不是在彼岸,而是在此世逐步实现的"①。

自启蒙主义兴起以来,理性对于宗教的规训并非哲学的自我治疗,其宗旨与保持哲学体系自身的健康无涉,它立足于让普通公众免受各类教条主义的侵害。② 毋庸置疑,只要在"真理即全体"的思想体系中,无论是个人/信仰,还是国家/宗教都可以在绝对精神的演绎中完成自我认知,那么是否需要更进一步,彻底否定神学的价值? 对此,黑格尔还是颇为犹豫的,即使他意识到这一倾向已经无法逆转。沃格林有过评价:黑格尔宗教观既是无神论/人类学又是基督教的,如果把这个看似矛盾的断言颠倒过来,会发现它吊诡般地同样成立——既不是无神论/人类学,也不是基督教的。综上所述,它表现为宗教哲学的政治诉求,并构造了后继学人宗教批判的问题路径,人类学层面:消解耶稣的神人特征,把伦理人格抽象为类本质;神学层面:用理性和启蒙精神置换宗教世俗化进程,最终取缔宗教。

以往的黑格尔宗教哲学研究,学者们大多是从神学论争中引申出政治命题,再把政治命题还原为观念论,通过援引体系哲学的抽象晦涩与理念封闭,最后冠之以"唯心主义""基督教唯灵论"的名号,探讨后继思想家开展宗教批判的必要性。姑且悬置此论证思路的合理性,有一个思想史细节需要陈明:无神论动摇了宗教的存在论基础,思辨哲学一定意义上成为神学的避难所,而神学理念对理性的占用,也同时削弱了哲学的辩证精神,使之深陷循环的目的论证明。在研讨黑格尔主义者们的宗教批判之前,有必要还原黑格尔宗教观的原初"目的"。简言之,黑格尔通过先验理性以自我反思、自我批判的方式从神学所划定的界限突围,它经历精神—俗世的和解而重返形而上学,使宗教哲学成为实现自我理解的宗教,在《精神现象学》中,黑格尔强调宗教必须提升到哲学的精神层面,而《1800 年体系残篇》中,哲学被约定在神学领域内保持缄默,再向前追溯,即精神哲学体系

---

① 熊伟:《在的澄明》,商务印书馆 2011 年版,第 194 页。
② 〔德〕尤尔根·哈贝马斯:《在自然主义与宗教之间》,郁喆隽译,上海人民出版社 2013 年版,第 176 页。

尚无构建的 1789 年,《基督教的精神及其命运》中表述了这样的观点,"想要恢复人的全面性",需要弥合道德哲学造成的应然与实然的分裂,这是欧洲人从天主教趋向新教的原始动力。尽管一再强调信仰虔诚的重要性,黑格尔还是在无意之间说出了他的真实意图:随着现代人之间隔阂被打破,个人并不是作为信仰者而抽象于一个共相、一个概念中,而是通过生活,通过伦理性的统一——爱而联合起来。神学政治论的主题在思辨哲学体系中一以贯之,黑格尔在青年时代便已经推导出神学人格的必然结局——"它企图在一个非人格的活生生的美中找到安息",教会与国家、虔诚与道德、精神活动与世界活动绝不能融合为一。①

　　从这个预言进行审视,宗教哲学的实证内容,在思辨领域表现为上帝神性的流溢——自我意识,在神学层面则指向上帝无限博爱的唯一对象——人类。人格的本质是自由,历史主义者坚持民族整体所塑造的集体自由,浪漫主义者在超验的神学人格背景中信奉个人自由,黑格尔通过伦理人格中和了二者,他强调与政治国家相一致的理性自由。古典理性追求人性完满,期求以德性修身平天下,随着宗教世俗化的推进,经验世界中的矛盾此起彼伏,近代理性迫切需要诠释资本社会中的人格自由,它拒斥超验世界的彼岸关怀,进而演变为现代人自我保全的政治手段。在黑格尔主义者的宗教批判正式开启之前,谢林已经证实了用浪漫主义的理智直观、人格神化等方式调和、消除神学和哲学二者之间的分裂是不可能的。作为承前启后的思想史环节,无论是右派的泛神论演绎,还是左派的无神论批判,黑格尔主义者都正视了上述分裂,并在不同的思想路向上强化了黑格尔的理性逻辑,他们的独到之处,在于凭借理性主义为基准的宗教批判,最大限度地兼顾了人本主义精神。

第二节　神学与人本学的批判范式转换

一、青年黑格尔派的神学解构

　　黑格尔逝世后的德国思想界,知识分子或者满足于程度不一的泛神

---

① 《黑格尔早期神学著作》,贺麟译,上海人民出版社 2012 年版,第 383 页。

论,重申神学的政治意识形态作用,或者保持对形而上学的漠视,倡导个人自由与共和政体。1843 年,费尔巴哈在给马克思的信中坦言,他批判君主与上帝的人格同一性,主要是基于政治环境的客观需要。① 就在同一年,鲍威尔从泛神论转向激进的无神论,他注意到,激进黑格尔主义者的政治愿景处在一个极为尴尬的情境中:严苛的书报检查令使很多左派报刊被迫停业,知识分子们的困境没有得到民众的任何声援;市民阶层的大多数人非但没有认同自由、平等的进步理念,反而支持保守的复辟神学家,而腓特烈·威廉四世即位之后的倒行逆施,与公众消极的政治态度一道激化了青年黑格尔主义者与思想界的分裂,他们愤懑地予以抨击:"精神的真正敌人应当到群众中去寻找。"由此观之,费尔巴哈"宗教是德国唯一实际、有效的政治手段,至少现在如此"的判断不是对政治事务的退避,而恰恰反映了青年黑格尔主义者们积极的思想态度。

在《路德维希·费尔巴哈和德国古典哲学的终结》一文中,恩格斯梳理了青年黑格尔派的宗教批判线索:宗教批判从 1840 年起就是间接的政治批判,围绕福音书的神学考据,施特劳斯、鲍威尔分别从主观性"自我意识"和客观性"实体"展开思想论争,探讨哪个抽象理念可以从事世界历史的精神演绎,直到施蒂纳把神学人格彻底更迭为利己主义的最高抽象及其衍生物——唯一者,总之"他们在这个矛盾中彷徨,尽管程度各不相同"。与上述清晰客观的思想史线索形成反差的,是接下来一连串明显错误的解读:"这时,费尔巴哈的《基督教的本质》出版了。它一下子就消除了这个矛盾,它直截了当地使唯物主义重新登上了王座。"②就时间而言,《基督教本质》于 1841 年问世,鲍威尔的思想转型、《唯一者及其所有物》的出版分别发生在 1843 年和 1844 年,试问:费尔巴哈如何能解决几年之后才发生的、鲍威尔和施蒂纳所面临的理论困局? 遑论正是施蒂纳的激烈批判迫使费尔巴哈中止了全部理论活动。对于施特劳斯等黑格尔主义者而言,费尔巴哈哲学更多是批判的对象,而非可借鉴的思想平台,它根本无法消除他们之间的思想矛盾。此外,人本哲学并没有让唯物主义登上德国主流思潮的"王座",鉴于人本哲学对感性生活的侧重,费尔巴哈还多次明确申明:自己不是一个唯物主义者,他的哲学也绝非唯物论······以上略冗赘的考证,只为

---

① Feuerbach to Marx, 25 October 1843, Briefwechsel, Vol.2.
② 《马克思恩格斯选集》第 4 卷,人民出版社 1972 年版,第 218 页。

陈明一个事实:在政治一神学问题视域内,青年黑格尔派成员之间并不存在明确而直接的线性理论沿袭,他们凭借在同一问题域的相互攻讦、批判才奠定了其在思想界的独特地位。与追溯共性相比,探讨区别更能切近他们的真实理论意图,此判断对于厘清青年黑格尔派与马克思的思想渊源至关重要。

通过对神学问题的解构,人本主义彻底用人性取代上帝成了政治纲领。"我们德国人在政治上的自由,只有随着我们在精神上、道德上和宗教上的自我解放而增长"①,此语足见施特劳斯的敏锐。他创造了"左派黑格尔主义"一词,本意只是想反驳思想界对《耶稣传》的曲解,因为那些保守神学家对于基督教神性的坚守,已经到了非此即彼、划分敌我的地步。施特劳斯仿效法国议会的派系分类,将黑格尔学派分为两派,并将自己归为左派。这个概念随后被用于更为广泛的领域,有了诸如青年黑格尔派/老年黑格尔派、正统派/非正统派、青年学派/老年学派等分类,归根结底,它指认的是黑格尔学派内部的宗教批判维度。1833 年,里希特在《灵魂不灭的新说》中简要阐述了黑格尔哲学"不允许"个人灵魂不死的观点,此文引发了德国思想界对于灵魂问题的争论,以这篇文章为起点,青年黑格尔派凭借革命性的宗教批判登上了思想史舞台,回溯青年黑格尔派的理论活动,不难发现德国思想界一以贯之的主题——基督教人格主义,及其作为特定的自我观念在政治领域内的引申。

围绕实体与自我意识的论战,与经神迹、幻象展开的人本学论争,是青年黑格尔派研究的核心论题。施特劳斯开神学考证风气之先,他被当时的神学家们贬低为"基督教信仰的撒旦",因为他用逻辑学定律和历史考据的方式,对基督教义特别是耶稣的神学人格进行了前所未有的解构。布鲁诺·鲍威尔曾经戏谑道:想迅速在神学界声名鹊起的方式极其简单,那就是写一篇《耶稣传》的批判文章。其人、其书、其观点在当时之影响力可见一斑。像黑格尔一样,施特劳斯不承认灵魂不死,但是他提出了自己的论据:灵魂不死的观念只不过表现主体力图从有限上升到无限、上升到观念的意志。这样一来,精神哲学体系中的矛盾就被指出来了。② 前文已述,黑格尔宗教观是在哲学层面,通过理性的宗教意识来演绎辨明自在自为的

---

① 〔德〕施特劳斯:《耶稣传》第 1 卷,吴永泉译,商务印书馆 1981 年版,第 370 页。
② 〔苏〕B.A.马利宁、B.N.申卡鲁克:《黑格尔左派批判分析》,曾盛林译,沈真校,社会科学文献出版社 1987 年版,第 66 页。

神性,施特劳斯则认为,哲学完全不能决定神学人格的真实性,《圣经》故事必须和世俗历史一样,通过历史批判来分析、辨明其是否真实。经施特劳斯的努力,基督教神话逐渐被还原成民族的集体意识,圣灵神学也追溯到特定历史阶段中的"精神实体"——民众普遍信念的宗教式表达,也就是说,人们迫切需要救世主的普遍心理与"耶稣是神子""信主得永生"的宗教信条相遇,超自然神迹就应运而生了。黑格尔描述过罗马人的精神生活,悲苦和冷酷荡涤着美好而高尚的人性,个人生存于威权统治下欲求救赎,只能依赖思想抽象复归到主体的内心自由,在《哲学史讲演录》中,上述历史意识只是绝对精神的思辨环节,施特劳斯进一步将其实体化了。斯宾诺莎用实体论分化了"神法"和"人法",在这两者之间,用理性确证神学人格只是第一步,如能辨明历史层面中宗教意识的真伪,便能还人性以全部尊严,并终结"神法"的权威。施莱尔马赫把《新约》中的记载视为不可置疑的史实,即神迹是证明上帝神性的证据,它丰富的隐喻、超验的启示不是迷信神话所能够涵盖的,所以神迹是绝对自明而无须论证的。施特劳斯拒绝接受这种预设,在他看来,黑格尔已经通过自我意识辩证否定了各种历史形态的宗教意识,福音书亦只是其中的一个环节,如果再进一步把神迹变为神话、进而消解神话,神学的理性化进程便可如期抵达终点。

法国激进的无神论者通常不经反思地预设神学的虚妄与愚昧,继而认定《圣经》不过是迷惑民众的骗局,这种做法缺乏对待宗教的审慎态度。如果说对宗教的后天思辨是宗教哲学,那么,宗教的先天语言便是神话,在施特劳斯眼中,萦绕于耶稣的神性人格光环——神迹都可以在犹太教社团的历史传说中找到根据。除却基本的社会情境设定,那些以世代传说为蓝本的福音书,客观上与真实发生过的历史无涉,它们的文本化依赖于作者本人对罗马帝国统治下基督徒社群生活的深刻洞察,《新约》根本上是集体认知的产物,人们可以视之为有意识虚构的文学作品集。通过翔实的考证,施特劳斯逐渐认清:《新约》前三部福音书强调的作为大卫的后裔、圣灵感孕而生的以马内利、神之子拿撒勒人等耶稣的人格设定,与《约翰福音》中"道成肉身"的神性逻各斯是注定无法调和的。"加在耶稣形象上的每一神话色彩,不仅模糊了耶稣历史真面目,耶的真面目,反而被遮盖在上面的神话色彩破坏得无影无踪了。"[①]路德的宗教改革动摇了天主教廷的根基,

---

① 〔德〕施特劳斯:《耶稣传》第 2 卷,吴永泉译,商务印书馆 1981 年版,第 366 页。

也带给信众自主选择信仰的自由,然而无论是虔信派还是浪漫派所服膺的自由还是神性的,也就是说,他们任由超自然神话驱使下的"神性"来统治人性。施特劳斯注意到福音书中的一个细节:耶稣拒绝庶民的要求来行神迹,他的每一次超自然的行为都基于道德教化的需要。很显然,《新约》中耶稣不是狡诈世故的希腊神祇,也不同于喜怒无常、有仇必报的《旧约》中的耶和华,他传奇般的生命归结成一个主题:引导民众在灵魂层面领悟其道德教化。这也便意味着,福音书所着力表现的耶稣的神人同一性,"从来被认为即使不是一个完全的轮廓,也似乎是坚实而明确的基督形象就隐没于虚无缥缈中了"①。黑格尔用哲学"神话"了耶稣,但如果没有可以证明他圣子身份的客观依据,道德高尚的灵魂导师仍旧是一个人,倘若耶稣身上没有神性,那么他为世人所赎之罪又从何谈起?人格与神性的和解又将归于何处?

施特劳斯发现,在除却了神话光环之后,以往超凡至圣、不容置疑的基督形象立时变得模糊起来,随着逐步清除掉无法自圆其说的教义,四部福音书中的耶稣就只剩下道德教师这一个身份了。以理性主义为基准,施特劳斯破除了基督教教义中的神话预设。具体而言,历史流转之中教士们所大肆宣扬的神迹绝非信仰的基石,回避了超自然的五饼二鱼、治病驱鬼、死后复活等神话描绘,人们可以完成对宗教的自我反思,进而选择真正的理性宗教。理性宗教要以理想的耶稣形象为前提,这一形象的塑造依赖人类共同的天赋,其改进与完善只能是人类的共同任务与工作。② 施特劳斯认为,当黑格尔认为理性比上帝更包罗万象的时候,他实际上是要证明,理性的绝对性能够在个人的有限性中充分体现,也就是伦理人格。精神哲学体系中,人格尚为自我意识的思辨残余,它与耶稣的神性一道汇聚于政治国家层面,充当着君主"神人"理念的真正化身。如果说黑格尔用逻辑把三位一体的神圣内核——上帝演绎为绝对精神,那么施特劳斯把作为思辨残余的人格与神性提取了出来,将三位一体的尘世显现——圣子耶稣还原为了独立的伦理实体。没有神性的宗教是何物?人性的宗教。

在《耶稣传》早期版本中,施特劳斯始终强调民族集体意识的重要性,这极易被公众误认为历史主义观点。在卢格的不断敦促下,施特劳斯逐渐

①〔德〕施特劳斯:《耶稣传》第2卷,吴永泉译,商务印书馆1981年版,第52页。
②〔德〕施特劳斯:《耶稣传》第2卷,吴永泉译,商务印书馆1981年版,第372页。

淡化了其理论的集体主义张力,并开始把耶稣塑造为引领人类的导师形象。总体来说,一个从事道德教化的耶稣基督,不再仅是上帝人格的化身,而是人类意志的光辉典范,他把基督的宗教向着目前人类最崇高的努力所指引的方向,即人性的宗教又推进了一步。①《耶稣传》的两个理论目标,其一是祛除非理性的宗教神迹,其二就是缔造"人性宗教",后者成为很多人寻求施特劳斯和费尔巴哈思想一致性的依据。恩格斯在《谢林和启示》一文中,就把费尔巴哈哲学视为黑格尔"关于宗教的思辨学说"的有益补充,除此以外,费尔巴哈向人本主义的转向不仅没有扬弃施特劳斯的结论而恰恰验证了它们,两人都得出同一结论——"神学的秘密就是人本学"②,这些论断显然夸大了二人思想的一致性。

在费尔巴哈看来,所谓集体的无意识创造根本不能解释为何会出现神迹。施特劳斯概括的民众普遍信念是一种客观的精神实体,然而对弥赛亚和天国的憧憬,并不是什么逻辑推导的产物,人类的宗教意识归根结底遵循着心理学原则,是感性生活中特定心情与幻想的集合。"施特劳斯到底还没有肯定说出什么是奇迹,而且还推测说,在奇迹的后面有一种与愿望不同的特殊的精神力量,费尔巴哈则直截了当地说,奇迹就是用超自然的方法来实现自然的即人的愿望。"③经过分析不难发现,施特劳斯自认为祛除了宗教神迹并把耶稣还原成了凡人,但这个凡人即刻又披上了理念的外衣,那种寄托在耶稣身上的不同寻常的理性力量,实际上还是"无人身"的。施特劳斯认为可以在"类"观念中使人格的有限性深蕴于实体的无限性,最终统一人类意志,同样以类哲学著称的费尔巴哈明确与之划清界限:"施特劳斯只是把自己笨拙的学究概念强加于我。"

为了摆脱斯宾诺莎式实体论的自我封闭,施特劳斯刻意强化了耶稣形象,最终却造成了"类"观念难以自洽的逻辑矛盾。这里可以反向推导一番:其一是个人,其二是作为全部人类美德的聚合的类观念,能把二者统一起来的,既非黑格尔所强调的伦理共同体中的个人,亦非经验意义上的社会公民,而有且仅有一个"凡人"符合——耶稣。形象而言,如果用全人类

---

① 〔德〕施特劳斯:《耶稣传》第 2 卷,吴永泉译,商务印书馆 1981 年版,第 370 页。

② 〔苏〕B.A.马利宁、B.N.申卡鲁克:《黑格尔左派批判分析》,曾盛林译,沈真校,社会科学文献出版社 1987 年版,第 72 页。

③ 卜祥记、范迎春:《重新评价费尔巴哈与施特劳斯、鲍威尔之争》,《求索》2007 年第 3 期。

来代替一个单独的人是打开施特劳斯宗教批判的钥匙,那么耶稣就是这把钥匙的掌管者。施特劳斯对基督教实施的理性主义改造,不追求与国家意志相一致的权威宗教,而是通过类比,把已经理性化了的伦理人格给再度神化了。本质而言,普遍信念所映射的弥赛亚情结是一种宗教精神,那么施特劳斯的理论活动就是在用宗教精神来进行宗教批判、用神学意识祛除神迹幻想,即便本着客观理性的名义,于论证层面背离了辩证原则,还是造成了难以化解的同义反复。"二者在原则上都一样,因为它们同样是先验的。"①毋庸置疑,施特劳斯宗教批判的整体水准被拉低了。整体上,青年黑格尔派成员于不同思想路径上强化了黑格尔宗教观,施特劳斯割裂了"实体即主体"的统一性,因此不可避免地滑向了神学人格的循环论证。施特劳斯归纳出的"类"观念,亟待与感性生活构成关联并重建人的主体性原则,费尔巴哈承担起了这一理论使命。

二、人本主义的政治立场

如同康德给理性划界为信仰留出地盘,黑格尔在政治的精神国度为个人划定了空间,即完成了"人"这一普遍性理念的建构。为了迎合代表政治普遍性的国家,人格依然是一个被共同体涵盖的纯粹形式化范畴。在观念论的引导之下,现实人的自由何以保障?这显然已经超出了神学政治的议题,也不能简单归结为政治理念以及市民精神的塑造,它必须从活跃的资本主义经济社会领域寻求出路,黑格尔对此虽偶有论及,却并未给予足够多的关注。在他逝世后的数年间,唯其马首是瞻的思想界开始分化,不同于施特劳斯单一的神学考据,费尔巴哈真正做到了在政治和历史意识更迭的时代精神中变更黑格尔哲学。②

思想史线索不仅包含概念的线性因果延续,更是核心理念的层级构建。对于十九世纪四十年代的德国理论界,恩格斯有过一个精准的判断:费尔巴哈、施特劳斯、鲍威尔、施蒂纳,这些人虽然理论立场各异,就其本质来说仍是黑格尔哲学的分支。青年黑格尔派成员们对精神哲学的坚守自不待言,而在唯物主义的盛名之下,费尔巴哈哲学与黑格尔哲学的深层关

---

① 〔德〕鲍威尔:《复类福音作者的福音史批判》,《马列主义研究资料》第6辑,人民出版社1982年版,第51页。

② 〔德〕卡尔·洛维特:《从黑格尔到尼采——19世纪思维中的革命性分裂》,李秋零译,生活·读书·新知三联书店2006年版,第92页。

联常常被选择性忽略。黑格尔开创了精神原则与伦理原则的统一——普遍性，是这一时期德国政治哲学的核心理念。思维就是一种解放，黑格尔认为这种解放要以全部精神的辩证演进为中介，才能达到现实必然性，费尔巴哈沿袭了这一洞见，他把"思想的类"抽象为人的类本质，在此基础上进行宗教批判，进而探讨人的感性生活。

长久以来，费尔巴哈的人本哲学被贴上"感性论""实在论"的标签，马克思亦指出他过多关注哲学而甚少留心政治，但客观而论，费尔巴哈并不是对社会现实完全漠然的学院派思想家。后黑格尔时代诸多思潮之中，马克思选择了扬弃哲学，从政治经济学的角度解构了市民资本主义世界，鲍威尔和施蒂纳"让哲学在一种极端的批判主义和虚无主义中终结"，费尔巴哈和卢格则致力于在政治、历史意识更迭了的时代精神中变革黑格尔哲学。① 细究其思想履历，费尔巴哈首先明确是一名黑格尔主义者，然后才是黑格尔哲学的批判者。

在以思辨哲学、神学的批判者自居之前，费尔巴哈曾接受黑格尔本人指导多年，他浸淫黑格尔哲学之深，远非其他左派黑格尔主义者所能及。依照黑格尔的观点，思想界对宗教世俗化（secularization）的准备，需要每个新时代的哲学"牧师"在充满漠然与敌意的世界中引导出理性真理，费尔巴哈是这一理想的继承者，他也认定理性就是人类的本质，共通的、普遍的人的特征正是持续"思考"的自我意识。理论风格上的长期跟随印象，让施特劳斯习惯性地产生了误解，他认为费尔巴哈对启示传统、宗教意识的感性论解读，与黑格尔不构成任何立场上的差别，他的全部工作只不过是对黑格尔宗教观的某种修正罢了。在 1841 年发表的《基督教的本质》中，费尔巴哈坚决驳回了上述批判，全书开宗名义：人本学是跟思辨哲学截然不同的，人本学并不像被神秘的假象所眩惑的思辨那样把人化看作某种特殊的、奇突的神秘。② 费尔巴哈没有延续施特劳斯和鲍威尔的思路，即先进行繁复的神学考证，再从考据结果进行批判，他倡导变更哲学观，以全新世界观去审视宗教，不同于调和信仰与知识的理性神学，人本哲学将演绎全新的主体性原则。此外，费尔巴哈并没有出于政治斗争的需要而转向无神

---

① 〔德〕卡尔·洛维特：《从黑格尔到尼采——19 世纪思维中的革命性分裂》，李秋零译，生活·读书·新知三联书店 2006 年版，第 92 页。
② 〔德〕费尔巴哈：《基督教的本质》（珍藏本），荣震华译，商务印书馆 2009 年版，第 68 页。

论,他宗教立场的转变只发生在哲学层面。在给朋友的信中,费尔巴哈重述了黑格尔在 1789 年时的预言:人类即将不再拥有宗教却又不愿意正视这一事实,与宗教相关的幻想如若不加以约束,势必全面危害人类的自由和幸福。

如施米特所言,德国思想界在十九世纪四十年代开始的政治转向,发生在威权国家与伦理社会相互渗透之时,国家＝政治这个公式开始变得谬误百出并充满欺骗性。① 以此为基点回顾,会发现黑格尔陷入了与费希特、谢林同样的困境,从神学人格到伦理人格、国家人格,人的位格存在(Das Person-sein)已经成为德国思想界挥之不去的梦魇。一方面,理性人格证明了宗教仅仅是涉及人性的神话,它是近代人本精神的基准;另一方面,由于脱胎于神学,理性人格存在着一重先天弊端:尽管它符合个人的心理需要与社会的伦理精神,但它只是对"位格的上帝"进行思想强解的产物,如果屏蔽了直观思维与虔敬感情,政治形而上学的基础便不会再与之构成关联,"一种绝对的本质,而一种更为残缺不全的、片面的精神阶段却成了我们的生命事业"②,二者矛盾如何解决? 总体上,自我意识层面的神性追思,表现为对"上帝的位格"的理性表达,但理性的统一性对人的表象能力却是"无用的",启蒙者不能傲慢地把神视为招之即来、挥之即去的政治手段,正如他们从不把人视为王权与教会的附庸一样。费尔巴哈一针见血地指出,上帝的人格性只不过是思辨哲学的一种手段,"人借以使他自己的本质之规定及表象成为另一个存在者"③,真正的人的存在,就是近代政治普遍性原则的立足点——人的主体性。如果说施特劳斯认定上帝只是伟大的人,费尔巴哈则另辟蹊径,他把每一个人都视为渺小的上帝。

基督教始终将个体看成直接的启示对象,然而依照精神哲学的演绎,人性与神性的边界实际上是重合的,具体来说,人才是规定上帝的主体,上帝向世人所做的诸多启示,实质上都是人的自我规定。从人的自我规定即人格的角度重新审视,从哲学、神学、最终到理性神学,都只是为了绕道回归自身而已。在费尔巴哈眼中,上帝的人格性就是被异化和对象化了的个人的人格性,这种自我异化的过程亟待克服,正是在此意义上,"神学的秘

---

① 〔德〕卡尔·施米特:《政治的概念》,刘宗坤等译,上海人民出版社 2003 年版,第 130 页。
② 〔德〕西美尔:《现代人与宗教》,曹卫东等译,刘小枫审校,中国人民大学出版社 2005 年版,第 77 页。
③ 〔德〕费尔巴哈:《基督教的本质》(珍藏本),荣震华译,商务印书馆 2009 年版,第 294 页。

密就是人本学"。因此,彻底否定神学并不是费尔巴哈的意图,他真正想要摈弃的,是黑格尔奉为圭臬的基督教理性化进程。

神学人格是"非人格性的属人存在者",它们异化成为"自我意识"和"普遍信念"等形式进行着历史演绎。费尔巴哈的独特之处,在于通过感性论的方式将"上帝现实化了人化了"。在神学转变为人学、神学溶解进人本学的过程中,"类"承担着把神学人格转化为现实人格的使命,费尔巴哈回避了思辨哲学的本体论设定,认为只有"感性的存在、直观的存在、感觉的存在、爱的存在"①才配成为存在,人本批判了教条,将它还原为其自然的、人生来就有的要素,还原为其内在的发源中心点——爱。② 人本哲学用"爱"界定了全新的思存同一性原则,即人的类本质的延伸,在费尔巴哈看来,人与人通过交往产生的爱可以消除神学强加于人的"中介人格",并最终将这种同一性代入民族意识。费尔巴哈意识到,在黑格尔思辨哲学体系中,人的一切本质和社会活动都被观念形式固化了,这违背了启蒙理性的初衷,也必定造成理性的名义之下人类精神生活的重新束缚。

费尔巴哈之所以称思辨哲学是新时代最为彻底的神学,就在于它只是局限于基督教框架中进行的哲学改造。宗教改革以来,新教信仰实现了现代人以自我为中心的精神转向,这是它无可替代的历史成就,但黑格尔显然过高估计了基督教世俗化的影响,在费尔巴哈看来,世俗宗教远未彰明一种政治上的自由观念,新教的自由仅仅意味着自我从社会生活中退缩出来。③ 与其让神学人格继续变换形式凌驾于人的类本质,不如突破那些被认为绝对不可逾越的界限。这里可以借用康德的比喻,费尔巴哈想要通过人本主义和感性论祛除"类"概念的"庙中之神"。

在精神哲学体系中,类是在杂多中寻求统一的普遍性思维,于生灭无常的个体中持续存在。④ 作为自我意识的类,是生命从自在通往自为的思想中介,费尔巴哈抓住了这个思想中介,并将其绝对化了。对于类概念的外延,费尔巴哈设定其为"一切人",在形式上的确与施特劳斯十分相近,但即便宽泛如斯,它也没有为神性的存在预留空间,因为如果任由伦理人格

---

① 〔德〕费尔巴哈:《未来哲学原理》,洪谦译,生活·读书·新知三联书店 1955 年版,第 57 页。
② 〔德〕费尔巴哈:《基督教的本质》(珍藏本),荣震华译,商务印书馆 2009 年版,第 69 页。
③ 〔意〕沃伦·布雷克曼:《废黜自我——马克思、青年黑格尔派及激进社会理论的起源》,李佃来译,北京师范大学出版社 2013 年版,第 115 页。
④ 〔德〕黑格尔:《小逻辑》,贺麟译,商务印书馆 1980 年版,第 75 页。

继续内在于人的类本质,哲学将不可避免地倒向神学领域里的精神创制。回溯到黑格尔,他为了在更高的统一性中,牵制利己主义泛滥导致的市民社会分裂,把神学视为切近的思想资源。一如神学悬置了终极关怀,信徒要靠不断自省和忏悔才能抵达信仰彼岸,思辨哲学体系中的国家也要通过复杂的思想中介才能与伦理社会相连接。费尔巴哈坚持了黑格尔关于人是追求自由的普遍存在物的界定,而悬置了为了升华个人而制定的社会伦理规范,即从家庭、市民社会到国家的系统论证。只有揭示和界定特定范畴,方能获得政治的定义。斯塔尔曾经断言,黑格尔对神学人格的理性改造,必然导致他的年轻门徒在政治上逐渐倒向激进共和主义。费尔巴哈建立以"爱"为宗旨的直接性人类共同体,就是要消解市民社会与国家的概念差异,换言之,对于整个市民社会强大建构性力量的信赖,让他坚信人对人的爱是"最高的和首要的基则",爱经由消解神学强加于人的"中介人格",将成为至高无上的实践原则,甚至是世界史的枢纽。①

七月革命之后,德意志盛行的历史主义、浪漫主义思潮中的封建复辟论调日渐浓厚。这种思想氛围中,费尔巴哈服膺于黑格尔的判断:在德国,神学问题实际上就是政治问题,这使他觉知到宗教批判的政治转向,在致马克思的信中他直言,自己的宗教批判基于政治需要而非哲学需要。把它与马克思的那句经典论断"就德国来说,对宗教的批判实际上已经结束,而宗教批判是其他一切批判的前提"做对照,会形成"费尔巴哈终结了宗教批判""马克思通过对类哲学的借鉴,塑造了政治人格的最高形式——无产阶级"等结论。正如卡尔·洛维特指出的,施特劳斯、费尔巴哈、鲍威尔等黑格尔左派思想家只是完成了"摧毁宗教意识的准备性工作"②。青年马克思的真实意图是要在德国政治神学、政治哲学、思辨哲学互为表里的思想共同体之外寻求人类解放的实践方案,费尔巴哈对感性论—思辨哲学、人本学—神学的颠倒,让马克思看到了解决这一理论难题的可能性。

客观而论,费尔巴哈进行的是有限度的宗教批判,他曾经要求编辑删除著作中所有与"无神论"相关的词汇,并置换成"人神论"。如果说施特劳斯把宗教视为对凡人的神化、把神学看成是人的经验,那么费尔巴哈正好

---

① 〔德〕黑格尔:《小逻辑》,贺麟译,商务印书馆1980年版,第358页。
② 〔德〕卡尔·洛维特:《世界历史与救赎历史》,李秋零、田薇译,上海人民出版社2006年版,第73页。

将之翻转过来,他把神学视为人的神话,他不寻求对耶稣个人的神化,而是通过扬弃思辨精神的创制产物,在人的感性生活层面塑造一种主体性的宗教体验。长久以来,费尔巴哈的哲学都被划归唯物主义阵营,对其宗教批判的研究也经常受这一归类的误导,强调自然观与感性论的"成就",人们必须正视一个事实,费尔巴哈从未想过在唯物—唯心的二元哲学观之间做出选择,他想要的是居中调和,即从否定唯心主义的自然哲学,与否定自然哲学的唯心主义二者的分歧中走出来,其方案是精神与自然的统一——"绝对"。人的绝对性表现为"类",自我意识也不能涵盖"类"。考虑到"类"具备的最高普遍性和统一性,对类生活的探究,便不用再拘泥于探究良知德性与法权规范性的思辨路径。

在摈弃个人主义的同时,费尔巴哈寻求一种不同于基督教伦理宗旨的共同体—个人理论构想。自康德以来,德国政治思想普遍坚持共同体对个人原则的统摄,黑格尔认定人之为人的本质蕴含于共同体内,普鲁士王国的政治普遍性超越了人的自由,是不可否定的实体。相比之下,费尔巴哈将共同体与个人间的复杂关联合而为一了,其论证过程不可不谓之武断,"国家首先是一个人,国家是绝对化的人,自己决定自己,自己属于自己",所以国家就成了人的经过发挥的、明确化了的总体。该构想确实突破了黑格尔哲学中共同体—人的思辨框架,他将抽象的哲学范畴简化为直接性的人类团结,也弥合了"人作为人"和"人作为公民"间的区分。费尔巴哈不追求体系哲学对人格的诠释,他选择直接探究伦理主体——人的本质,进而把共同体的政治普遍性直接等同于人的类本质,"国家首先是一个人,国家是绝对化的人",最终自信地宣告——国家是人的天意![1]

恩格斯认为,费尔巴哈在政治社会领域内的唯心主义空话,是要以一种本质上是唯物主义的自然观为基础,来建立"真正的宗教"。[2] 这揭示出了费尔巴哈哲学的深层矛盾:它以共同的感性生活为媒介,把人类诠释为类的统一性主体;人从神学中获得解放,类本质的内容自然不会囿于感性生活,继续进行理论抽象后,终将步入人—神的主体交换的思辨循环,这是自费希特、谢林乃至黑格尔都无法超脱的,费尔巴哈只是通过类概念简化了这一悖论,尽管他一再申明感性生活是最基本的现实,强调人本学和思

① 《费尔巴哈哲学著作选》(上卷),荣震华、李金山等译,商务印书馆1984年版,第98页。
② 《马克思恩格斯选集》第4卷,人民出版社1995年版,第234页。

辨哲学的差别,但这些努力都掩盖不了其学说的唯心论内核。正如鲍威尔所指责的那样:"当费尔巴哈把神学变成人类学时,他做了些什么呢？他所做的恰恰就是黑格尔把神学变成人类学时所做的事。"当"类"与"绝对精神""自我意识""普遍信念"一样,成了不受人支配的理性力量后,人类学就成了宗教,它在人的存在之外指导类的生活。① 很显然,作为直接影响青年马克思与恩格斯的思潮,费尔巴哈哲学的思想史梳理不能在此戛然而止。为了避免沦为施特劳斯学说的境遇,人们需要转换思路"再出发":集中考察"类"概念于哲学层面的客观形成,再以此为基点重新梳理它与政治解放、人类解放的关系。

总体而言,费尔巴哈对黑格尔观念论的颠倒并没有明确的政治意图,他只是将权威宗教的伦理人格置换成以"类"为主导的绝对化的"人",从而祛除包裹着神学外衣的个人主义,避免封建复辟神学对公众认知的侵染。在这个过程中费尔巴哈发现,黑格尔哲学体系造成了"理性的绝对自我外化",它所定的人的自然权利就是纯粹的思辨经验主义。② 如果不变更对于精神生活主体——人——的理解,以宗教为伦理生活本质必将导致哲学的神学化乃至虚无化。刻意造成的与现实相关的抽象思辨,必然造成人的本质放逐于自我之外。唯独人可以超越神祇,只有内容才能充实虚空,所以有必要进行从精神实体到个人主体的主词转换,再把人的思维从精神抽象还原为感性生活的现实,感性生活充当人汲取丰富的规定性的手段,继而确证自身的主体性价值。

在《基督教的本质》的开篇,费尔巴哈指出,他仅仅在"纯粹理论哲学的领域"中批判黑格尔,在其他层面他与黑格尔高度一致,即真理应当严格限定在政治伦理的意义之中。

"对于我,理念只是对历史未来的一种信念,对真理和道德取得胜利的一种信念,对我来说,理念不过具有政治和道德的意义而已……只有上述意义下的实在论、唯物主义才是重要的。"③在恩格斯解读的影响下,二元论逐渐成为区划费尔巴哈哲学观的标准:费尔巴哈在观念论层面"正确地"恪守唯物主义原则,在历史和政治观层面则"错误地"被唯心论误导。这种

---

① 〔波〕兹维·罗森:《布鲁诺·鲍威尔和卡尔·马克思》,王谨等译,中国人民大学出版社1984年版,第120页。

② 《费尔巴哈哲学著作选》(上卷),荣震华、李金山等译,商务印书馆1984年版,第59页。

③ 〔德〕费尔巴哈:《基督教的本质》(珍藏本),荣震华译,商务印书馆2009年版,第16页。

观点实际上颇值得商榷:在价值研判层面,它武断地让唯物论充当标准答案,这无益于对费尔巴哈哲学进行客观把握,此外,尽管费尔巴哈倡导感性生活和实在论,但他的哲学根本上延续了康德以来的思辨哲学传统,所以对其研判亟待上升为概念的理解高度,而非追随无神论者的经验批驳。长久以来,人们热衷于站在唯物论的高地上反观唯心论,有一个基本事实却被选择性忽略了:曾经的黑格尔主义者费尔巴哈,凭借对精神哲学的独特理解才得以展开其宗教批判。"只有费尔巴哈才是从黑格尔的观点出发而结束和批判了黑格尔的哲学。"①综观费尔巴哈的论著,"人""类""爱"等核心概念是一以贯之的,从这些概念着眼,有助于研判费尔巴哈宗教批判的精神坐标,即人本哲学的唯心论维度。

三、"类"哲学的伦理主体

传统观点认为,费尔巴哈开创了真正的唯物主义和实在的科学,使人与人之间的社会关系成为哲学的基本原则。然而一直以来,费尔巴哈都试图在唯物论和唯心论之间秉持中立,在他看来,这两种真理观诚然构成了矛盾,但若二者能够同享一个绝对性,便可以克服因精神和自然对立而导致的片面认知,这个绝对性就是"人"。② 黑格尔哲学体系中,人的自我意识孕育于基督教传统,宗教权威依赖于伦理人格,所以人的主体意识与宗教精神是一致的,然而在费尔巴哈看来,基督教的神被黑格尔哲学化了,它的本质其实就是人,这种精神抽象必然造成人的本质放逐于自我之外,所以需要进行从神到人的主词转换,将人的思维从精神抽象还原为感性生活的现实。"神性之概念乃是与人性之概念相重合的。一切属神的规定,一切使上帝得以成为上帝的规定,都是类之规定。"③神学人格为何物? 就是宗教中的个人自身被神秘化、对象化的类本质。与费希特、谢林乃至黑格尔皆倡导神性与人性合一不同,费尔巴哈率先把"上帝跟人的这种对立、分裂"视为宗教的原点。上帝是与人对立的非人格性存在,它是一切神秘假象眩惑思辨的源头,神性的至高、人性的至善二者互为相关,是宗教的核心命题,费尔巴哈认为唯有探究实然存在的人性,才不会把启蒙主义对人主

---

① 《马克思恩格斯全集》第 2 卷,人民出版社 1957 年版,第 177 页。
② 《费尔巴哈哲学著作选》(上卷),荣震华、李金山等译,商务印书馆 1984 年版,第 72—73 页。
③ 〔德〕费尔巴哈:《基督教的本质》(珍藏本),荣震华译,商务印书馆 2009 年版,第 197 页。

体性的强调——人化——看作某种特殊的、奇突的神秘。① 人本学将毕其功于一役,化解存在于神学政治论中的诸多乱象。

在十九世纪四十年代,德国的神学问题首先是政治问题,然后才是以宗教为对象的哲学问题,宗教批判作为费尔巴哈从事最集中的理论活动,是重构哲学观的手段而非目标,从这个角度加以审视,才能理解《基督教的本质》中"神学就是人本学"判断的深意。相比于洛克、卢梭等启蒙者力图在政治理性中贯彻个人权益,费尔巴哈继承了德国思辨哲学的传统,偏重于从思辨哲学的角度理解人,追求共通性和普遍性是人的最基本特征。理性就是人类的人性,是思想着的类。② 费尔巴哈没有孤立地探讨"人"的自由,他选择以"类"作为共同体的媒介,在他看来,人从宗教的精神束缚中摆脱,直面政治共同体之后充当的绝非被约束的客体,而应该成为总体,这是对人的类本质进行重塑的前提。

费尔巴哈为其哲学观正名——"新哲学",在崇尚抽象思辨的思想风气中,新哲学的确独树一帜,它倡导通过感性方式思考具体事务,并将之提升为哲学的最高原则。费尔巴哈毫不讳言与黑格尔的理论渊源,甚至颇为自信地宣称新哲学就是黑格尔哲学的真理,以至于整个近代哲学的真理。这一表态虽明显过于自负,却值得深思。如果依照以往的研究,"类"仅是黑格尔哲学中的一个中介概念,尽管费尔巴哈对其进行了全新的诠释,但作为思辨的唯心概念"类"如何体认人的感性生活? 在此可援引恩格斯的批判,与上文之论述形成对照:其一,恩格斯认为,费尔巴哈的发展过程是由黑格尔主义者走向唯物主义者,其哲学观的不彻底性和对唯物论的反感根源于偏见;其二,恩格斯用唯物唯心二元论视角审视费尔巴哈哲学,批评费尔巴哈虽然抓住了自然界和人,但他关于自然界和人所说的全都是唯心论的玄思空想。恩格斯的批判总体上十分精准,也在无意间解构了已被费尔巴哈绝对化了的类概念:要从"新哲学"中抽象的人转到现实的、活生生的人,就必须把这些人当作历史中行动的人去研究。③ 很显然,二元对立的哲学观,只能把费尔巴哈类哲学归结为不彻底的唯物主义和抽象"人"的结合,要进行全面客观的研判,就不能脱离神学问题的哲学层面。相比之下,

---

① 〔德〕费尔巴哈:《基督教的本质》(珍藏本),荣震华译,商务印书馆 2009 年版,第 68 页。
② 〔德〕费尔巴哈:《基督教的本质》(珍藏本),荣震华译,商务印书馆 2009 年版,第 225 页。
③ 〔德〕费尔巴哈:《基督教的本质》(珍藏本),荣震华译,商务印书馆 2009 年版,第 241 页。

宗教哲学能够非常明确地断言上帝即位,而根本不断言上帝存在①,那么代表近代哲学真理的"新哲学",应当如何断言人自身的类存在呢?

在 1846 年,费尔巴哈对自己的哲学运思历程进行了总结,它共分为三个阶段:第一阶段探究"上帝",第二阶段求索"理性",第三亦即最后一个阶段论证"人","神的主体是理性,而理性的主体是人"②,其间构成了一条清晰的理论线索。费尔巴哈在博士论文中便提出了"我即一切人",我,作为绝对理性代表着一切人的统一。统一遵循双重路径:理性的无限统一性、感性表现的普遍性,它们都依靠语言进行显现,起初费尔巴哈认为语言作为感性形式,其思辨程度尚低,"语言不把思想转变为某种普遍的东西"③。对黑格尔哲学进行批判后,费尔巴哈便对以前的结论进行了延伸:语言不是别的——"我"与"你"的中介,它能通过扬弃"我"与"你"的个别分离性而表达出类的统一性。④

黑格尔《逻辑学》中的"类"具有双重含义,广义方面:只有通过反思才能认识类,它是从"杂多中寻求统一"的普遍性思维,于生灭无常的个体中持续存在。⑤ 狭义方面:类是概念论中用于解释个体生命的潜在规定、代表着实体的相对普遍性,"类"即生命通往自为实体的一个普遍性的中介。费尔巴哈对广义的"类"进行发挥,并赋予这个思想中介以绝对性,他批判黑格尔只惦记着"太阳底下无新事"而穷尽了理性的认知限度,却不知道类在个体现实中的绝对的体现——类本质。为马克思所借鉴的人的类本质是扬弃资本异化的关键环节,回溯到费尔巴哈哲学的原初语境,它指向人的普遍性原则,"类之本质基于类之实存——如果类只有在总共一切人之中才有其相应的实存的话"⑥。从而,类成为进行价值判断的标准,跟类本质相一致的,就是真的,跟类本质相矛盾的,就是假的,真理只遵循这一条法则,除此以外别无他物,将这一真理观运用于历史观,克服特定时代中的人类界限便成了世界历史的核心内涵。在此意义上,费尔巴哈在后期著作

---

① 〔德〕西美尔:《现代人与宗教》,曹卫东等译,刘小枫审校,中国人民大学出版社 2005 年版,第 79 页。
② 〔德〕费尔巴哈:《基督教的本质》(珍藏本),荣震华译,商务印书馆 2009 年版,第 247 页。
③ 〔德〕费尔巴哈:《基督教的本质》(珍藏本),荣震华译,商务印书馆 2009 年版,第 227 页。
④ 〔德〕费尔巴哈:《基督教的本质》(珍藏本),荣震华译,商务印书馆 2009 年版,第 54 页。
⑤ 〔德〕黑格尔:《小逻辑》,贺麟译,商务印书馆 1980 年版,第 75 页。
⑥ 〔德〕费尔巴哈:《基督教的本质》(珍藏本),荣震华译,商务印书馆 2009 年版,第 197 页。

中不再频繁而直接地使用"类",而在所有同义词处用"Gemeinschaft"①,予以代替,意为团体、共同体,总体来看,"类"是政治普遍性的载体。

"类"所理论延伸的政治实体,与《法哲学原理》中倡导的民族—国家共同体相对应,显然存在交集但未互相涵盖。黑格尔强调国家决定市民社会,用"伦理即自由"的信念奠定了公共政治向度——反思性的社会原则,费尔巴哈一方面拒绝"把伦理看作永恒的正义,自在自为地存在的神"②,另一方面通过对"类"概念的抽象,挖掘出政治普遍性的人本内涵——反思性的人的原则。近代以来政治哲学多以个人权利为准绳,黑格尔就批判启蒙者混淆了自然与自由的分野,从自然人性出发的论证只能导致个人权利的泛滥。

费尔巴哈通过宗教批判进行了从神到人的理念转换,对应到政治观层面,费尔巴哈保留了黑格尔对人的核心理解,即人是追求自由的普遍存在物,而悬置了社会伦理原则,即经由家庭、市民社会直至国家的体系化论证。在费尔巴哈看来,互相独立的个人所进行的自然选择,在根本上是与理性国家无法调和的,故而不能在德国寻求霍布斯"利维坦"式的共同体建构。相比之下,绝对精神将伦理生活奠基在唯意志论的上帝观念之上③,费尔巴哈据此认定在内容与目标上黑格尔哲学都与神学思辨存在着共享。在他看来,真正的伦理生活外在于被神化了的人的本质,它绝不是哲学的精神结论,而是影响和支配个人生活的感性现实。伦理外在于人的本质"感性便是现实"。④ 基于此,费尔巴哈认为,那些凡是不在人的整个本质中表现出来的德行和自由,都不过是虚伪的、想象中的德行和自由,他领先于马克思、卢格的法哲学批判,敏锐地指出黑格尔对长子继承权、财产权等问题的解读不过是绝对理性的自我外化,是逻辑学的经验主义演绎。

无论是马克思,还是青年黑格尔派成员,他们都关注费尔巴哈的哲学观变革,更兼这一变革背后的政治意味。马克思直言"我们的全部意图只

① 涂尔干依照语义学界定了该词,它的同义词"gesellschaft"指代的是"机械性的团结",与之不同,"gemeinschaft"这种共同体义为"有机的团结"。
② 〔德〕黑格尔:《法哲学原理》,范扬、张启泰译,商务印书馆1961年版,第165页。
③ 〔美〕沃伦·布雷克曼:《废黜自我——马克思、青年黑格尔派及激进社会理论的起源》,李佃来译,北京师范大学出版社2013年版,第137页。
④ 《费尔巴哈哲学著作选》(上卷),荣震华、李金山等译,商务印书馆1984年版,第208页。

能是使宗教问题和政治问题具有自觉的人的形态。"①总体来看,面对黑格尔哲学,费尔巴哈哲学"与其说是深刻的,不如说是机智的","人"就是那个机智的理论环节。费尔巴哈拒斥精神哲学的抽象实体,他着重看待感性生活中实际生存的个体,因为在感性空间和感性实践中,人可以获得无限丰富的现实规定性,虽然依赖思辨哲学的抽象形式,费尔巴哈界定的"人"的存在无疑是具体的。"只有这个存在才配成为存在——就是感性的存在、直观的存在、感觉的存在、爱的存在。"②什么是爱?费尔巴哈有过明确的回答:思维和存在的统一。

爱界定的思存同一性,与众所周知的、作为哲学基本问题的思存同一性有着本质的差别,后者探究思维和存在何者为本源,以及二者是否同一、如何同一,前者通过"类"概念直接预设了人的存在与理性的一致。费尔巴哈把爱界定为类法则与知性法则,代表着人的类本质的延伸,他进行了一个简要的比对——思辨哲学认为不被思想的东西便不存在,那么新哲学认为不被爱的与不能被爱的就不存在。爱是直接的、无中介的,所以它寻求与感性现实的统一,其本质才是提高了的感性实体,而人的最基本的感性现实是交往,通过人与人的直接交往,才能消除政治意识的"中介人格",把这种同一性代入民族意识。③"爱"充当了"人"到"类"的理念延续的感性桥梁,使哲学具备自在自为的理论形态,用这种哲学反观政治,政治便成了人类的普世宗教。

正如近代学者们所见,费尔巴哈不追求黑格尔哲学体系如圆圈般内容不断丰富的理念演绎,他哲学的最大特点是回避理性中介,直接寻求伦理主体——人的本质。从"人"到"类"再到"爱",费尔巴哈在近代启蒙主义政治观、黑格尔政治哲学对人的理解上有所创新,他论述了一种反思性的人的原则,且满足于此。这种新哲学观在一定程度上的确纠正了当时德国过度抽象的思辨哲学传统,面世时即受到同时代青年思想家们的高度关注。然而,如果选择宏观一些的视角,就会发现它在感性直观的形式之下仍然是线性概念的因果延续,且由于单一理念的绝对化导致了思想的封闭,径

---

① 《马克思恩格斯文集》第 10 卷,人民出版社 2009 年版,第 9 页。

② 〔德〕费尔巴哈:《未来哲学原理》,洪谦译,生活·读书·新知三联书店 1955 年版,第 57 页。

③ 〔德〕费尔巴哈:《基督教的本质》(珍藏本),荣震华译,商务印书馆 2009 年版,第 347 页。

直走向了它所批判的哲学观的同列。当发现人类灵魂中只有经验之流,把握感性生活就能体认精神的时候,便可通过否认神学进而摈弃形而上学价值,"费尔巴哈沿着其思路本来能够认识到这一点,可他半途而废了"①。与之相对,作为"新哲学"极力批判的精神哲学,却凭借显而易见的高度体系性和全面性,把人主体方面的能动性抽象地发展了。

此外,如果客观考证精神的辩证演进,会发现黑格尔从来就没有忽略过人的感性生活。恰恰相反,思维作为一种解放,这种解放必须由现实事物以必然性的力量与别的现实事物相互连接,只有这样,思维主体——人才能"把它当成自己固有的存在和自己设定起来的东西"。这无疑是思想史上的吊诡一幕,黑格尔言简意赅地勾勒出未来费尔巴哈哲学的总体思路——"这种解放,就其自为存在着的主体而言,便叫作我。就其纯洁的情感而言,便叫作爱"②。什么是爱? 爱是感觉,即具有自然形式的伦理,爱就是伦理性的统一。③ 费尔巴哈哲学的症结,绝非未把人界定为在市民社会中从事政治实践的公民,而是它没有从根本上超越观念论体系,"国家是绝对的人"观点的提出就是明证。人本哲学的理论生命力岌岌可危,"1848年的革命毫不客气地把全部哲学都撇在一旁,正如费尔巴哈把他的黑格尔撇在一旁一样。这样一来,费尔巴哈本人也被挤到后台去了"④。

对于费尔巴哈哲学的弊端,学术界多年来聚讼难平。客观上,费尔巴哈哲学在短期内声名大噪,爱的宗教成为最进步的青年黑格尔派的共同世界观。在他学说的鼓动下,青年黑格尔派成员们得以暂时消除了分歧和争吵,加强了团结。⑤ 施特劳斯不无落寞地谈及费尔巴哈,"整个学术界都将属于他了,他的理论就是这个时代的真理",恩格斯则坦言"我们一下子都成了费尔巴哈派"。但令人错愕的是,风靡一时的费尔巴哈哲学实际上在极短的时间内便被人遗忘了,并彻底淡出了学术界的视野。以它同时代最为知名的支持者——马克思为例,1843年马克思在给卢格的信中对费尔

① 〔德〕西美尔:《现代人与宗教》,曹卫东等译,刘小枫审校,中国人民大学出版社2005年版,第52页。
② 〔德〕黑格尔:《小逻辑》,贺麟译,商务印书馆1980年版,第326页。
③ 〔德〕黑格尔:《法哲学原理》,范扬、张启泰译,商务印书馆1961年版,第175页。
④ 《马克思恩格斯选集》第4卷,人民出版社1995年版,第223页。
⑤ 熊伟:《在的澄明》,商务印书馆2011年版,第253页。

巴哈哲学予以盛赞,1844 年还在与恩格斯合著的《神圣家族》中把人本主义哲学观当作了批判武器,而仅过了不到一年,他便同所有把历史、政治观归结于类本质的理论彻底决裂,日后也甚少评述自己这段时期内的思想历程。在具有理论自传性质的《〈政治经济学批判〉序言》中,马克思坦言自己的哲学观是通过批判黑格尔之后的哲学形式实现的,对费尔巴哈只字未提,前后之巨大反差不免让百年来的研究者错愕。真理不畏考验,人本哲学的盛极而衰隐含着一个推论:费尔巴哈的人本主义哲学观存在着方法层面的严重偏差。

第三节　作为政治批判前提的宗教批判

一、人本主义的理论局限

费尔巴哈哲学的历史意义,在于它批判了黑格尔精神哲学体系,也迎合了 1848 年欧洲革命爆发前德国思想界的普遍共识——最大限度张扬人的主体价值,为政治运思提供人道主义关切。只不过,由于回避了体系化论证、针对特定范畴的抽象也造成了无法自圆其说的困境:这种绝对化的"人"与它试图取代的神学人格已经没有任何本质区别。费尔巴哈假定了一种孤立的人类个体,并把人的本质限定为单个人所固有的抽象物。人成为"感性的存在、直观的存在、感觉的存在、爱的存在",很显然,费尔巴哈的论证止步于对人主体价值的静态描述,静态的感性生活无法观照现实生活。资本主义在经济社会领域飞速进步,相伴的却是底层民众境遇的急转直下,身居这种矛盾的现实之中,费尔巴哈还要改良基督教团契精神——"爱"的说教,并用它来还原人的类本质,他显然已经成为曾经批判的唯心论哲学家的同列。

"新哲学"力图用绝对化的"类"概念贯穿内在意识,并用感性直观取消了横亘于人与政治世界间的中介过程,这种取消造成了双重困境:其一,对象性关系原本是思辨哲学的创制品,普遍与特殊、主观与客观、物质与精神以至于神学与人学等,对它们进行解读时,理性中介一旦被视为唯心论原则而予以简单取消,从"人"到"类"的概念沿袭就会丧失丰富的现实内容,各种概念以惊人的速度实现了再度形而上学化;[①]其二,感性直接性代替了概念中介,同时将人的主体性绝对化,这就摒弃了黑格尔哲学中最具革命性的思想要素:人具备自我意识,人的发展是以自我为中介的过程,费尔巴哈没有从这个过程去观望现实,其哲学便很难为政治实践提供理论武器。譬如他信奉"爱"可以消除一切阶级差异,取消中介使人民陶醉于和解的幻想之中,这种想法明显不切实际。在"类"原则的统摄之下,"人"归根到底是抽象的理念,它无法转化为历史行动的现实力量,恩格斯认为这是费尔巴哈哲学的最大障碍,是他没有走完的一步,言外之意这终归要靠马克思来完成。那么,马克思在费尔巴哈哲学中汲取了哪些有益的思想资源? 这是研讨"马克思的宗教批判"命题之前必须审慎思量的。有必要延续前文的论证方案,搁置神学政治论议题,集中而深入地讨论"类"概念与马克思早期思想之核心诉求——政治解放和人类解放——的关系。

"抽象的人的崇拜"的论调显然不能涵盖费尔巴哈开创的反思性的人的原则。精神的形式是概念,普遍性思维是创造概念的工具,即辩证的自我否定,人具备思维能力与实践能力,是普遍性政治的本体,伴随着自我否定的辩证过程的,正是人的本质的不断深化。从这一点出发,费尔巴哈的全部论证并无差谬,问题是他仅仅满足于"人的本质",他赋予了人以充分的自由理性原则,描述了人的直接的感性生活,却在能够体现政治诉求的实践领域止步不前。如果对过度抽象的"类"概念进行理论还原,人的本质就只能是《提纲》中所说的把个人自然地联系起来的普遍性。精神哲学统摄之下,自然与政治是绝缘的,也就是说,自然的本质是无形式的实体,它不能成为理论思维的范本,只有人,才是政治哲学的核心所在。施特劳斯和费尔巴哈以来的神学论争已经证明了,无论是人的神化还是神的人化,都必须彻底予以拒绝,因为二者"都会对在其各自水平上必定形成对立的立法耿耿于怀,并极力加以扭曲"[②]。他们名之为"人"的理想却没有超越黑格尔的观念体系,都不过是把后来阶段的普遍个人强加于先前阶段的个人,并将精神的创制品——意识、概念等——强加给人的历史,马克思在做出上述判断时,加上了一个简明扼要的边注"自我异化"。与施特劳斯、鲍

---

① 吴晓明:《形而上学的没落——马克思与费尔巴哈关系的当代解读》,人民出版社 2006 年版,第 402 页。

② 〔德〕西美尔:《现代人与宗教》,曹卫东等译,刘小枫审校,中国人民大学出版社 2005 年版,第 52 页。

威尔等人探究人的自我意识的异化及其扬弃不同,马克思致力于克服费尔巴哈哲学的局限性,对"普遍的人"——类的异化及扬弃——进行探究。

在黑格尔的哲学体系中,"类"是生命通向自在自为实体的理性中介,同样也与政治现实相关,"就一个城市或国家的居民来看,那么他们全体都是人——因为他们同属一类或具有共性"①,进而,如果把这种共性从感性直接性的角度加以绝对化,便会得出和费尔巴哈一致的结论,即无差别的"爱"可以实现普世善政。黑格尔与费尔巴哈几乎穷尽了类——这一普遍性概念的外延,是马克思的进一步思考使之具备了新的解读空间,他首先申明"类"的政治内涵,"我的普遍意识不过是以现实共同体、社会存在物为生动形式的那个东西的理论形式",因此,普遍意识的基础是人的社会存在,而社会中的个人的存在方式同样具有普遍性。马克思借鉴"类本质"和"感性生活",提出了"类生活"——较为特殊的或者较为普遍的个体生活,即自在自为的生命样态。② 众所周知,唯有以反思为中介,对象才能真实体现于意识之前。从感性活动亦即政治实践的角度进行审视,"类"作为费尔巴哈着力反思的普遍性原则,理应成为人与政治国家之间的理性中介。

总体而言,该时期哲学对公共事务的统摄是一种"概念的政治",也就是说,哲学建构自由理念在前,政治遵循应然性理论在后。青年黑格尔派作为黑格尔哲学的继承者,虽然批判原则各异,总体仍恪守了这一思路。这里重复广松涉的观点,马克思的原创思想源自青年黑格尔派内部潮流的综合与扬弃,马克思与卢格在学派内部隶属于法哲学批判谱系。与黑格尔、费尔巴哈从哲学观念涉入政治事务的路径不同,马克思是从现实的法权问题开启政治哲学思考的。经由《莱茵报》时期的现实政治批判,马克思发现了一个问题:上至宪政下达物权,理想性的德国法权与社会现实难以协调,表现为法律与法理相互剥离。二者的分裂意味着政治实体同自由理念间的矛盾,在这种倾向的引导之下,邦法不再以固有的规律来对待世界,而是按照任意的主观臆想和与事物本身无关的意图来对待世界。马克思认为,法权普遍性的分裂的根源在于资本主义利益原则,它消弭了人与国家的一致性。

---

① 〔德〕黑格尔:《小逻辑》,贺麟译,商务印书馆1980年版,第350页。
② 《马克思恩格斯全集》第3卷,人民出版社2002年版,第302页。

二、"类"的总体性到"人"的主体性

自费希特以来,德国思想界倡导的神性和人性的统一体——神学人格引导着政治的形而上学实践,黑格尔重构的伦理人格,其内涵归结为理性人格的客观意志。面对早期资本主义社会发展的现实,黑格尔认为是市民社会的自私自利造成了伦理精神的颓废,因此国家需要对自由理念的定在——法律进行普遍规范。国家与人是政治观念的核心所在,马克思采取了一种"政治的概念"的范式来思考二者关系,即哲学的工作并不是使思维体现在政治规定中,而是使现存的政治规定消散于抽象的思想。[①]这集中体现于他对于黑格尔法哲学的批判。总体来说,马克思认同黑格尔对人的理解,即市民社会是如同原子般分散的利己主义者的联合,与此同时,他敏锐地指出"概念的政治"的弊病——逻辑学理念涵盖了法哲学精神,这导致了对现实国家的歪曲。"在那个被他描述为伦理精神的意识到自己的定在的国家中——按照普遍观念,才是决定性的东西。他不让社会成为现实的决定性的东西,因为这需要一个现实的主体,而他只有一个抽象的主体,一种虚构。"[②]国家与市民社会更大程度上是概念预设,而非政治实体,马克思在既定的法哲学框架中做出一个推断:"主体"即公民社会,国家依赖于"主体"的联合。普遍立法权能够促使市民社会成为"现实的主体"——健全的法治社会、理想国家。诚如哈贝马斯所言,在法哲学层面黑格尔与马克思之间的相似性相当显著,二人都主张将相互合作的交往共同体中非强制性的意志结构用于调和分裂的市民社会。但后来,又都由于同样的原因而放弃了这一想法,同黑格尔一样,马克思也难以承受主体哲学概念的重压。[③]

在黑格尔法哲学中,马克思找不到思辨形式之外的普遍性原则,他形成了一个疑问:既然黑格尔用形式普遍性冒充了现代国家的本质,那么真正的国家又当如何界定?"这里谈的是这样的国家,在这种国家,人民本身就是普遍事务;这里谈的是这样的意志,这种意志只有在具有自我意识的

[①] 《马克思恩格斯全集》第3卷,人民出版社2002年版,第22页。
[②] 《马克思恩格斯全集》第3卷,人民出版社2002年版,第151页。
[③] 〔德〕尤尔根·哈贝马斯:《在自然主义与宗教之间》,郁喆隽译,上海人民出版社2013年版,第72页。

人民意志中，才能作为类意志而获得真实的定在。"①"政治的概念"从国家到公民社会，再到人民意志的抽象——类意志，与所有初涉政治国家的近代思想家一样，马克思也发现了抽象的"人"，至此他有了两个理论困惑：无法求解的政治普遍性、无规定性的"人"。亟待解决的问题意识遇到费尔巴哈的人本哲学，自然使得马克思如同康德遇到了卢梭，不吝言辞地盛赞费尔巴哈的"新哲学"使世界从对自身的迷梦中惊醒，实现了意识的改革。马克思需要的正是人的原则，只不过他没有寻求在哲学观层面建立对人的全新理解，而是力求在思辨的抽象形式之外，确证政治事务中人的地位。

众所周知，青年马克思曾认真研习并充分借鉴过费尔巴哈哲学，如果仅考察该时期马克思文本中的特定概念、近似观点，会很轻易得出"一时都成为费尔巴哈派了"的结论。恩格斯认为费尔巴哈已经突破了黑格尔哲学体系，还很干脆地将之抛在了一旁，然而，若是费尔巴哈哲学本质上并没有超越黑格尔的观念论，该如何确定那些特定概念与观点的思想归属呢？必须正视的是，马克思与费尔巴哈在哲学观上存在一个根本性歧见，那就是对待理性中介的态度，由此出发，有望建立一个辨析二人思想关联的参照系。在马哲史公认的"费尔巴哈时期"，马克思曾直截了当地说明对待政治解放的态度：人在政治上得到解放，就是用间接的方法，通过一个中介使自己得到解放，同时模仿费尔巴哈神学—人本学式的宗教批判表述了国家与人的联系，即国家是中介者，人把自己的全部非神性、全部自由寄托在它身上。② 这些论述中，值得深究的是马克思在分析政治解放时把国家视为中介，论证人的解放时则坚定地把人视为普遍而自由的类的存在物，他用人的类存在反观现实政治国家，得出了这样的结论：人是想象的主权中虚构的成员，在这里，他被剥夺了自己的现实的个人生活，却充满了非现实的普遍性。③

在黑格尔看来，政治显然是比人更具现实性和普遍性意义的一极。与此同时，在被马克思充分借鉴的《关于哲学改造的临时纲要》中，费尔巴哈将一切关于法律与自由的哲学都看成没有根据的思辨，进而得出结论，"人

---

① 《马克思恩格斯全集》第 3 卷，人民出版社 2002 年版，第 82 页。
② 《马克思恩格斯文集》第 1 卷，人民出版社 2009 年版，第 29 页。
③ 《马克思恩格斯文集》第 1 卷，人民出版社 2009 年版，第 31 页。

是国家的,国家是人的实在化了的,经过发挥的、明确化了的总体"①。尽管尚未研究政治经济学,马克思已经看到了普鲁士国家与虔敬派意识形态、政治解放与人的解放之间的深层矛盾,政治解放,作为近代启蒙运动以来的普世价值,固然是一大进步,但它"不是普遍的人的解放的最后形式",它是从一种普遍内容的假象中得到解放。紧接着的人类解放,在马克思看来不言而喻——现实的实际的解放。马克思拒绝了黑格尔的概念设定,即他认为不是国家决定市民社会,而是市民社会决定国家,国家实为"普遍事务的自为存在"的人民事务。对于人而言,国家确如费尔巴哈所认定的,是复杂的对象化总体。而另一方面,政治国家的普遍异化也造成了抽象理论与实践活动明显脱节,"概念的政治"与现实的政治形成了深刻矛盾,抽象的人无法在异化的社会中求得生存,因此单纯的概念建构已不能满足理论批判的需要。马克思找到了法哲学批判时期疑问的答案:人的类本质是政治普遍性,这种普遍性远离精神原则和伦理原则的统一,也不追求与个体生命相关的感性生活,它预示着人必须成为政治国家中从事扬弃异化活动的主体。

从总体到主体,已经可以窥见马克思对费尔巴哈哲学的借鉴和超越之处,在反思性的人的原则启发之下,马克思祛除了启蒙主义赋予"人权"的崇高形态,现代国家承认人权同古代国家承认奴隶制本质上是一回事,现代国家在总体上预设了人的本质,它只不过通过对普遍人权的承认确证自己被资本利益原则纽带维系的现实。费尔巴哈会由衷地赞同马克思的这个判断:德国唯一实际可能的解放,是以宣布人是人的最高本质的这个理论为立足点的解放。② 马克思在此基础上超越了费尔巴哈,他认为人的类本质不再只是一个靠绝对化抽象加之感性生活便可以涵盖的精神创制物,人必须通过对象化的扬弃活动消灭政治社会的异化规定,才能现实而全面地占有自己的本质。马克思把人的共同体——类看作不可或缺的理论中介,以它为前提,从自身开始的即积极的人道主义才能产生。③

费尔巴哈未能超越黑格尔的政治观念体系,究其根本是他摈斥了理性

① 〔德〕费尔巴哈:《关于哲学改造的临时纲要》,洪潜译,生活·读书·新知三联书店1958年版,第19页。
② 《马克思恩格斯选集》第1卷,人民出版社1995年版,第16页。
③ 《马克思恩格斯全集》第3卷,人民出版社2002年版,第331页。

中介。对于该判断,辩证法相比于思存同一性的始基问题更为关键,按照卢卡奇的解读,费尔巴哈没有把理性中介理解为存在自身辩证结构的思想表达,反而将其视为一种传达直接思维内容的形式手段。费尔巴哈哲学中有丰富的对象性思辨,他用主谓颠倒法使概念的普遍性与特殊性经常周转,丧失理论中介后却无法把人的活动本身理解为对象性的活动。马克思认为,对政治国家这个世俗基础应当首先从它的矛盾中进行解读,进而在革命的实践中排除矛盾。人是革命的主体,人是类的存在物,两者统一的根本,在于自觉地把自身当作普遍而自由的类的存在物。① 马克思简要勾勒出类的三重内涵,类意识——思维中复现的自为的存在,类存在——在类意识中确证自己,类生活——人确证自己的现实的社会生活。② 马克思清醒地认识到,主体的运动是有中介的,在人的解放事业中,类便是那个理论中介。归纳来讲,黑格尔认为"国家即人",费尔巴哈认为"人即国家",马克思跳出了这个思辨循环,他发现在资本主义异化现实之中,从政治国家到市民社会,它们都不能承担"类"所赋予的使命。类,是人与对象化的政治世界间的中介,对人进行解放的宗旨,在于用扬弃异化的方式,让"非人"成为"人",把现实中的非类存在物转变为真正的类存在物。马克思综合了黑格尔和费尔巴哈的"类"概念,他的理论哲学之路走到了一个节点。理念在层级构建的过程中,丰富的是自身,结论由此变得异常清晰:思辨性地解释世界之外,改变世界的立脚点便不再是"人"与"类"间的任意一者,而是人类社会或社会化的人类。③

　　费尔巴哈拒绝接受黑格尔对市民个体的界定——利己主义精神塑造了市民社会成员的人格,他取消体系哲学复杂的思想中介、对类进行绝对化的理论抽象,出于宗教批判背后的政治目标:以类的普遍性克服个人与共同体、社会与国家的二元论,即所谓"政治的人性化"。马克思之所以在较长的时间内拥护费尔巴哈哲学,正因为"政治的人性化"与"人类的政治化"具备高度契合性。马克思认为,本身被抽象化和固定化的自我,是作为抽象的利己主义的人,它被提升到自己的纯粹抽象,被提升到思维的利己主义④,这构造了伦理人格的真相:黑格尔并没有从现代国家的本质出发

① 《马克思恩格斯全集》第 3 卷,人民出版社 2002 年版,第 272 页。
② 《马克思恩格斯全集》第 3 卷,人民出版社 2002 年版,第 302 页。
③ 《马克思恩格斯选集》第 1 卷,人民出版社 1995 年版,第 61 页。
④ 《马克思恩格斯全集》第 3 卷,人民出版社 2002 年版,第 321 页。

去界定公民,而是用市民社会的利己特性冒充了国家本质,费尔巴哈扬弃伦理人格而代之以普遍性的"类",则是以感性生活为媒介,把孤立的个人自然地连接起来,这种直观的"政治的人性化"的确能够在短期内唤醒民众的主体意识,但丧失内容的普遍性注定是空泛,它回避对个人政治角色的研判,从而丧失了与"人类的政治化"进行衔接的观念桥梁。倘若为了实现对单个人、市民社会的直观而丧失反思维度,这种"愚蠢的"唯物论终将被"睿智的"唯心论超越。以马克思之敏锐,当解释世界的范式出现偏差时,他绝不会再任之改造世界。

在政治革命浪潮即将到来的四十年代,诗人海涅热情地讴歌人性,他认为德国的未来"属于钢铁般的人",就当时的社会思潮而言,公民的集体存在便意味着更高的政治承诺,马克思的可贵之处在于他始终没有被政治激进主义和浪漫主义的观念所左右,随着政治批判的不断深入,他开始审慎反思已经被费尔巴哈哲学混淆了的群己权界。一方面,需要正视人格的集体主义内涵,脱离了个人的人格只能是一个理论抽象,只有作为人们,才能塑造人格的现实理念。① 另一方面则应当尽力避免把"类"——社会当作抽象存在同个人对立起来。在人本哲学的启示下,马克思开始意识到新教伦理"没有正确解决问题,它毕竟正确地提出了问题",在德国这个深具现代政治缺陷的国度,耗时长久的神学论争为政治批判提供了特定的思想前提:宗教批判的意义不在于俗人同僧侣的斗争,而是同自己内心的僧侣进行斗争。②

---

① 《马克思恩格斯全集》第 1 卷,人民出版社 1956 年版,第 227 页。
② 《马克思恩格斯选集》第 1 卷,人民出版社 1972 年版,第 9 页。

第三章 "自由的定在"的悖论
——宗教批判与政治批判的视界融合

> 自从宗教改革以来的一切神学家中最成功的一位神学家,即马克思。[1]

围绕马克思及其学说,两百年间推崇者众多,批判者亦不胜枚举,在各类解读模式之中,"神学家和神学"的指控显得颇为古怪。卡尔·洛维特把马克思主义视为披着国民经济学外衣的末世论信仰,在他看来,影响世界历史进程的共产主义运动,本质上是内含着先知主义结构的犹太教世俗化进程。对于这类判断不能简单地斥之为荒唐,而当深思其立论的思想史根由。如果满足于前两个章节的论点——"类"代替了神学人格成为人与对象化政治世界的中介、社会化的人类是改造世界的立足点,人们很容易受限于黑格尔—费尔巴哈—马克思的单一思想史线索,从而错失解读唯物史观生成的其他理论维度。

第一节 政治革命形态的世俗化身

一、泛神论的社会舆论氛围

政治解放和人类解放同为人类主体的实践活动,在不同情境中也主次有别:依照理论逻辑,政治解放在先、人类解放为后;依照思想史沿袭,政治

---

[1]　吴晓明主编《当代学者视野中的马克思主义哲学:西方学者卷》(上卷),北京师范大学出版社 2012 年版,第 76 页。

解放直到启蒙主义肇始之后才逐渐兴起,"人类的普世解放"则能追溯到更为久远的启示神学传统。对应于《新约》福音书的记载,耶稣向民众传道的第一句话"天国的路近了,你们应当悔改"正式开启了人性的救赎,天国之路经先知之口直抵人的灵魂,为信众带来了前所未有的体验;超验性天堂与精神忏悔的结合,直接洞穿了《旧约》陈腐僵化的现实主义论纲。基督教通过上帝至善/尘世虔诚/赎回原罪的预设,以自我觉知的方式开启了全新的精神革命,当圣灵成了自在自为之存在,宗教也步入了全新的发展阶段。如施特劳斯所见,这种精神革命不仅是玄思的,更是社会实践的;对于"谁是我的邻舍"这种超越宗社、族群的共同体疑虑,耶稣的回答简明有力:不求自己的利益,不计算他人的恶,要爱邻如己。

圣父经由圣灵肉身化为圣子、圣子为世人赎罪等神谕,最终目标是引导世人入正道——不以自然婚姻的血缘为基准、不寻求国家和教团的庇护,以任意个体之间的共同人性为始基,虔诚地践行爱并收纳希望。众多新教神学家声称重新发现了基督教,其原因就在于基督教的原初教旨剥离了佶屈聱牙的神学理念,而直白地表现为对人类社会的博爱承诺。启蒙精神不是无源之水,它根植于西方逾千年的宗教文化传统,具化到费希特到费尔巴哈的思想史长线中,便能发现这些思想家们无一不试图挣脱宗教,却最终又不得不回归宗教,或者以神学的思辨模式阐述人学,他们的核心症结就在于始终无法拒绝业已形成的思辨路径依赖,即内在于西方文明肌理之中、现代性救赎的人性论模式。

鉴于新教伦理与西方近代社会的同步发展,人们自然而然地将宗教世俗化视为资本主义生产方式的衍生物。然而在严格意义上,早在地理大发现之前,基督教会便已经开启了尘世宗教的价值诉求。这里需要纠正一个根深蒂固的成见:与其认定启蒙精神颠覆了神学、扬弃了宗教,毋宁说它追随了新教改革以来世俗层面的精神解放。由此可知,宗教批判系于宗教内涵之转向,即由宗教事务转至"宗教性"、从公众转至个人,即从服膺神性人格自然过渡到寻求尘世救赎——现实的人的解放。与中世纪梵蒂冈对神权的垄断,并借此凌驾世俗王廷的政权不同,新教之于近代西方社会具备双重效应,一者由于解经各异、流派众多,新教教会再难以建立对公众社会的全面整合,二者它为宗教本身带来了前所未有之活力,即宗教融入了现实人的情感,人的情感活动同时参与对宗教意识的重塑,这就是所谓"宗教批判是其他一切批判的前提"的真正所指——人不是蛰伏于世界之外亟待精神拯救的抽象物,人必须通过现实的实践参与公众社会的重建,因此仅仅对神学/人本学进行颠倒是不够的。

通过前两章对费希特、黑格尔到费尔巴哈的思想史线索梳理,可知无论是把神人格化还是将人绝对为神,二者都是本质上无异的思辨路径,这种共性可以追溯至卢梭,是他奠定了从哲学审视宗教世俗化的思想原点。卢梭认为,如果不预设人格的底线,一个罪无可恕的人也可以将自己所犯恶行归结为上帝的意志,上帝赋予人格以自由,是为了使人通过选择来为善去恶,在良心与欲念之间,人们必须牢记道德使命。如同地心引力洞察了自然奥秘,至善良知也构筑了人性基石,普遍性的道德感被康德誉为与牛顿力学相当的伟大发现,锐意于自我批判的理性以它为基点,开始了从代表宗教权威的绝对精神、承载神学人格的集体意识,到充当人类解放思想中介的"类"的历程。黑格尔自然无法预料到,基督教世俗化可以为威权国家提供宗教权威,也能够给民众的政治革命预设前提。形象而言,主体性原则在持续的抽象化中,与圣彼得一样找到了新社会的坚定磐石——世俗化进程。[①]

在神学家看来,上帝变成人是为了使人通达神意。从信仰的直观层面着眼,只有人格的东西才能拯救人格,神学人格通过与圣灵的有机联系,作为中介给信众以救赎的全部可能。所谓"神学即人本学"就是把这种可能性给理论化哲学化了,具体来说,神的绝对性存在意味着不可言喻的宗教感,代指观念的实在性;人作为相对性存在,其感性生活赋予生存以实在性,而依赖观念的限度来规划生存之意义。在神人同构的思想氛围中,完全有理由让盘踞在人心灵之中的上帝有机地内化进人的类本质当中。依此回到马克思的比喻,可知"俗人同自己内心僧侣的斗争"并非单纯的政治革命,而是通过积极组织革命之团体、凝聚革命之意志、呼吁革命之诉求,实现人类的全面救赎,在这层意义上,主体意识是政治解放不可或缺的思想前提。十九世纪上半叶的欧洲,社会政治矛盾日益激化,康德的隐忧已经变成了现实,德国的虔信派(信义宗),圣公会(安立甘宗)与加尔文派(改

---

① 耶稣——马太16:18:我还告诉你,你是彼得,我要把我的教会建造在这磐石上,阴间的权柄,不能胜过他。彼得——《使徒行传》第四章第12节:除他以外,别无拯救。因为在天下人间,没有赐下别的名,我们可以靠着得救。所以,只有主基督才是真正的磐石,是万古的磐石,是我们的拯救。在耶稣与彼得之间,通过教会权柄的授予与接纳,圣灵的现实化道路逐渐铺就。

革宗)等主要新教流派也普遍陷入了彷徨,宗教再难承担起全面教化民众的使命。为了维护国家威权,新教教会在政治倾向上趋向保守,它们公开指责无神论者和共和主义分子,认为这些人是造成社会伦理败坏的始作俑者。正如蒂利希所言,神甫们退居到神龛的阴影中,努力于文本上和教义上的精益求精,而把社会问题留给神意去解决了。① 综合来讲,当宗教不再全面统摄人类生存的实在性(reality of being),由此产生的思想真空一方面被裹挟神学人格的威权意识形态所占据,如虔信派与极权主义思潮的暗自契合,另一方面则给"为平等而密谋"的各类激进政治思潮提供了思想土壤。上帝选民的社会语义学②开始逐步解构,其组成要素被糅合进了政治解放的普遍性进程中。

把"非人"转化为人、将非类存在物更迭为真正的类存在物等扬弃异化的步骤,在本质上仍是理性主义的同化手段。"如果信仰想当真地以历史事实为根据,给自己的内容提供启蒙所说的那种论据……它已经受了启蒙的传染。"③与之同理,哲学在同化宗教意识的同时,也因彼岸精神的匮乏而催生了末世论。德意志古谚有云:几近恐怖的结局,胜似绵长无期的恐怖。对耶稣而言,个人生命终结是救赎与启示的开端,而对于那些摈弃超验世界的无神论者,恩格斯的一个判断很能代表他们的心声:正像宗教的本质一样,国家的本质在于人类对自身的恐惧④。他们的救赎希望指向于这个新开端。出于对神权政治的反感,激进的黑格尔主义者拒绝承认神学人格与伦理人格,一旦主体性的抽象不再拘泥于人格层面,他们便开始集体倾向于康德道德哲学思路的极端化。如前所述,实践理性不把人当成目的而把神的存在视为手段,神学是容易被误解、因而亟待悬置或审慎运用的实在性,青年黑格尔派成员无视康德在神学政治问题上的这一审慎态度,把这种实在性彻底解构了。正如哈贝马斯所言,这些青年知识分子奠定了后康德时代实践理性之于理论理性的绝对优先性。他们认为,无论是

---

① 吴晓明主编《当代学者视野中的马克思主义哲学:西方学者卷》(上卷),北京师范大学出版社2012年版,第76页。

② 社会语义学(Socio-semantics)是新兴的边缘语言学分支。法国语言学家布列阿尔在《古代语言的语义研究》中第一次使用了"语义学"这个术语,指认社会因素制约了语言的功能和发展,是语言符号的有机组成部分。

③ 〔德〕黑格尔:《精神现象学》(下卷),贺麟、王玖兴译,商务印书馆1983年版,第86页。

④ 〔德〕卡尔·施米特:《政治的概念》,刘宗坤等译,上海人民出版社2003年版,第42页。

绝对国家,抑或权威宗教都无法真正消解"使人成为被侮辱、被奴役和被蔑视的东西的一切关系",因而通过扬弃宗教,便可以在实践理性层面推演出全新的真理形态,即"解放了的社会革命形态中找到其世俗化身"①。

与在罗马帝国倾轧镇压之中竭尽所能捍卫信仰的早期基督社团民众相近,无产阶级也需要在资本主义社会中完成自我拯救,从而拯救世人。在左派知识分子中,先青睐人本哲学、后投身于共产主义思潮的其实不止马克思一人,形象地讲,人类主体性的泛神论是早期共产主义者的"原罪"。在唯物史观尚未形成的时代,社会主义并未戴上当代公众所熟知的科学面具,傅立叶、欧文等空想社会主义者都尝试过把基督教转换为一种全新的社会宗教,在这种趋势中,德国的神学论争也从侧面回应了空想社会主义思潮。西奥尔多·蒙特这样评述道:"空想社会主义尝试着将泛神论延伸至社会关系、两性的位置,以及政治经济中。"②通过爱的泛神论,"社会宗教"为旷日持久的神学人格论争提供了新的思路:在精神哲学体系内,信仰与理性的和解最终落实于国家,而哲学毕竟是知识阶层的爱智游戏,作为概念的国家,要凭借繁复的思想中介才能与市民社会联系起来。对普罗大众而言,作为政治口号的"爱"显然比抽象的"自由的定在"要简明易懂得多,它可以延续宗教的文化效应,通过营造团契凝聚共识,并避免趋利本性对政治运动愿景的消解,很多左派思想家凭借它预设了后基督教时代的政治图景。

近代以来,公众的未来感依赖于进步史观的引导,"在必然王国之中这种接生工作对于马克思而言可以成为而且确乎成了本职"③。以此观之,无产阶级的崇高使命——人类解放,堪称政治革命的世俗层面与神圣性相结合的典范。如沃格林所言,在《黑格尔法哲学批判导言》开篇的第一句话中,马克思向革命实践的转变就已经显得非常清楚,他没有参与围绕新约考证和耶稣人格等具体的神学论证,此领域始终以冷静审慎的旁观者自居。然而在客观上,神学并未被"终结"或是沦为政治哲学的"前提",恰恰

---

① 〔德〕尤尔根·哈贝马斯:《在自然主义与宗教之间》,郁喆隽译,上海人民出版社 2013 年版,第 192 页。

② 〔美〕沃伦·布雷克曼:《废黜自我——马克思、青年黑格尔派及激进社会理论的起源》,李佃来译,北京师范大学出版社 2013 年版,第 179 页。

③ 〔美〕沃格林:《没有约束的现代性》,张新樟、刘景联译,华东师范大学出版社 2007 年版,第 99 页。

相反,它延宕西方思想界至今未绝。尼采、克尔凯郭尔乃至海德格尔的学说无不以上帝在思想领域内的立场为背景,对他们来说"只有宗教的那种对超越维度的诉诸,才能把现代性从死胡同中拯救出来。这一观点在今天仍有反响"[①]。随着上帝离场,西方文明变得无家可归,哲学领域中无论是强力意志、绵延的生命冲动还是存在之天命,都试图于精神领域中寻求新的救赎路径。在这样的思想氛围中,青年马克思对宗教论题的判断,在彰显了政治批判重要性的同时,也为其学说留下一扇"后门":断言宗教批判已经终结,继而对人类解放的主体——无产阶级进行神圣化。倘若选择原罪—苦修—救赎的信仰视角,再结合一百七十年间波澜壮阔的共产主义斗争史,不难初步描绘出专属于无产阶级的神话。毋庸讳言,有相当多的马列主义信徒并非服膺于唯物史观的科学性,他们投身于共产主义事业,在于坚信自己受到了普遍性的异化苦难,便因此具备最神圣的使命——只有他们才是人类解放"选民",只有他们能够超越国度、民族、社团的鸿沟团结起来,通过战胜资产阶级、消灭私有制以缔造自由人的联合体,更不乏思想家热衷于将这套"准宗教"言说意识形态化,使之符合现实政治斗争的需要。马克思主义的"信仰"维度,为敌视唯物史观的学者们提供了阶级意识、普世理念、解放使命等加诸无产阶级的神圣性,他们希望通过对神圣性的"祛魅",根本否定马克思学说的科学价值。

譬如恩斯特·布洛赫在《希望的原理》一书中,认为人类精神史的核心在于持续预设美好生活的梦境,在不断更迭的、形态各异的政治乌托邦中,只有共产主义理想消除了人与人之间的相互倾轧与压迫,预示着社会形态的新"希望"(Hoffnung)。回到本章开头处的那个论断,蒂利希没有囿于施莱尔马赫等虔信派学者的宗教立场,即通过宗教虔诚洞察和基于自我认知的宗教体验,寻找理性宗教的替代品。之所以有充足理由把马克思视为神学家,是因为资本主义异化全面泛滥之际,社会正义的诉求已经超越了理性与神学的论争,马克思倡导无产阶级解放全人类的使命感,无私奉献的博爱胸襟,无不与"天国好像一粒荠菜种,有人拿去种在田里"[②]的情怀

---

① 〔德〕尤尔根·哈贝马斯:《在自然主义与宗教之间》,郁喆隽译,上海人民出版社 2013 年版,第 84 页。

② 马太福音 13:31。

高度契合,所以马克思的学说是"准宗教"的,它不是宗教,却用先知主义的准宗教模式实践着人性的救赎。无独有偶,二十世纪七十年代,南美神学家琼斯·伯尼诺也发挥了这一理论契合点,他声称马克思主义和基督教的结合——"解放神学"能够在共同的人性论倾向中,革新资本主义的政治经济制度。另一方面,这种结合并不都是积极的,"作为神学家的马克思、作为神学的马克思主义"的指控,在《历史的终结与末人》中得到了最为直接却险恶的理论发挥。弗朗西斯·福山认为,共产主义和基督教能够结合起来,在于它们内含着主奴辩证法中的"奴隶意识",而共产主义者所倡导着的博爱与绝对公正,只不过是分享了宗教的伪善。从人性论角度,部分哲学家与新教神学家对神学与共产主义理想进行糅合,其共性捧杀了共产主义的科学性,其差异性则压杀了悲悯无产阶级的伦理诉求,试问:这样的结合还符合马克思学说的基本精神吗? 换言之,科学社会主义者的奠基人——马克思是否真正超越了神学立场? 人们需要悬置这类问题,在马克思进行理论运思的原点处加以探究。

二、"基督教国家"存在的法理问题

1837 年秋,柏林大学的马克思生病了,疗养期间他远离了爱情与诗句,开始认真研读起黑格尔的主要著作。病愈之后的马克思毅然将之前"付之东流的脑力劳动而引起"创作的诗歌、小说付之一炬,并在朋友引荐下参加了青年黑格尔派博士俱乐部的活动,家信中他还将这段经历告知父亲。焚稿事件是马克思对长辈做出的务实学业表态,并标志着他摆脱了浪漫主义思潮的影响,开始以青年黑格尔派成员的身份从事理论活动。斯塔尔认为,黑格尔的青年学生普遍持有共和主义立场绝非偶然,神学人格的消解,意味着政治主权从个人转移到了国家,君权概念由此被共和主义转换,财产权概念则预示了市民社会的共产主义思潮。① 青年黑格尔派的众多成员之中,除了施特劳斯从事历史与宗教的客观阐释,多数人主张运用精神哲学去诠释社会现实、谋求政治自由。青年黑格尔派成员自诩为激进政治的旗手,马克思对他们的评价十分贴切:"我认为黑格尔学派很大一部

---

① Stahl.Philosophie des Rechts,5th ed.,Vol.2 pt.1,p.285.

分的这种非哲学的转变,是一种总是伴随着从纪律过渡到自由这一过程的现象。"①换言之,为了确证政治生活中的人格自由,必须批判宗教、法律领域内的实证形而上学。

以往的青年黑格尔派研究,侧重于阐述马克思对施特劳斯、鲍威尔乃至费尔巴哈各自思想局限性的超越,对于其中的政治哲学内涵,基本都是在哲学观转变的大背景下进行解读的。这引申出来一个宏观问题,即如何看待德国古典哲学和政治哲学的联系。前者是否完全充当了后者的概念框架与解释原则,后者是否只是前者政治意识的延续? 克里斯·桑希尔对此的见解甚为独到:德国思想中政治秩序的概念与人本主义哲学的本质问题紧密联系,哲学提供了关于理想人性的理论解释,但它仅仅作为规范性内涵而自存,它并不能对政治哲学的问题,如国家、权利等做出直接而合理的界定。在他看来,无论从历史还是概念上看,德国政治哲学都与"法律中的形而上学有特殊的关联"②。

腓特烈·威廉四世登基之后,普鲁士新闻出版业迎来短暂的开明时期,青年黑格尔派成员尽管在理论方法上存在诸多分歧,但都对这位曾经秉持浪漫主义理念、喜好结交进步思想家的新任德皇颇多好感,对开明专制的期待,让他们短时间之内青睐黑格尔的政治理想,认定国家是自在自为的客观伦理实体,是以君主人格为典范的自由现实化。然而,随着自由主义者的立宪要求被逐一驳回,以及更为严苛的言论限制与书报检查令的出台,年轻的思想家们即刻打消了旧日对君主立宪制的幻想。随着社会思潮向保守层面的逐渐偏移,以及公众对政治改革事业的冷漠,卢格、赫斯等人已经意识到,宗教批判缺乏政治理念的规划,其存在的诸多局限性已经无法化解,本着就近原则,他们的理论矛头自然对准了最为熟知的政治国家观——黑格尔法哲学。在黑格尔左派机关刊物《哈雷年鉴》上,政论社评开始全面取代神学论争文章,其总体基调也从理想化的普鲁士王国,转为对"基督教国家"的政治批判。

身为《哈雷年鉴》的主编,卢格率先抨击黑格尔法哲学的国家观颠倒了

① 《马克思恩格斯全集》第 1 卷,人民出版社 1995 年版,第 75 页。

② 〔英〕克里斯·桑希尔:《德国政治哲学——法的形而上学》,陈江进译,人民出版社 2009 年版,第 7 页。

历史性与逻辑性,他拒绝接受黑格尔的预设,即"利己的目的,就在于受普遍性制约的实现中建立起在一切方面相互依赖的制度"①。卢格认为,在满足他人福利的同时满足自己,任由原子化的个人私利、利己主义原则构筑市民社会的理念层面,进而堂而皇之地依赖国家权力的全面约束是"不道德"的,公共政治的精神不能被国家机器垄断。作为共和主义的倡导者,卢格主张市民成员的道德力量是塑造自由人格的基础,即架空了神权与政权的"伦理人格",公民的政治德性可以促进公共机构的完善,继而构筑独立于政治国家的共同体——公民社会。在这种思路的引导下,卢格并不认同鲍威尔的宗教批判立场,在他看来,自我意识根绝了与启示传统的全部关联,从无神论立场对基督教的谴责可谓不留余地,相比之下,费尔巴哈虽然也试图颠覆神学,但他毕竟试图把人的宗教情结还原为一种"爱"的哲学。以从自我意识哲学过渡到人本哲学为标志,青年黑格尔派成员中能够选出的代表无疑是刚刚大学毕业的马克思,他既没有秉承片面而激越的无神论立场,亦尚未青睐于人本哲学,他在这一时期的文章反映出最本真的政治批判诉求,从而与卢格的关注点契合。马克思在给卢格的信中认为"更多地在批判政治状况当中来批判宗教,而不是在宗教当中来批判政治状况",因为只有这样做才能更符合报纸的本质与读者的教育,马克思认定宗教本身是没有内容的,其根源并非在天上,而是存在于人间。

围绕马克思的早期理论活动,戴维·麦克莱伦归纳出一个"极端战斗无神论"的宗教批判阶段,他的根据是在博士论文与《莱茵报》时期的过渡期,青年马克思曾经以宗教哲学和艺术哲学为媒介,探讨了黑格尔国家哲学的弊端,它集中体现于与鲍威尔合作的《复类福音书批判》后续文本写作。此外麦克莱伦通过旁证,认为马克思对宗教问题的激进态度已经让他和鲍威尔、费尔巴哈一道,"使无神论成为他们的格言。上帝、宗教、永恒被从它们的王座上推下来,人类被宣告为上帝"②。仅以此观之,马克思俨然与费尔巴哈等人同列,成了十九世纪四十年代初德国宗教批判领域内的知名人物。但在实际上,马克思与鲍威尔合著的那本宗教批判论著③并未完

---

① 〔德〕黑格尔:《法哲学原理》,范扬、张启泰译,商务印书馆1961年版,第198页。
② 〔英〕戴维·麦克莱伦:《马克思传》(第4版),王珍译,中国人民大学出版社2008年版,第33页。
③ 即《对黑格尔、无神论者和反基督者的末日宣告》。

成,而除了博士论文和少数社论外,他也没有出版过任何一本类似施特劳斯《耶稣传》、费尔巴哈《基督教的本质》类型的神学批判论著。麦克莱伦只是援引马克思早期著作对神学的激重态度,再通过同时代学者的风评、咖啡馆的诗句来确认他"广为人知"的宗教批判者身份,其结论可信度之低毋庸再议。如果为这一时期的马克思进行客观的思想史定位,以下事实是不容忽视的原点:马克思最初关注的不是宗教问题、不是哲学问题,而是法学问题;为了化解法学方面的困惑而求助于精神哲学,是马克思加入青年黑格尔派的动机。"我必须攻读法学,而且首先渴望专攻哲学。这两门学科紧密地交织在一起……这里首先出现的严重障碍同样是现有之物和应有之物的对立。"①

　　马克思求学期间,正是历史法学派与黑格尔法哲学激辩难解之时。②他的两位法学老师各属阵营,甘斯站在黑格尔主义的立场上,激烈抨击萨维尼的占有权理论。甘斯认为,人从未被赋予过先天形而上权利,所以应积极参与权利形成的过程。这启发马克思发现了"冯·萨维尼先生关于占有权的学术著作中发现的那种我和他犯的同样错误"③。萨维尼赖以成名的命题"法律就是法律史",宗旨是变更传统自然法哲学、推广历史性的实证思维,马克思所说的"错误"直指实证思维方式中的概念与形式,所以对它的批判须先从哲学观入手。甘斯认为法的历史应当保存和解释法和人民的历史原则之间的经常的生动联系,这对于批驳萨维尼将全部法律原则草率地放诸罗马法框架之中显然十分深刻,但总体来看,甘斯并不是从哲学或法学的观点,而主要是从政治的观点反对历史法学派的。为了改正"错误",没有哲学便无法深入,马克思尝试用思辨哲学构筑"法的形而上学",完成的却是一个类似康德道德纲要的不完整体系。

---

① 《马克思恩格斯全集》第 47 卷,人民出版社 2004 年版,第 7 页。
② 19 世纪初德国法学兴起了是否编纂统一的民法典的讨论,以萨维尼为代表的历史法学派持保守反对态度,蒂堡等自由主义者则表示支持,其中就包括了好友黑格尔,且当时萨维尼与黑格尔都在柏林大学任教,二人在评价谢林哲学的问题上一向不合,纯粹的法学讨论就这样被带到了哲学界。在 1821 年出版的《法哲学》原理中,黑格尔借批判胡果之由对历史法学派进行了辛辣的嘲讽,黑格尔逝世后,他的弟子甘斯等人继续展开对萨维尼的批判。
③ 《马克思恩格斯全集》第 47 卷,人民出版社 2004 年版,第 9 页。

第二节　批判世界观的法哲学之维

一、布鲁诺·鲍威尔:自我意识的理论参照

众所周知,马克思与鲍威尔有过旷日持久的激烈批判,但在二人交往之初,鲍威尔对于马克思而言既为良师更兼益友。鲍威尔认为,黑格尔哲学是一种普遍化的实践——"它本身就是革命"。他继而指出:"哲学也应该在政治方面起作用,如果现存关系同自我意识对立,就应该改向现存关系进攻并动摇它们。奴役和监护同自由精神是不相容的。"①自由意识哲学对政治国家现存关系批判的第一个环节便是宗教。鲍威尔反对施特劳斯在福音书问题上的妥协性,以一种更为激进的态度对基督教和国家制度进行批判,这是马克思所积极认同的。哲学观上的亦步亦趋,可以概括这一时期马克思与鲍威尔思想联系,具体到马克思的宗教批判,有一个方法、两句话为世人所熟知,它们皆与鲍威尔相关。

一个方法——主谓颠倒法。鲍威尔把黑格尔描绘成一个扬弃宗教意识的无神论者,他的自由意识哲学本质上是《精神现象学》中"苦恼意识"的主体性演绎。在鲍威尔看来,宗教把人的本质归结为上帝,哲学首先就该否定这种人同自己本质异化的状态,主体性的人,不可以再充当其他主体的"谓语"。马克思继承了这一理论方法,在博士论文中他发挥自我意识的理念演进,审视了哲学史中的伊壁鸠鲁和普卢塔克。马克思把鲍威尔的无神论立场代入古希腊哲学中,在他看来,伊壁鸠鲁无疑是希腊时代的无神论者,而普卢塔克对于神明的敬畏从根本上会剥夺人的自由,把人降低到动物的标准;此外,由于该时期费尔巴哈尚未出现在马克思的理论视野中,加之鲍威尔一直对马克思的学业进行引导,可以判断马克思实际上早于费尔巴哈运用了"主谓颠倒"的批判方法,博士论文中的名言——"世界的哲学化就是哲学的世界化",在德文中是典型的主谓倒装句,在论文准备笔记中也有明证:"在通常的思维中,总是存在现成的、被思维从主体分离出来

---

① 〔波〕兹维·罗森:《布鲁诺·鲍威尔和卡尔·马克思》,王谨等译,中国人民大学出版社1984年版,第142页。

的谓语,所有哲学家都用谓语做主体。"①

两句话——借普罗米修斯之口所说"老实说,我痛恨所有的神","宗教是人民的鸦片"。对普罗米修斯人设形象的赞美,是写作博士论文时期马克思和鲍威尔最为热衷讨论的话题;"宗教鸦片论"最初语出霍尔巴赫,鲍威尔用它批判宗教"神法"与国家"人法"的混淆,神权与政权的调和即所谓"唯灵论的荣誉",本质上都是聊作世人精神慰藉的虚幻理论。在谢林、斯塔尔用理念勾勒出的纯粹基督教国家中,"神法"通过与鸦片类似的作用使全体人类处于麻木不仁的状态,从而篡夺绝对的政治权力。

十九世纪四十年代,在德国思想界批判风向已经明显转变之际,鲍威尔并没有放弃宗教批判,相反他通过对神权意识的研究,洞察到了人本主义政治观的诸多弊端。正如马克思所判定的,鲍威尔就是想要借助费希特哲学"绝对自我"的主体性来修正精神哲学体系。对于后黑格尔时代的德国思想纷争,鲍威尔认为无论是施特劳斯标榜的神学人格,还是人本哲学极力强调的主体性价值,在自我意识层面都不过是对旧世界理念的极力汲取,它们号称涵盖了一切却又是空虚的,它们成就了政治普遍性却又处于缺乏民众质料的"世界废墟"之上。对于它们竭力同化或扬弃的神学人格,在精神哲学体系内并不是招之即来、挥之即去的启示工具,神学人格当且仅当伦理人格的绝对表征。鲍威尔据此认定,既然黑格尔已经明确摈弃了谢林、施莱尔马赫等立足于情感想象的神学模式,那么他就显然已经把实体视为现实中的唯一因素,作为客观普遍性的上帝就是包含在一切存在物中的实体。② 在神权与政权的连接之处,上帝实体作为形而上学改造后的"脱离了自然的精神",经人本哲学的演绎的确有助于抵制恶法的制定和实施,但自康德以来哲学依赖宗教构筑"道德世界"的种种困境,也证明了对上帝实体的依赖会妨碍人类自由的整体实现。③ 进一步的,随着资本主义社会结构的拓展,宗教与世俗权力的紧密结合会延滞理性精神,从而阻碍自由人格的生成,而即便宗教与世俗权力之间各行其是,人们也不能凭借

① 《马克思恩格斯全集》第40卷,人民出版社1965年版,第93页。
② 〔波〕兹维·罗森:《布鲁诺·鲍威尔和卡尔·马克思》,王谨等译,中国人民大学出版社1984年版,第85页。
③ Bruno Bauer,Die Posaune des jungsten Gerichts uber Hegel den Atheisten und Antichristen:Ein Ultimatum(Leipzig:Otto Wigand,1841),p.160.

宗教虔诚获得神性幻觉之外的现实权利与自由。想要摆脱这样的恶性循环，就必须把信仰笼罩下期求救赎的人、哲学人本主义的人，一并转变为具备自由人格的"自我意识"的人。

在流俗的无神论者看来，人们知道了所谓"圣饼"是面粉熬就、"圣骸"是死人骨头等，能够在经验层面否定宗教就足够了。相比之下，鲍威尔的无神论立场要深刻得多，即无神论的真正敌人不是神学或教会，而是与市民阶层利己主义密切相关的那部分社会存在。施特劳斯和费尔巴哈要祛除神性以还原人性，鲍威尔则要通过彻底消解神学人格的实体性以重塑世俗生活中的人性，他批判"类"的抽象使人本哲学变成了宗教，颠倒神学并不能使人摆脱自然必然性的桎梏，神学的背面并不是人本哲学所美化的人的主体性价值，而是利己主义。鲍威尔认为，信教之人皆为"利己主义的动物"，他们把获得神灵恩宠、赦免自己的原罪看得比任何事务都重要。由于人过于依赖异己的精神力量，在崇高的神意面前他总把自己看作可怜的、懦弱的动物。[1] 宗教从未包容过人性的光辉，宗教的存在反倒证明了人的缺陷。作为主观唯心论者，鲍威尔痛斥了"类"的抽象空洞，却任由更玄思的、更泛化的自我意识成为代表推动世界历史进程的唯一力量。

如果人们能够坚信绝对自我的价值观，下述结论就顺理成章了：驱逐了其他不够纯粹的抽象理念，自我意识通过绝对性和同一性为自己"加冕"，上帝作为理念的衍生物没有任何存在的必要性，尼采的哀叹提前上演了——上帝死了。施特劳斯尚且给耶稣保留了道德教师的真实身份，鲍威尔则直接否定了耶稣本人的历史存在，"如果福音书上的耶稣被看作一种现实的、历史的现象，那么这会是一种必然使人类感到害怕的现象，是一个只能引起恐惧和惊愕的现象。"[2]通过取消上帝的实体性存在，鲍威尔颠覆性地回应了德国思想界长久以来对神学人格的思辨路径依赖。

作为同属于青年黑格尔派宗教批判谱系成员，鲍威尔认同施特劳斯与费尔巴哈的观点：宗教改革使神学纯粹化抽象化，新教因而成为最为完备的"绝对宗教"，但他反对二人对人本主义的泛神学化解读，倘若基督教是

---

[1] 〔波〕兹维·罗森：《布鲁诺·鲍威尔和卡尔·马克思》，王谨等译，中国人民大学出版社1984年版，第95页。

[2] 〔德〕鲍威尔：《复类福音及约翰福音作者的福音史批判》（德文版），《马克思主义来源研究论丛》第16辑，商务印书馆1994年版，第366页。

最为完备的宗教,那么依照人的利己本性,基督教对社会的"非人性"的异化也将抵达极点,倘若人性真的如费尔巴哈所言必然性地内涵于宗教,思想家该考虑的就不是如何颠倒神学以复归人学,而是全面摈除宗教对人性的异化。为了让自我意识哲学的运思符合无神论宗旨,鲍威尔甚至给黑格尔哲学也戴上了"无神论"的头衔,称黑格尔曾经急切地想要彻底废除宗教,且与法国无神论者在立场上是完全一致的……这显然是极为明显的曲解,通过唯心论的哲学方法,鲍威尔的确使宗教批判摆脱了浅薄的无神论层面,但激进不妥协的态度也使其得出的各种结论"矫枉过正"了。

黑格尔的确试图使宗教全面理性化,但他同样坚信新教精神彰显了个人的自由人格,代表了基督教世俗化的理性样态,即卢格所赞颂的"新教之光就是世界之光"。在众多黑格尔主义者试图用神学人格、人本精神解读宗教世俗化之际,鲍威尔反其道而行之,他认为科学揭露了神学的非理性本质,国家将成为科学、哲学与宗教全面论战的受益者。具体而言,二者冲突必将使理性凌驾信仰、科学完胜神学,促进精神解放和政治自由的实现,为德国摆脱落后的封建等级制提供思想契机。本质而言,这种所谓的"科学"仍旧是形而上学对政治真理的垄断,但它正确归纳出了1840年威廉四世登基之前青年黑格尔派成员们的共识——国家不是限制自由的禁锢,而是实现自由的最高手段,脱离了神权牵绊的普鲁士王国将具备理想国家的全部潜质。鲍威尔的"无神论"不是流俗的、经验层面的无神论,它试图在理念层面彻底中断神学与政治意识的关联,那么一个问题自然产生:激进无神论推演出的国家理想能变成现实吗?

鲍威尔对此显然自信满满,在他看来,持续进步的社会形态依赖于持续进步的思想,自我意识从个体性、特殊性的蛹中脱身,实现了对人类社会的高度抽象,由它推动的历史势必是进步的。宗教不能理解哲学,只有哲学能够理解宗教,宗教批判之所以重要,在于当宗教被扬弃之后,哲学便可以接替它承担起改造人性、引导政治国家的责任。他依此勾勒出一条理想化的路线图:自我意识作为人之理性能力的极致,与之同构,理想国家成为普遍性政治伦理的典范,在神权、公民权、政权三者之间,神权的湮灭将促成市民社会与国家的和解。随着有形教会的消灭、民众对神学逐渐淡漠,国家将消除利己主义造成的伦理沦丧,当仁不让地成为理性与道德观念的核心,"我们对历史的未来满怀信心,并以同样的信心来看待我们的君主,我们期待王权发出在不久的将来导致变革的信号……普鲁士历史上伟大的篇章正在揭开"①。

相比于鲍威尔乐观的政治预言,马克思要冷静和审慎得多,他在给卢格的信中,直截了当地指出:"普鲁士不可能做到公正和公开,因为自由的法庭和不自由的国家是互不相容的。"②马克思接受了鲍威尔对宗教的激进立场,但拒绝把自我意识不加反思地、绝对化地套用于宪政法权。1841年12月腓特烈·威廉四世颁布了全新的书报检查令,这本是一纸严厉约束言论、背离自由精神的恶法,却让激进的左翼青年们备受鼓舞。鲍威尔在次年1月23日的《莱茵报》上宣告了他们的态度:"新的书报检查令使我们充满了巨大的快乐,也充满了新的勇气和信心……这个法令如果得到正确的理解和运用,就将对政治生活的发展起到无限的促进作用。"③而就在半个月后,马克思写了《评普鲁士最近的书报检查令》,文中他用激烈言辞抨击了书报检查令用专制主义的"严肃和谦逊"扼杀思想自由,并将根源归结为政府在立法上的自相矛盾、行政权力违背了法律原则,这成为马克思之后现实政治批判的主导思路。

马克思在《莱茵报》时期尚未摆脱自我意识哲学的影响,所以与鲍威尔在政治观念层面的共识远远大于分歧。在理想国家理念的感召下,鲍威尔主张对国家、政府分而论之,"在未来的辩证的流变中,只要自我意识尚未体现在国家里面,国家与某一个别政府就绝不会是一个东西"④。普鲁士具备理想国家的必然性,是德意志精神的缔造者,问题只在于王权与政府不能领会并实践自由精神,即使剥离了神学维度,这一方案也很明显是政教分离原则的变种,因为它预设了共同体精神与政治事务的同一性。相比于鲍威尔的理想化表述,马克思眼中的国家或许更接近黑格尔的本意,他在政论中多次援引《法哲学原理》并强调伦理原则与定在实体的统一,"现代哲学持有更加理想和更加深刻的观点,它是根据整体观念来构想国家

---

① 〔波〕兹维·罗森:《布鲁诺·鲍威尔和卡尔·马克思》,王谨等译,中国人民大学出版社1984年版,第132—133页。

② 《马克思恩格斯全集》第47卷,人民出版社2004年版,第25页。

③ 〔法〕奥古斯特·科尔纽:《马克思恩格斯传》第一卷,刘丕坤等译,生活·读书·新知三联书店1963年版,第303页。

④ 〔英〕戴维·麦克莱伦:《青年黑格尔派与马克思》,夏威仪、陈启伟、金海民译,陈启伟校,商务印书馆1982年版,第70页。

的"。国家不是柏拉图式的理想国，应如实视为行政机构的总和，"在这里，必须实现法律的、伦理的、政治的自由，同时，个别公民服从国家的法律也就是服从他自己的理性即人类理性的自然规律"①。马克思弱化了自我意识哲学不受范畴约束的盲目倾向，而着力论证政治批判转向时期的核心观念——法权。启蒙运动以降人的主体性逐步确立，近代法治精神亦随之生成，要实现人的自由并不是让法律消亡，而是通过解构封建习惯法法理，继而重述共和宪政原则，这是确立政治普遍性的基石。

"我学的专业本来是法律，但我只是把它排在哲学和历史之次当作辅助学科来研究。1842—1843 年间，我作为《莱茵报》的编辑，第一次遇到要对所谓物质利益发表意见的难事。"②继大学期间介入萨维尼—甘斯的法哲学论争之后，马克思再度尝试用哲学思维解决法律问题，在共计三十七篇政论文章之中，批判对象从书报检查令到婚姻法、再由选举制度转向财产盗窃的量刑，马克思从最初的得心应手到逐渐产生了"苦恼的疑问"：上至宪政下达物权，德国法权的理想性与资本原则主导下的社会现实格格不入，表现为一种二重化的世界观，即法律与法理相互剥离——"这样也就把法学同哲学割裂开来了"③。在马克思看来，政府通过立法制定法律、理念化的政治自由成为法理学，二者的分裂意味着国家概念同政治自由意识的背离。最初，马克思试图中和康德道德哲学和黑格尔国家观，他认为当"政治原则和基督教宗教原则的混淆已成了官方的信条"，如何界定"基督教国家"就成为厘清政治认知的关键。一般意义上，宗教只能是外在于自我意识的他律，国家以基督教的一般精神为名义，为其"特殊精神"即限制言论的恶法张目，按照神学观点是秉持异端，按照理性精神则违背了近代政治的政教分离原则。但随着批判的深入，马克思的观念论理想逐渐照进了现实，他发现鲍威尔的自我意识哲学无法推导出宪政精神，毫不妥协的批判性态度也消弭了进行积极的、全面的政制建构的可能。当普鲁士王国剥去了自我意识赋予的理性主义外衣，从国王到政府只希望借助政权，甚至于封建习俗来规范既得利益的分配体系，统治阶级纵容着法律和法理的分裂而无所作为。

① 《马克思恩格斯全集》第 1 卷，人民出版社 1995 年版，第 228 页。
② 《马克思恩格斯选集》第 2 卷，人民出版社 1995 年版，第 31 页。
③ 《马克思恩格斯全集》第 1 卷，人民出版社 1995 年版，第 316 页。

在批判风向已经转至现实政治之际，鲍威尔并没有像赫斯投身于共产主义、马克思、恩格斯转向政治经济学一样另择新路，他选择了毕其功于一役，把政治意识形态的诸多弊端全部归结为宗教异化。鲍威尔认为，神权政治一方面捍卫现存的保守封建制度，使之合法化神圣化，另一方面却把自己反人性的本质凌驾于世俗社会，所以弘扬人性只是重塑政治权威的前提，这无疑是宗教批判实现的最为积极的理论成果。然而正如梅林所指出的，"无论他（布鲁诺·鲍威尔）的批判如何敏锐，总之他始终还拘泥于不是从现实中引出观念，而是从观念中引出现实，不是从事物中引出概念，而是从概念中引出事物的黑格尔哲学中"。通过之前的思想史梳理，可以发现德意志哲学沿革的一个特性：原本盘踞于观念领域内的批判意识，一旦为了追求"全知全能"的解释力而忽略现实的伦理诉求，其解释力往往与神秘主义程度构成反比。黑格尔之所以比谢林要成功，在于他深入体察了宗教世俗化的社会现实，并将其演绎为理性化神学，鲍威尔只立足于取缔宗教的激进立场，自诩洞察了人类历史的全部奥秘，却对底层民众的苦难尽嘲讽之能事，这造成了一种情形：纯粹批判对着毁灭过程袖手旁观，并且以静观为乐……自我意识便除了到处探寻此种毁灭过程再无他事可做了。①

人们称赞鲍威尔是宗教批判领域内的罗伯斯庇尔，把自我意识哲学定义成"纯思想领域的恐怖主义"，总体而言，施特劳斯、鲍威尔等从片面的哲学观展开的激进宗教批判，由其衍生的政治立场只能在崇高理念与晦暗现实之间摇摆，其中，施特劳斯把耶稣视为人类道德精神的载体，"人性的宗教"将以人格的神化为前提；鲍威尔高估了宗教批判的理论意义，自然相应低估了建构普遍性政治原则的难度。对于十九世纪四十年代的普鲁士，无论思想家进行何种类型的美化，它都与政治清明的理想国度相去甚远。以青年黑格尔派成员梦寐以求的共和国家为例，宪政原则的奠定与法理制度的完善绝不仅仅是取缔神学，令政府取代教会政治权威那样简单，一定时期之内，宗教批判的确迎合了德国的思想氛围，但它更多是学院派论争的产物，自然也就容易漠视政治问题所固有的紧迫性与复杂性。以近代西方政治发展历程为参照，可知政教分离模式的合理性，在于确保了成文法对封建习惯法的渐进改良与取代。譬如新生的美利坚合众国，早在1791国会便通过了宪法第一修正案：其一，禁止制定任何确立国教的法律；其二，

---

① 熊伟：《在的澄明》，商务印书馆2011年版，第233页。

充分保障公民的宗教信仰自由与言论自由。杰斐逊、亚当斯等联邦党人在宪政法理层面率先落实政教分离原则,以清教徒的新教伦理维系了古典共和主义的价值观。以此为参照,可知青年黑格尔派成员的宗教批判远未达到黑格尔宗教哲学的高度,遑论与之同时期的英美政治思潮。黑格尔早已认识到,如果驻足于宗教的主观形式中,信仰虔敬便会取代客观法律与政令的普遍性,从施特劳斯到鲍威尔,其绝对性的"类"、代表真理的自我意识在理论层面批判有余而建构乏力,滥觞的神话解释学与宗教批判都只能算作化解神学弊端——宗教狂热的一种手段,但正如黑格尔所见,"如果说被压迫者在宗教中找到了安慰之后就会捐弃对暴政的一切反感,这会被看作一种讥诮;同时,也不应忘记宗教可能采取一种形式,使人们受到迷信桎梏的最残酷的束缚,使人类堕落到低于动物"[①],摈除了宗教狂热并不意味着同样可以避免政治狂热,鲍威尔显然轻信了宗教批判的政治效用,他演绎的唯心论历史观全都环诸一个核心:基督教原则已经发展到了顶点,通过取消它、代替它就可以扬弃异化,继而为共和国树立新的精神权威。

二、政教分离原则的理性反思

消除历史的幻觉,并不意味可以完成对真实历史进程的直观,马克思之所以能够一直保持对宗教批判的审慎态度,基于他对政治观、法哲学的持续关注。总体而言,从施特劳斯、鲍威尔到费尔巴哈的神学论争,并没有为马克思提供多少"肯定性"的思想参照,而是为其政治批判充当了"否定性"的理论边界,"哲学的形而上学真理不知道政治地理的界限,至于'界限'从哪里开始,哲学的政治真理知道得非常清楚,而不会把特殊的世界观和民族观的虚幻视野和人的精神的真实视野混淆起来"[②]。上帝的信仰真理与自我意识的理性真理之间的对立只是思想家刻意营造的结果,是不真实的。马克思想要寻找市民社会与政治国家之间的现实中介,对他而言,宗教批判的思想成果"可以为援而不可图也"。

把视角收回马克思在《莱茵报》时期的政治批判,通过对题材各异的众多社论进行综合,不难发现他跟鲍威尔一样进行了理念转换,其中宗教权威被政治权威取代、政治权威信念最终表述为人民主权原则,这使马克思

---

① 〔德〕黑格尔:《法哲学原理》,范扬、张启泰译,商务印书馆1961年版,第270页。
② 《马克思恩格斯全集》第1卷,人民出版社1995年版,第215页。

初次体认到无产阶级的政治立场,也提供了对黑格尔法哲学进行反思的契机。首先,马克思明确区分了神学与政治哲学的边界:"如果你们把宗教变成国家法的理论,那么你们自己就把宗教变成一种哲学了。"①国家不是基督唯灵论的衍生物,它应该成为法理和政治理性的典范,是受过教育的自由人的联合体。既然黑格尔已经证明了基督教国家能够符合理性自由的国家概念,就没有必要再以"基督教"为国家前缀,理性国家才是名实相符的存在。以这一观念为先导,马克思认为理性法是一分为二的,即实在法与客观法。实在法是自在存在,它依赖于立法者的揭示与表述而非创造;实在法的具体化即客观法,客观法的执行者即国家。同鲍威尔类似,马克思也主张对国家和政府分而论之,只是在法国革命精神的感召下,他在国家、政府的视域中引入了"人民的主观意志",并视之为政治自由的源泉。现实人的自由是客观法的本质,相比之下,"法就是自由的定在"表述的是无人身的客观理性,在这种情况下需要法哲学及时完成修正,即为客观理性赋予人的主体性价值,同时与公众意志进行衔接,马克思因此明确提出"法律是普遍的"。在他看来,法的普遍性关乎平等个体权利的实现,是订立政治契约的前提,亦是政权合法性的源头。然而面对"林木盗窃"这样的现实问题时,贫民阶层求生存的行为却因违背贵族的习惯被判定为盗窃,普遍性的法律竟然与贵族的习惯性权利等价。这一怪象根源于等级制度,其中特权阶层通过立法把自己的习惯变成了国家的习惯,也就把自己的权利上升为国家的权利。"凡是在法为私人利益制定了法律的地方,它都让私人利益为法制定法律。"②

依照卢梭以来的契约论传统,法律是人民全体对全体人民做出的自我规定,这样的法律代表着公共意志,公共意志的普遍性构成了对公众自由的保障。马克思认为贵族的习惯性的权利不合法,国家若奉行该法就是不合法国家,这个判断无疑是正确的。然而,马克思要求把贫民阶层的习惯权利抽象为法权意识,并将之上升为法律原则,观点虽然具备道德崇高感,依靠观念论哲学的演绎却难以完成论证。马克思只能得出一个无奈的结论:邦法不是按照对象世界所固有的规律来对待对象世界,而是按照任意

---

① 《马克思恩格斯全集》第 1 卷,人民出版社 1995 年版,第 223 页。
② 《马克思恩格斯全集》第 1 卷,人民出版社 1995 年版,第 288 页。

的主观臆想和与事物本身无关的意图来对待对象世界。① 黑格尔法哲学的要旨在于"相互承认的法权",而马克思认为,资本主义利益原则消弭了市民社会与国家的一致性,法的普遍性面临必然性的分裂,这才是马克思柏林大学时期陷入迷思的真正根源。如果恪守青年黑格尔派唯心主义立场,继续在抽象理念中寻求统一法理是注定无济于事的;因此法的普遍性之必然性分裂,核心症结在于形而上学的国家权力。

在整合马克思下一阶段的思想史履历之前,有必要以 1843—1844 年为界进行简要的文本梳理。如果对比《〈黑格尔法哲学批判〉导言》和《黑格尔法哲学批判》,人们会发现一个很特别的现象:作为导言和正文,导言中对宗教的激进态度完全没有体现于正文的论证中,换言之,导言的激进批判立场显得十分"突兀"。以往研究者们往往直接接受了宗教批判已然终结的"定论",继而认定人本哲学是马克思批判路向转变的关键,却鲜有思考同一时期《黑格尔法哲学批判》和《论犹太人问题》中政治哲学论题的思想意义。与此情况类似的还有《神圣家族》与《1844 年经济学哲学手稿》,在《神圣家族》这本内容庞杂的小册子中,马克思与恩格斯对以鲍威尔等黑格尔主义者的宗教批判极尽挖苦之能事,但对比同时期《1844 年经济学哲学手稿》,马克思则回避了激进戏谑的论述方式,回归到法哲学的同源主题,细致分析了资本主义异化现象和政治经济学。从文本着眼,1843—1844 年间的马克思的著作中无疑存在着宗教批判与政治批判的双重线索,且前者为辅、后者为主。

要体察《〈黑格尔法哲学批判〉导言》的理论跃迁,有必要明确双重事实:在马克思的思想视野中,宗教批判只是政治神学问题的一个有机组成部分,"马克思的宗教批判"的理论意义,始终在于其背后所蕴含的政治意图;此外,施特劳斯、费尔巴哈等人的宗教批判,与人们耳熟能详的"宗教鸦片说"并不对等。以往研究者对"宗教是人民的鸦片"的反复强调,只能导致一种缺乏反思的庸俗无神论立场。人们不能依靠否定宗教来扬弃宗教批判,反之应当通过探究宗教批判的政治哲学内涵,充分反思宗教自身。由此观之,为马克思所借鉴的青年黑格尔派批判成果,直接对应于欧洲政治革命爆发之际德国亟待解决的政治神学问题;马克思宗教批判的政治动机,则肇始于对政教分离原则的反思。

---

① 《马克思恩格斯全集》第 1 卷,人民出版社 1995 年版,第 317 页。

　　《〈黑格尔法哲学批判〉导言》和《神圣家族》二文的写作处于自我意识哲学式微、人本主义凸显的思想过渡阶段,它们可以称之为马克思早期思想的"正题",正如罗森所发现的,这一时期马克思凡是在给费尔巴哈以高度评价的地方,文章的旁注中全然充斥了对鲍威尔的尖锐批判,"这当然不是一种巧合"①。人本学作为所谓颠倒了的神学,马克思强调的是其中主体性的价值观,而非对于宗教的决然态度,因此人们从神学教义论争的角度审视"马克思的宗教批判"是无意义的,必须将它放诸政治国家观的思想层面;《论犹太人问题》与《1844年经济学哲学手稿》二文则摆脱了单纯宗教批判的局限性,为政治批判乃至之后的政治经济学批判确立了基准,构成了早期马克思主义的"反题"。正如前文所一再强调的,对于发端于神学解释学的宗教批判,马克思只是一个审慎的旁观者而非积极的参与者;在寻求市民社会/国家二者之间理性中介的过程中,宗教批判片面地坚持精神思辨,从而混淆了政治批判的论题,如果从客观世界着眼,首要任务便是为宗教和政治明确边界,这抵达了近代神学政治问题的最大共识——政教分离原则,即早期马克思主义的"合题"。

　　政教分离原则(Separation of church and state)即严格区分国家行政与教会事务的边界,避免宗教的政治化和政治的宗教化,使信仰事务的个体化、政治国家的世俗化相辅相成。政教分离原则毋庸置疑是对西方文明的深刻体认,也是启蒙精神结出的硕果,具体到德国思想界的神学人格论争,无论是实证化的神学解释,抑或激进的无神论视角,都遮蔽了人类在政治与宗教二者之间寻求自我价值的努力。在马克思看来,宗教与政治有着清晰的边界:"要么你们根本禁止把宗教搬到政治中去;要么你们就允许把宗教狂热地搬到政治中去,二者必居其一。"②相比之下,《导言》和《神圣家族》中的激烈言论,更大程度上是为了通过批判鲍威尔而凸显费尔巴哈,是思想转型期间的自我彰显,即恩格斯所言"一时都成为费尔巴哈派"的立场,这类言论并不能代表马克思的整体理论意图,必须加以慎重对待。如果从政治理性的大局着眼,人们在公认思想过渡期的《黑格尔法哲学批判》中,既看不到鲍威尔倡导的宗教与哲学的对立,也难觅费尔巴哈对神学的

①　〔波〕兹维·罗森:《布鲁诺·鲍威尔和卡尔·马克思》,王谨等译,中国人民大学出版社1984年版,第259页。
②　《马克思恩格斯全集》第1卷,人民出版社1995年版,第118页。

人本主义解释,马克思独立且明确地界定了二者关系。在他看来,宗教对哲学而言并不构成真正的对立面,完全无须把二者放于非此即彼的矛盾之中,宗教在哲学视域内将由于其本性而自行解体,"本质的真正二元性是没有的"①。

那么,真正本质层面的二元对立应当如何界定?它没有出现于宗教与哲学之间,而在法哲学体系中的"君主"中得到了最为充分的彰显。宗教倘若没有政教分离原则的约束,将自然趋近于对政治权威的塑造,即在君主人格中延续圣灵的神权。马克思精准地抓住了神学政治论的核心——"国家是世袭的君主,是抽象人格"②。具体而言,"立法权"部分预设了国家对市民社会的决定性,其基础有二:经验层面,王权的单一原则必须充当市民社会普遍原则的有机环节;理念层面,君主必须充当行政权与等级要素的中介。上述思路在马克思看来是不可思议的,国家、君主、市民社会三者之间的理念构建生硬而牵强,世俗社会的基督——行政权充当了君主和市民社会的中介,市民阶层则以自己的教士——等级要素为中介与君主连接起来,君主是抽象的国家人格,那么凌驾于"基督"和"教士"之上的"圣灵"就是君主本人了。虽然君主确实能够以虚位元首的名义充当国民的伦理典范,但这种道德为前提的人格也是冒充伦理生活的实在观念。马克思进一步分析,当伦理原则沦为抽象主观性的虚幻存在物后,它势必要维护最高的政治信念,即以长子继承权、不可让渡的地产制等私有制精神为蓝本的国家制度,这些全都与黑格尔着力赞许的、作为伦理典范象征的君主人格无关。"在这样一个民族中,主权是整体的人格;符合自己的概念而实际存在的这种人格就是君主其人。"③王权世袭制的面纱后面是赤裸裸的产权归属,专属于君主的特殊国家权力变成了私有财产,君主人格的所谓崇高内涵也就被剥夺了,它不符合法哲学所宣扬的"国家主权的理想主义"。

对费尔巴哈来说,主谓颠倒法应对的思辨体系内的神人同构——神是非人格性的绝对理念、人是属神的存在者,当对象化的精神本体被颠倒后,人和"类"移为主语、神和神学人格转为谓语,颠倒过程中,既定的逻辑层级顺序并没有更改。马克思承继的是自我意识哲学的主谓颠倒原则,在他看

---

① 《马克思恩格斯全集》第 3 卷,人民出版社 2002 年版,第 112 页。
② 《马克思恩格斯全集》第 3 卷,人民出版社 2002 年版,第 134 页。
③ 〔德〕黑格尔:《法哲学原理》,范扬、张启泰译,商务印书馆 1961 年版,第 298 页。

来,哲学家用谓语做主体只能造成一种思辨循环,即主语的同义反复,通过在精神层面克服异化,自我意识可以无视既定的论证顺序与理念等级。如伯克米尔所言,这一时期的马克思是"打着鲍威尔的旗号运用费尔巴哈的方法"。依此回到法哲学批判视角,立法权作为王权原则与市民社会的中项,调和了经验单一性和经验普遍性,但它在本质上仍是一种思辨的混合物。换言之,所谓从属于君主"主语"的意义——市民阶层遴选的代议制,并不符合"谓语"的普遍性——王权原则所流溢出的政治国家。私法原则引申出的长子继承制充当了王权延续、国家经济的支柱,与此同时,等级制却湮灭了市民社会的利益诉求通道。如果无视矛盾、任由政治国家决定市民社会,市民社会便只剩下放弃自身全部特殊性这一条路可走了,换言之,市民阶层想要获得其政治权益,就必须抛弃自己的等级并沦为绝对国家所统摄的理念,"这种设想并没有把政治生活悬在空中,而是政治生活就是空中的生活,是市民社会的超越尘世的领域"①。在这样的情形中,变更主语和谓语的位置是无关要旨的,换言之,人们无须再纠结于国家、市民社会二者间哪个具备决定性,而应当深思造成这种思想困境的根源,即费希特以来神学论争的负面遗产——神秘主义,它既成为德国现代国家制度的一个谜,也构成了黑格尔哲学、主要是他的法哲学和宗教哲学的奥秘。②

在法理层面,个体人格的权利最终只能落实为规范产权关系、保护私人利益的私法,经由神秘主义政治观念的曲解后,私法原则竟然堂而皇之地充当起国家的政治基础,这与其说是法律与法理的分裂,不如说人格的抽象环节已经出现了巨大偏差。谢林启示哲学所遭遇到的理论困局已经证明,把法理人格在神秘主义观念中擢升为神学人格,期求通过上帝"爱的公意"来彻底化解人的利己本性,只能是伪善的痴人呓语,只有深入体察社会现实,才能确证普遍性的政治观念。通过《莱茵报》时期的现实批判,马克思认识到只有在具有普遍的人民意识之中,类本质才能获得真正的"自由的定在",与之相对应的,德意志混乱的法制只为公民提供了自由参与权的假象。在"这里谈的是这样的国家,在这种国家,人民本身就是普遍事

---

① 《马克思恩格斯全集》第 3 卷,人民出版社 2002 年版,第 99 页。
② 《马克思恩格斯全集》第 3 卷,人民出版社 2002 年版,第 104 页。

务"①信念的引导下,《黑格尔法哲学批判》一文所倡导的政治观,最大限度地回应了法国大革命精神。萨维尼等历史法学派学者认为,在启蒙者"拙劣"的理性形而上学鼓动下,政治革命获得了法理层面的胜利,但法理与政权理应结合于启示传统与历史习俗的沿袭中,一味宣扬天赋人权、局限在形而上学领域探讨政治权力的合法性是危险的,马克思否决了萨维尼论断的前提——法理与政权统一于市民社会的政治信念,而认同了对政治形而上学的隐忧。正如赫斯所预见的那样,青年黑格尔派成员们批判了一切,唯独没有批判他们自己,作为无神论者、人本主义者、无政府主义者……这些人变换着立场与操守,在政治观念论的道路上渐行渐远。经历了现实批判和法哲学批判的双重思想洗礼,马克思不再追随青年黑格尔派的至思理路,影响他一生的理论判断已经形成:如果不变革以私有产权为主导的资本主义生产方式,那么诸如信仰自由、法理公正、平等博爱等人类解放的表象将沦为各种虚假政治意识形态。马克思宗教批判立场的独特性,正基于此。

《〈黑格尔法哲学批判〉导言》从现实的人的角度,提出对思辨法哲学的批判就是对德国保守意识形态的批判,因此对"宗教的批判基本上已经结束,而对宗教的批判是其他一切批判的前提"②的理解,必须建立在"消灭哲学"即消灭虚假政治意识形态的基础上。保守的神学政治意识形态与羸弱的资产阶级相结合,导致德国始终难以形成与美国相近的、集新教伦理和启蒙理性为一体的宪政精神凝结核。在黑格尔的法哲学原理体系中,"自由的定在"预设了市民社会各个阶层的稳定,却很难预见二十年之后社会底层民众饱受剥削与倾轧的生活。在法理层面,不能再求助基于历史习俗、宗教传统的习惯法,这是宗教批判无法直接过渡到政治批判的理论瓶颈,只能诉诸成文法系的宪政原则——人的权利。如马克思所见,没有任何国家像德国一样,分享着宪政国家制度的幻想却未分享它的现实,宗教世俗化与神学理性化使德国"可以比作染上基督教病症而日渐衰弱的偶像崇拜者"③。闵采尔发动的农民战争因遭遇神学而陷入失败,无产阶级自

---

① 《马克思恩格斯全集》第3卷,人民出版社2002年版,第82页。
② 《马克思恩格斯选集》第1卷,人民出版社1995年版,第1页。
③ 《马克思恩格斯文集》第1卷,人民出版社2009年版,第13页。

然不能重蹈覆辙。与资产阶级相比，无产阶级的独特优势就在于它在政治动员方面的普遍性，换言之，无产阶级掀起的变革势必不是局部的政治革命，而是人类解放。类哲学引领马克思跳出了神学人格的藩篱，政治批判则使马克思更为深入地体察政治普遍性原则，此二者在西方最为突出的神学政治问题——犹太人问题的解读中得到了综合。

第三节　作为同化主义的启蒙主义

一、神学政治问题的扬弃

何谓"犹太人问题"？它在西方社会世所公认却没有明确的外延。有作家曾经嘲讽道，哪怕只有一个犹太人被放逐到荒岛上，人们仍然会认为那构成犹太人问题。客居欧洲逾千年的犹太民族，面对宗教、文化、政治等方面的矛盾源源不绝，出于论证的需要，犹太人问题应限定为"关于欧洲犹太人的身份定位问题"。"定位"，即与民族出身、宗教信仰等方面无涉的公民身份的获得，这是德意志启蒙运动的目标之一。1840年以后，新兴的资产阶级已遍布普鲁士，他们在议会中大喊大叫要解放犹太人，由此建立起一种理论上和实践上的传统，其影响可见诸年轻的马克思。马克思的身世是德国犹太人问题的一个缩影。由于民族身份，马克思受到过论敌巴枯宁、蒲鲁东等人的嘲讽和攻击，他激进的批判理论、辗转欧洲诸国的流亡经历，也与悲剧化的犹太先知形象暗自契合，恩格斯曾这样评价战友："马克思是一个纯粹的犹太人。"近百年来，围绕着"犹太人马克思"，学者们展开了深入的解读。克劳斯·费舍尔认为，马克思的人生是一个独特的德国犹太人的人生，他所创立的共产主义本质上是黑格尔哲学的理想主义和犹太裔基督徒的千禧年学说智慧的融合；而麦克莱伦则坚决反对把马克思的思想归结到犹太传统的做法，他以文本为依据，指出无论是公开出版物还是私人信件，马克思都没有在其中流露出过明显的犹太人自我意识，亦没有明确否认过自己的犹太人身份。

就在马克思奋笔疾书《黑格尔法哲学批判》之时，鲍威尔出版了《犹太人问题》的小册子，他本着一如既往的自信，在文中做出宣告：政治的神权秘密已经被揭露,(理论)现在已经完成了它的任务,可以满怀信心地等待着历史的评判了。① 具体而言,鲍威尔认为国教的废除虽然赋予犹太人以自由公民的身份,但对于缓解其与基督徒的对立毫无作用,原因就是基督徒的宗教特权,这种特权原则直接支配了政治国家,使基督徒/非基督徒的自然分化变成剥削者/被剥削者的政治对立。自由主义者任由这种偏见上升为特权,并极力寻求其在法理中的实现,这无疑是神权政治的"遗毒",要彻底消灭宗教才能终结政治领域内的宗教异化现象,实现彻底的人类解放。鲍威尔把宗教神权与意识形态视为特权政治的表象,这没有为民主自由原则平添内容,反倒把神学政治问题仅仅限定于神学层面,"不管我们在神学中批判起来可以多么游刃有余,我们毕竟是在神学中移动"②。

人们亟待突破对犹太人问题的神学论域,因为它"最终归结成这种世俗冲突,政治国家对自己的前提——无论这些前提是私有财产这样的物质要素,还是像教育、宗教这样的精神要素——的关系,普遍利益和私人利益之间的冲突,政治国家和市民社会之间的分裂……"③这涉及犹太人如何在市民社会中定位,现实人分为犹太教徒与公民是政治解放的初步完成,而犹太人由于恪守异教与民族习俗,在一定程度上造成自身与市民社会主流价值观的分裂,作为犹太人的精神圭臬的犹太教,在新生的"基督教国家"中显得格格不入。鲍威尔正是由此着眼,认为宗教在政治上的废除就是宗教的完全废除,所以犹太人必须彻底放弃犹太教。客观上,马克思并不关注犹太教作为特定宗教流派的存无,他只是坚持从政治的角度审视宗教,在他看来,布鲁诺·鲍威尔只是局限在神学圈子里面,消极地追问基督徒和犹太人谁更有资格成为公民。然而在当时的德国,犹太人并没有因为宗教的趋同而获得政治上的平等地位,1807 年之前,普鲁士政府所保护的犹太人在犹太人口总数中只占 20%,包括马克思家族在内的众多犹太社群陆续改宗新教,这种自发的宗教同化行为并没有消弭歧视,直至四十年代德国犹太人饱受歧视的现象也未有改观。犹太人获得政治解放的最大困难在于世俗桎梏,即现存的政治和社会压迫,而绝不在宗教神学领域。

带着这一判断,马克思直接否定了犹太教的世俗本质——宗教精神。

---

① 〔英〕戴维·麦克莱伦:《青年黑格尔派与马克思》,夏威仪、陈启伟、金海民译,陈启伟校,商务印书馆 1982 年版,第 71 页。
② 《马克思恩格斯文集》第 1 卷,人民出版社 2009 年版,第 26 页。
③ 《马克思恩格斯全集》第 3 卷,人民出版社 2002 年版,第 174 页。

"宗教精神也不可能真正世俗化,因为宗教精神本身除了是人的精神的某一发展阶段的非世俗形式之外还能是什么呢?"①启蒙运动以来现代化与世俗化被逐步构建,也同时萌生了个人自由的利己主义,马克思把犹太教的宗教精神直接概括为"自私自利""做生意"与"金钱","宗教的犹太精神,是由现今的市民生活所不断地产生出来的,并且在货币制度中获得了高度的发展"②。犹太教俨然成为人类自我异化的一种表现形式,而犹太人狭隘性的扩大就是现代社会问题的根由,那么,实现人的解放则必须克服做生意及其前提的狭隘性的经验本质——犹太精神。马克思指出,犹太精神不可能作为宗教而继续发展下去,它与资产阶级见利忘义的世界观相符,其狭隘性注定会穷尽,由此"最终批判"得出了终极意义:犹太人的社会解放就是社会从犹太精神中获得解放。③ 至此,文章的论证已经超出了"犹太人问题"的基本论域。马克思援引美国宪法和法国人权和公民权宣言,论述以普遍人权为准绳的政治自由,以及作为自明性原则的信仰自由,直接凸显了政教分离原则的重要性。马克思批判鲍威尔的要点在于:宗教批判不能逾越自己的限度,政治批判的当务之急是确立人类解放的主体,成为"类"的存在物不是神学人格的倒置,而是树立相应的政治普遍性准则。

二、"犹太精神"的财产权批判

精心研读过《论犹太人问题》的研究者都会发觉,马克思的真实意图并不是探讨解放犹太人的具体方略。"犹太人"的确是他批驳鲍威尔的论题所系,但绝非全文论证的核心。对应 1848 年欧洲革命之前的时代背景,日渐觉醒的民族意识与政治运动实际上是相伴而生的,当时的思想家都热衷于从民族精神入手阐述政治诉求,马克思难能可贵地超越了自己的出身,让视角回避了狭隘民族主义的窠臼。具体表现在,他没有将同情犹太人的道德因素应用于政治批判,而是自觉将财产权问题推向前台,将问题还原为经济批判,把政治问题理解为经济问题。"犹太人的实际政治权利同他的政治权利之间的矛盾,就是政治同金钱势力之间的矛盾。"财产,才是理解马克思犹太人问题立场的关键。写作《论犹太人问题》的同一时期,马克

---

① 《马克思恩格斯全集》第 3 卷,人民出版社 2002 年版,第 178 页。
② 《马克思恩格斯全集》第 2 卷,人民出版社 1957 年版,第 140 页。
③ 《马克思恩格斯全集》第 3 卷,人民出版社 2002 年版,第 198 页。

思对其友人——犹太解放志士里谢尔大加赞赏:"犹太人的政治解放以及赋予犹太人以'人权',这是一种双方面相互制约的行为。当里谢尔先生顺便谈到行动自由、居住自由、迁徙自由、经营自由等等时,就正确地阐明了犹太人力图使自由的人性获得承认的意义。'自由的人性'的所有这些表现在法国人权宣言中得到了极其肯定的承认。"①但在克罗茨纳赫,马克思也注意到了这一"自由的人性"与财产所有权的现实矛盾,他深入考察了法国大革命的历史细节,发现当时的国民议会为了充实国库以支援革命,曾毫不留情地没收教堂财产,甚至不惜使用暴力镇压反抗者。资产阶级对封建财产的侵犯和对封建所有制的废弃,已然颠覆了他们私有财产神圣不可侵犯的口号。马克思敏锐地指出:"一种私有财产不可侵犯是以另一种私有财产为牺牲的。"即便资产阶级是进步的阶级,但它代表的仍然是特殊利益。任何阶级、任何等级都是从其本阶级、本等级的利益出发来进行理论与实践活动的,启蒙平等观落实到资产阶级就先定地成为"自由主义妄谈",遑论身处社会底层的犹太人了。

神权政治隐退带来封建体系的瓦解,社会阶层随之逐步分化,物欲横流、道德沦丧等异化现象加速了这一进程,崩解了的旧社会并没有为启蒙者留下理性勤勉的现代公民,而是法律面前人人平等的、原子化的利己主义者。之所以称政教分离原则只是现代政治的底线,在于它只是圈定了国家与教会的各自权限,接下来,利己主义的个人必须被社会力量重新加以整合,犹太人问题之所以复杂难解,就在于它集合了旧社会的神学政治问题、新时代的利己主义的双重视角。在此归纳前文思路:宗教批判把神学问题还原为世俗问题,为继的政治解放可以确保政教分离、宗教信仰不被干涉,人类解放则代表着对传统启蒙理想的超越。要实现解放,必须祛除利己主义的代表——与资本异化相合流的犹太精神,社会中对工人和农民进行剥削不仅是整个资产阶级,也包括犹太人,所以参与异化进程的犹太人也应当像无产阶级一样,通过自我扬弃实现自我解放。简单比对,可见马克思的论点断裂之处:政治解放层面,犹太人可以保留犹太信仰成为有独特信仰的公民,获得政治身份和平等权利,在人类解放阶段,犹太人公民却需要抛弃世俗化的犹太精神,断绝宗教传统的影响以确保自身不可能存在,犹太人作为少数族裔被同质化了——介于资产者和劳工之间的犹太人

---

① 《马克思恩格斯全集》第2卷,人民出版社1957年版,第145页。

群体,有理由在社会解放中被扬弃。而想要弥合这种断裂也颇为容易,采取马克思早期文本中惯用的理念转换即可,具体而言,"犹太人"的解放只是神学政治论、财产权问题的引信,真正的核心问题是"人"的解放,在《论犹太人问题》全文的后半段,"犹太人"这个词已经超出了它本来的内涵,开始代表既受资本原则恩惠、又饱受资本异化的市民阶层。通过对"犹太精神"即利己主义精神的剖析,马克思否定了基于私有利益和金钱的、实际需要的价值观。在他看来,德国的新教伦理并不能塑造美洲清教徒的政治共同体,它只能通过利己主义和自私自利的需要,"使人的世界分解为原子式的相互敌对的个人的世界"①。德国人并没有意识到自己所处的社会历史地位,马克思要寻求一种合乎社会阶层利益的合乎理性的表达,它必定不是超验的理念存在,而是阶级社会的历史发展产物。宗教解放把神学人格还原成了人,政治解放把利己主义的个人归结为法人,人类解放则综合并升华了二者。

社会组织是总体,政治力量则是主体,要在总体层面塑造主体,"类"作为总体只是人类解放得以实现的中介。通过预设宗教解放——政治解放——人类解放的路线,马克思坦言了政治解放作为启蒙目标的不完善,也就是说,政治平等原则本应当在广泛的等级阶层以及资本压迫的矛盾中,通过普遍而权威的宪政原则实现,但在现实的阶级对立的社会情境下,法律和法理的分裂,造成自由这一人权的实际应用就是私有财产这一人权。② 它造就了一种只跟财产相关的社会现实——犹太人除了财产一无所有,无产阶级的财产就是他们的一无所有,资产阶级拥有财产也拥有自由。对此马克思还引用了一个笑话,犹太银行家罗斯柴尔德在一名社会主义者演讲时加以刁难:"你要瓜分财富,说在我拥有的几百万这样或那样的财富中,有你根据总人口平均的那一份;那么请拿去吧,这是属于你的一角银币。"上述对于贫困的戏谑,概括了他所憎恶的犹太"商业庸人"的嘴脸,可见能够承担起解放使命的,绝不可能是作为资产阶级合伙人的犹太人,换言之,犹太人只是市民社会等级体系中的特殊阶层。马克思寻找的是推动历史发展的真正主体,在他看来,人只有认识到自身固有的社会力量,并把这种社会力量组织成为政治力量的形式时,才能成为解放的实践者。

---

① 《马克思恩格斯全集》第 3 卷,人民出版社 2002 年版,第 196 页。

② 《马克思恩格斯全集》第 3 卷,人民出版社 2002 年版,第 183 页。

客观论之,神学理性化只是思想过渡时期的产物,由它衍生的神学政治问题,亟待超越宗教视域的束缚,并落实为理性主义的政治原则。身为犹太人的马克思,把单纯的神学政治问题上升至人类解放的高度,并号召无产阶级为之奋斗。"谁的福分更大,是犹太人还是基督徒"这一古老的神学疑问,被置换成了"政教分离完成后,平等原则如何彻底实现"这样的政治命题。因此,犹太精神的主观基础便不再是选民意识,而是人的实际需要。① 这一实际需要的人格化,直指个体公民间生命权、财产权等政治权利的平等。对犹太人的歧视与倾轧是中世纪社会传统的拙劣延续,以近代政治精神为背景,像鲍威尔那样只局限于宗教批判领域内探讨如何解放犹太人无疑是消极的,相比之下,马克思的解放方案更为主动,可以概括为积极的同化主义立场。

何谓"同化"? 卡夫卡在《一份为科学院写的报告》中,用一只渴望融入人类文化的黑猩猩的独特遭遇,影射了欧洲犹太族裔的生存真相:启蒙即同化。"启蒙与统治之间的辩证关系,以及犹太人在启蒙运动、民主运动和民族运动的伟大,哲学中所感受到的进步与残酷和自由间的双重关系,都体现在他们被同化的特殊本质中。"②针对犹太人问题,马克思恪守了启蒙主义的政治平等原则,他是一个积极的同化主义者,但绝不是反犹主义者。回到犹太人和犹太人问题本身,被同化了的犹太人依然是消极的社会阶层,犹太人问题也只能是政治解放的一个缩影,当犹太人的苦难移情到了全部底层民众,作为神学政治问题的犹太人问题自然也就具备了更深层次的讨论空间。无产阶级承担了与犹太人相近的命运——政治经济领域内的"合理化"重压,但拒绝像犹太人一样,逆来顺受地接纳启蒙即同化的命题。对于无产阶级而言,资本主义社会的同化实为全面异化,因此在通过政治革命全力对抗资产阶级的同时,必须审慎地考察异化现象的根源——政治国家。对于谢林和黑格尔念兹在兹的基督教国家,马克思认为其本质是"非国家",宗教精神在其中根本没有世俗化,因为它依然是以神学的角度对待宗教,而不是经国家的视域来审视信仰活动,神学人格与权威宗教都是不完善的政治观念。真正的民主制国家根本无须依赖宗教来确立政

---

① 《马克思恩格斯全集》第 3 卷,人民出版社 2002 年版,第 198 页。

② 〔德〕霍克海默、阿多诺:《启蒙辩证法》,渠敬东、曹卫东译,上海人民出版社 2006 年版,第 154 页。

治权威。对想要获得公民权利的犹太人，马克思告知他们最为简捷的方法就是"关心政治"，与此同时在思想层面对固有的自利本性加以批判和改造，这就是政治解放的同化模式。

市民社会的等级制，即所谓的"特殊阶级"缺乏与公众意志相契合的开阔胸怀，以及动员物质力量从事激进政治运动的天赋。在极力回避出身民族传统，并将犹太精神视为资本主义的化身进行批判之后，马克思构建出了一个几近理想主义的、能够彰显政治普遍性的政治阶层，它首先不能困囿于狭隘的民族文化观与宗教启示传统。犹太人是历史变迁中自然形成的民族共同体，无产阶级却是工业革命之后人为造成的赤贫政治阶层，在资本主义异化不断深入、社会面临急剧解体之际，无产阶级不能再求助于历史的启示传统的权利，而只能求助于人的权利。① 马克思一面把无产阶级视为政治解放的主体，让他们从事"消灭现存状况的现实"的共产主义运动，一面号召他们通过革命实践以彻底扬弃私有制，最终消灭自身。如果对于犹太人而言，启蒙即同化，那么毫无疑问，共产主义的启蒙/同化方案是面对现代社会普遍的不公正之中，无产阶级对于自身最好的启蒙，此为人类解放的同化模式。

政治解放与人类解放的同化主义模式，体现了马克思真正彻底的宗教批判立场，它不是对人本哲学的单纯追随，亦非神化无产阶级、神化共产主义的路径选择，随着现代社会结构的逐步完善，人类解放的同化模式所应对的正是资本主义原则对社会的全面支配。"物化的基本结构可以在近代资本主义的一切社会形式（如官僚政治）中找到。然而这一结构只有在无产者的劳动关系中才表现得极其清楚和可以被意识到。"② 随着工业时代的到来，资产阶级凭借商品生产并再生产了异化的社会结构，作为异化的受害者，无产阶级不能坐视这一结构趋于稳定。政治解放的终点，即摈除了落后宗教习俗与自利本性的现代公民，自利精神和资本准则在法理学层面消弭了市民社会与国家的一致性；人类解放的起点，即对人的利己主义本性乃至私有制的扬弃，将成为无产阶级解放人类的必经之路。从政治解放到人类解放的同化主义思路，并非神学政治论层面的隐微线索，它与《莱茵报》时期的法哲学论题实际上是一脉相承的。从林木盗窃法到犹太人问

---

① 《马克思恩格斯文集》第 1 卷，人民出版社 2009 年版，第 17 页。
② 〔匈〕卢卡奇：《历史与阶级意识》，杜章智、任立、燕宏远译，商务印书馆 1992 年版，第 261 页。

题,政治平等原则始终是马克思所关注的要点,在《论犹太人问题》中,人权被区划为三个方面:自由、平等、安全。其中,自由靠财产私有制来保证,安全即维护私有制的国家暴力,平等则是"自由的平等",它可以实现"每个人都同样被看成那种独立自在的单子"。① 莱布尼茨的"单子"是组成复合事物、没有部分的单纯实体,马克思借用这一概念是为了诠释平等原则对公民的一视同仁。他将法国与德国的政治解放模式进行了对比:在法国,自由的实现有赖于市民阶级整体推动,是逐步实现的政治解放,而在德国,则必须直面自由的障碍——"不公正",无产阶级便是这一不公正社会解体的产物。这一思路的继续推进,便有了《1844 年经济学哲学手稿》中那个著名的判断:平等,作为共产主义的基础,是共产主义的政治的论据。②

人的类本质不只是抽象的精神创制物,无产阶级也不是被神圣化的政治等级,马克思不遗余力地赞誉积极的人道主义,并不是为了给人的类本质披上温情脉脉的伦理面纱,而是为无产阶级确立政治事务的边界。回到本章开头蒂利希的指控,倘若无视"类"在人类解放进程中的理论中介,直接在"普遍性的异化苦难"与"人类解放的选民"二者之间画上等号,那么马克思的确将成为某种意义上的神学家。然而通过前文论述可以得知,批判世界观的科学性与无神论的反叛力量无关,马克思在宗教批判与政治批判的双重线索中,已经率先明确了宗教与国家事务的边界。青年黑格尔派通过以宗教观念来代替一切,或者宣布一切在本质上都是神学来展开批判,马克思要终结的绝非宗教,而是他们的这种宗教批判方式,随着社会的进步,宗教向民众许诺的救赎之路将自然消失,不值得进行更多的理论关注。对马克思而言,真正的宗教批判在于厘清"其他一切批判的前提",亦即区分宗教与政治事务的理论边界——民族国家,他通过与另外一位青年黑格尔派成员赫斯的深入交流,得到了与之相关的重要理论参照。

① 《马克思恩格斯全集》第 3 卷,人民出版社 2002 年版,第 184 页。
② 《马克思恩格斯全集》第 3 卷,人民出版社 2002 年版,第 347 页。

第四章　从神圣同化到世俗异化
——人类解放的政治使命

　　昨天的身份噩梦不等于明日的身份理想。正如每个人的人格都是由易变和多样的身份组成,历史也是变动中的一种身份。①

　　"马克思的宗教批判"这一命题中的"宗教",不仅指基督教,也包括犹太教,以及与之密切相关的犹太人问题。诗人海涅说,"犹太教不是一种宗教,而是一种不幸"。马克思对自己的民族身份终生保持缄默,却未能避开蒲鲁东、巴枯宁等论敌的反犹主义嘲讽,对他而言,民族出身是一个敏感且痛苦的话题。很多犹太裔思想家共享着马克思的痛苦,包括德国第一位共产主义者,也是犹太复国主义创始人莫泽斯·赫斯。"对一个犹太人来说,尤其是公共生活中,想要忽略他是一名犹太人这个事实是不可能的。"②在失去耶路撒冷故国、辗转欧洲千余年间,犹太精神深深涉入了西方文明的进程之中,犹太教缔造了神圣性的宗教世界观,犹太社团为早期市民社会输入了世俗性的伦理。如前文所述,近代以来的犹太人问题不仅关乎个人的身份认同,更是神学政治问题的集中体现。

　　"民族"(nation)一词源于晚期拉丁语"出身"(natio),意为保持不同规模的、具有内部关联的共同体。在现代民族主义尚未兴起的时代,犹太人就自诩为上帝的选民,无论中世纪还是近现代,从教权统摄到天赋人权,他们见证了自己被隔离、被弃绝,乃至被屠杀的命运,"这就是选民的意义,犹

---

①　〔以〕施罗默·桑德:《虚构的犹太民族》,王崇兴、张蓉译,中信出版社 2017 年版,第 33 页。

②　萌萌学术工作室主编《"中国人问题"与"犹太人问题"》,生活·读书·新知三联书店 2011 年版,第 264 页。

太人被选取证明不存在救赎这回事"①。犹太人长期被隔绝的社会生活影响了他们的精神方式,列奥·施特劳斯认为,犹太属性本质上是一种"英雄般的幻象"(heroic delusion):现实的政治解放与人类救赎的愿望,始终存在一种悖论般的结合——声称超越世俗性的民族,却只能在世俗性中获得拯救。作为基督教世界中的少数民族,犹太人必须要化解民族传统与西方基督教主流文明之间的矛盾。

第一节　神学政治问题的结构性阐释

一、犹太人问题的神圣性与世俗性

近代宗教改革之后,无论是根植于语言形而上学的哲学,还是逾越自然人性的基督教道德都陷入了某种困境。"我们否认上帝,我们否认源于上帝的责任,这样我们才能拯救世界。"②尼采认为,上帝概念本身就是对人类主体性的最大抗议,基督教对于道德虚无主义有着不可推卸的责任,只有重新评估一切价值规范,回归前基督教的思维方式,才能构筑欧洲民众的精神家园。然而在现代世界,宗教狂热对世俗政治的侵袭并未真正消弭,近年来更是持续改变着地缘政治的格局和走向,尼采笔下"偶像的黄昏"显然被无限期推迟了。

斯宾诺莎认为,相比于对世俗政权权威的威胁,神权对世人的精神奴役才更为根本,世人只有脱离了迷信偏见的桎梏,才能由精神的自我解放(autoemancipation)通达政治解放。随着理性取代信仰、自由取代神启,政治事务与宗教信仰开始各行其是。在大革命精神的感召下,德国政府于1791年宣布赋予犹太人公民权后,欧洲犹太社团借此开始了一场自我启蒙的改革运动。德国犹太人大多服膺同化主义,在精神生活中坚持"托拉"倡导的特选性,在世俗生活中对所在国家保持基本忠诚。

随着德国犹太社团的生存境遇日益逼仄,一部分人选择皈依基督教,

---

① 刘晓枫编《犹太哲人与启蒙:施特劳斯讲演与论文集:卷一》,张缨等译,华夏出版社 2010 年版,第 412 页。

② 〔德〕尼采:《偶像的黄昏》,李超杰译,商务印书馆 2009 年版,第 50 页。

在教会只能够寻求庇护,一部分人期望能对犹太教传统进行改革,以适应西方社会的主流价值规范,尽管寻求同化的过程坎坷重重,大多数德国犹太人并未放弃这一政治愿景。对他们而言,犹太人并不需要一个民族主义国家,积极寻求同化能够确保既不违背犹太教普世主义的神圣性,也能在现实层面顾念其他德意志同胞的民族感情。然而,随着国家版图的统一、工业技术的飞速发展,德国人开始将自身的文明优越感建立在生物学和社会学的比较幻象之上。1935年德国政府颁布了纽伦堡法案,为了维护所谓德意志的血统和荣誉,"犹太人和德国人"的表述被置换成为"犹太人或德国人",犹太人的公民权被彻底褫夺。德国公民通过合法民主手段,吊诡地选择了种族主义者的政治决断,而非人道主义的普遍共识。

在近代犹太人问题出现的原点,即十九世纪上半叶的德国社会,人们发现"想要使正在形成的政治辩论从宗教—哲学辩论中分离出来,几乎是不可能的事情"①。神学政治问题的解决取决于理性启蒙能否成功,理性能否取代宗教成为政治理念的基础,是政教分离方案能否取得成功的前提。阿伦特曾做过一个精准的比喻:在德意志第三帝国,某个犹太人和某个日耳曼人以"我们都是人类"为名结下了友谊,他们看似是在反抗暴政,其实不过是试图逃避身处的严酷现实。犹太属性中的神圣性与世俗性构成了对立统一体:如果摈弃了神圣性,民族传统文化将注定消亡,而如果没有了世俗性,民族共同体本身也将无法延续。在近代历史的沿革中,若强行破坏神圣性与世俗性的张力,要么会摧毁犹太民族的存在(如纳粹大屠杀),要么就会被犹太民族摧毁(如慕尼黑惨案、阿以战争)。在反犹主义视域内,基督徒的原罪尚有救赎之可能,犹太人的"原罪"却造成了他们除了被消灭、被驱逐别无他路。这种罪恶感源于特有的犹太属性,犹太属性(Yahadut)专指不容分割的、包罗万象的文化形态,生而为犹太人的事实,便意味着很难将宗教信仰与生活方式彻底剥离,遑论个体承认与否,究竟是做神的选民还是世俗政权的公民? 现代犹太人必须做出自己的取舍。

启蒙思想家倡导"回到起源"以彻底废黜教权,新教神学家呼吁"唯读圣经"以重树教会的权威,观点看似针锋相对,其实有着共同的诉求——奠定近代政治生活的精神基础。黑格尔在哲学观层面对二者进行了中和,

---

① 〔美〕沃伦·布雷克曼:《废黜自我——马克思、青年黑格尔派及激进社会理论的起源》,李佃来译,北京师范大学出版社2013年版,第152页。

"绝对精神自在地从而也就是自觉地取得了自我意识的形态,现在看来这一事实,成为世界的信仰了,精神作为一个自我意识亦即作为一个现实的人存在在哪里了,精神成为直接确信的对象了,信仰的意识看到、感到和听到这个神圣性了"[1]。黑格尔将宗教视为社会历史问题,而非单纯的伦理问题,当启蒙者将宗教视为一种浅薄的欺骗,他们陷入了独断论式的浅薄;当虔信主义者将宗教视为神秘直观才能抵达的境界,他们陷入了一种主观随意性。理性既是神的本质亦是人的本质,宗教和哲学用不同的方式反映了统一的真理,哲学就是实现了自我反思与自我理解的宗教,反之亦然。

黑格尔宗教哲学是对以往所有类型的宗教进行辩证否定的成果,神权与教权的和解需要从信众的心灵、教会拓展到世俗生活之中。随着德国社会矛盾的日益尖锐,宗教意识与政治理念的观念式调解显得愈发不合时宜,黑格尔宣称市民社会与国家的和解发生在基督教世俗化层面,青年黑格尔派成员则激进地进行了一种后基督教的理论预设:施特劳斯、布鲁诺·鲍威尔选择了无神论,施蒂纳选择了无政府主义,费尔巴哈选择了人本主义,马克思与赫斯在哲学共产主义中完成了批判性的思想综合。

马克思出生于律师家庭,其祖辈是特里尔城的犹太拉比,直到父亲这一辈才受洗为路德宗教徒,母亲则终身坚持着犹太传统生活方式;赫斯出生于小商人家庭,他从小在祖父的监督下修习《塔木德》等典籍,对希伯来律法颇为谙熟。两人尽管民族出身相同,对待犹太文化的态度相差甚大,马克思在新教文化氛围中成长,没有进行过任何犹太经典的学习,赫斯接受过体系性的犹太文化教育,并曾经虔诚地信奉践履着托拉教义。由于犹太教的近代宗教改革从未完成,那些受过教育的犹太人普遍渴望能够拥有另一种精神坐标,以强化民族和文化认同。如果说犹太民族对于马克思只是亟待消解的政治身份,那么对于赫斯来说便成了精神的重负。

"在我的观念中最先受到检验的是我信仰的宗教——犹太教,现在它在我心里崩溃了。"[2]对青年赫斯而言,成为无神论者意味着重负和诅咒,他在思想迷茫期涉猎了圣西门、巴贝夫等早期社会主义思想家的著作,并深深折服于斯宾诺莎哲学。赫斯匿名发表的《人类的圣史》是德国社会主

---

① 〔德〕黑格尔:《精神现象学》(下卷),贺麟译,商务印书馆 2010 年版,第 265—266 页。

② Avineri Shlomo,Moses Hess: *Prohibit of Communism and Zionism*,New York University,1985,p.11.

义运动的首部著作,长久以来被学术界描述为德国古典哲学和法国社会主义思潮的有机结合,然而如果深入该文本,会发现其有着极为明确的犹太视角,赫斯为自己的弥赛亚情结披上了一件现代政治愿景的外套。"托专注于这种宗教的福,我们得到启示,即通过神的意愿而惠予的启示。宗教与历史有着密切的关系,双方互为另一方的注释。"①

在俄国流亡思想者切什考夫斯基的启发下,赫斯提出了"行动的哲学"。"行动的哲学"在本体论层面否认黑格尔对自然实体的理解,自然实体并不属于哲学的领域,应该由诗歌绘画等艺术形式来把握,倘若将自然视为直接的、主动的精神行动,改造自然也必须内化于直接行动的精神之中。在赫斯看来,唯有人既是拯救的对象也是拯救的主体,人的主体性能消除思维与存在的对立,进而凝聚即将到来的社会革命的共识。"行动的哲学"虽然倡导人的主体性实践,但未脱离德国观念论的逻辑框架,它表现为费希特哲学和斯宾诺莎哲学的杂糅。早期黑格尔主义者为了突破僵化的体系哲学,比较热衷于泛神论,如海涅认为要在精神与物质上解放人类,就应该让民主革命派与泛神论者结为联盟,施特劳斯将耶稣的人格界定为上帝与人类的自在统一体,等等。赫斯没有回避唯心论的神秘主义倾向,反而沉溺于其中:"神秘存在这件事,的确是精神仍处于与自然的格斗中,而神秘(它的运动)完结了则成为思辨。"②赫斯的弥赛亚情结导致他把圣父、圣子、圣灵三位一体与世界历史各阶段进行对应,并暗示在圣灵时代,人们将目睹自由王国的建立,这种既是诗意的又是哲学的,既是理念又是实在的"行动",依赖于摩西、大卫、拿破仑等先知,而非市井公众。

在黑格尔历史哲学体系中,并不存在某种鉴临万物的非理性的神意,真正的神圣之物是理性,哲学要演绎历史目的因的"计划",才能理解真正的现实性,而一切精神的现实性为国家所独有。赫斯否定了黑格尔弥合逻辑与历史的思路,也批判了施特劳斯、鲍威尔的神学教义批判,在他看来,两者都"致力于剥夺过去的神圣性而不是把整个世界神圣化"③,在神圣性与世俗性的两端,赫斯始终坚持神圣性的优先地位,因此他的"行动的哲学"区别于傅立叶和巴贝夫的空想社会主义,可以概括为一种哲学共产主

---

① 〔德〕莫泽斯·赫斯:《赫斯精粹》,方向红校译,南京大学出版社 2010 年版,第 3 页。
② 〔德〕莫泽斯·赫斯:《赫斯精粹》,方向红校译,南京大学出版社 2010 年版,第 31 页。
③ 〔德〕莫泽斯·赫斯:《赫斯精粹》,方向红校译,南京大学出版社 2010 年版,第 23 页。

义。在哲学共产主义的视域内,神学问题或政治问题都该具备自觉的人的形态,人不仅是类的存在物,更是共同体(Gemeinwesen)的存在物,共同体依赖于人与人之间的通力协作;然而,资产阶级凭借着"理性的狡计",通过现代生产方式造成了全社会的异化状态,作为被剥削一方的劳工阶层,求助于某种非人的、超人的力量便具备了某种合理性。

从近代西方思想史层面看,赫斯率先演绎了一套具有共产主义理论色彩的一元论,他将基督教等待来世救赎的教义置换为一种积极主动的、谋求政治经济权利平等的欲望。这种使革命勃发的寻求平等的欲望,对应着欧洲犹太人的边缘处境,同时也激发了"选民"们所承担的现世救赎使命。然而赫斯作为德国共产主义运动的先行者,看到了一切人个性和活动的自由与财产共有的关联,却没有真切意识到无产阶级的社会力量,由此造成了双重的理论局限性:其一,"行动的哲学"名为"行动",却很难与政治运动构成关联;其二,"行动的哲学"作为"哲学",实际上更多地表现为一种对希伯来文化的神秘辩护:救赎基于绝对平等的财产共有、政治自由基于绝对公正的人格平等。

二、犹太人意识与犹太人问题意识

近代以来,德国犹太人越是坚持自己属于德国人,是德国文化的真正传人,越是只关心德国的价值,或至少关心把启蒙的成果传播到他们的同胞中,他们在德国人眼里就越不像德国人。① 同化主义要求犹太人既坚持精神层面的托拉信仰,也要保持对身处国家的政治忠诚,一旦后者不复存在,前者便有机会转变为一种乌托邦愿景,即选民观的普世化。德国在十九世纪三十年代新兴的共产主义思潮,兼具批判资本主义和解放全人类的神圣使命,赫斯对神学政治问题的判断要明显领先于同辈思想家,歧视性的民族身份认同,造成了理论视野层面的"先知先觉",青年黑格尔派成员乃至马克思都从赫斯这里接受了哲学共产主义思想。

综观马克思的一生,他的生活与犹太社团毫无交集,而与同时代大多数受洗改宗的德国犹太人别无二致,"同化"对马克思个人而言是既成的事实,而非需要达成的目标。法国大革命以降,犹太人试图遗忘被隔离、被奴役的历史境遇,他们逐渐具备了一种自我约束、自我否定的启蒙精神,这种

---

① 〔英〕以赛亚·伯林:《反潮流:观念史论文集》,冯克利译,译林出版社 2011 年版,第 304 页。

精神使之从备受煎熬的共同体径直转变为近代资产阶级。① 青年马克思与赫斯一样深受斯宾诺莎思想的影响,但他没有执着于神学政治论,而是深深折服于其哲学观,如果将斯宾诺莎哲学从实体观念拓展到社会历史领域,就会得到一个明确的结论:人类社会不可能既隶属于自然世界,又不受自然规律的决定,换言之,政治权威只有以现实物质生活为基础才有可能。萨维尼、胡果等认为法律并非人类理性的产物,而是世代相继的民族精神所凝聚,马克思揭穿了历史法学派思想的怀疑论和实证主义哲学基础,在理论生涯的最初阶段便否定了在民族文化中寻找政治权威的思路。

青年黑格尔派成员将神学问题转换为政治问题,从宗教批判到政治批判,这一路径的转换并不是"非 A 即 B"的抉择,而是"从 A 到 B"的扬弃,马克思在黑格尔法哲学体系中发现了政治国家的先验形式,即充分还原市民社会与国家之间的分立、资产阶级与无产阶级之间的分立,出现了抽象的人与具体的人的分立。随着神学勾勒的属灵抽象人格的逐渐消弭,青年黑格尔派成员期望进行一场反对尘世偶像的斗争,以塑造现代社会的政治人格。在马克思看来,与神学的对抗势必要发生在神学之外,进入社会和政治领域,既囊括资本主义学说,也包含早期的共产主义思潮。

时至今日,公众已经习惯于把共产主义与无神论等同起来,认为两者长久以来彼此关联。早期的社会主义者缺乏从事政治运动的热忱,却普遍热衷于将基督教改造为一种全新的社会宗教。他们认为人性是社会的造物而非社会的前提,因此可以颠倒神性与人性打造一种趋向全人类福祉的信仰。"如果说泛神论这种宗教会引导人们走向漠不关心,那么,这是一种错误的见解。相反,如果人类意识到自己的神性,那也就会鼓舞他们自己来表现神性,到了这时候,真正英雄主义的真正伟大事迹才能使荣耀归于这个世界。"②从圣西门、欧文等空想社会主义者,再到赫斯、格律恩、克利盖这些德国"真正的社会主义者",他们将泛神论转换为政治语言,好比在人与人之间以及人类与地球之间建立起联系。③ 早在《莱茵报》时期,马克思就已经意识到了这种类型的共产主义思潮的新基督教特性,并明确加以

---

① 〔德〕马克斯·霍克海默、西奥多·阿道尔诺:《启蒙辩证法:哲学断片》,渠敬东、曹卫东译,上海人民出版社 2003 年版,第 154 页。

② 〔德〕亨利希·海涅:《论德国宗教和哲学的历史》,海安译,商务印书馆 1974 年版,第 76 页。

③ F.W. Carove,"H. Heine und Prosper Enfantin",Neorama,2.Th. Leipzig,1837,p.154.

批驳:"构成真正危险的并不是共产主义思想的实际实验,而是它的理论阐述。"

《莱茵报》时期马克思遇到了物质利益的难事,因此从社会舞台退回书房,学术界以往的观点认为,费尔巴哈哲学成为促进马克思思想进步的催化剂。然而,马克思这一时期援引费尔巴哈,只是用主谓颠倒法来批驳法哲学市民社会/国家二元论,换言之,费尔巴哈哲学只是马克思完成理论批判的手段,而非变革世界观的目的。"当黑格尔把国家观念的因素变成主语,而把国家存在的旧形式变成谓语时——可是,在历史真实中,情况恰恰相反:国家观念总是国家存在的形式的谓语。"① 由于马克思尚未摆脱布鲁诺·鲍威尔的影响,论证逻辑仍然停留在自我意识哲学层面,其主要观点与其他青年黑格尔派成员并无高低之分,总体表现为一种激进民主主义风格。

如果我们对比马克思《德法年鉴》时期前后的文章,会发现理论素养的明确跃迁。这个转变仅仅发生在 1843 年的数月间。是什么促成了马克思从自我意识哲学拥趸到共产主义者的迅速转变?学术界以往将原因归结为克罗茨纳赫的历史学研究,却甚少分析法哲学批判和历史哲学批判合流的原因,进而探究马克思与赫斯的思想联系。两人的合作可以上溯到《莱茵报》时期,他们先后作为这份报纸的主编,引领了当时的德国社会批判风潮,《德法年鉴》时期两人的思想交流愈加深入,并一直延伸到《德意志意识形态》的写作,赫斯热忱地将恩格斯引荐给马克思,他们构成了短期的思想攻守同盟,1845—1846 年在布鲁塞尔期间,三人批判布鲁诺·鲍威尔等青年黑格尔派成员、卡尔·格律恩等"真正的社会主义者",并草创了唯物史观基本原理。毋庸置疑,在马克思早期思想的发展过程中,赫斯是仅次于恩格斯的同路人。

由于《路德维希·费尔巴哈与德国古典哲学的终结》文中的某些观点,人们直接接受了马克思、恩格斯"一下子都成了费尔巴哈派"的观点,然而马克思接纳并运用费尔巴哈哲学的过程颇为复杂,人本哲学批判处于法哲学批判时期和政治经济学批判时期之间,它既出于一种自发的理论需要,也有同辈思想家影响的因素。在青年黑格尔派阵营中,诸如神学人本学的批判转换、从类活动到类本质、政治批判的经济学视角等观点,赫斯其实都

---

① 《马克思恩格斯全集》第 40 卷,人民出版社 1982 年版,第 368—369 页。

已经先于马克思提出,并在文章中加以明确阐释。换言之,真正将费尔巴哈的类存在进行再解释,描述主体概念的自我异化和自我回归过程的人类史,并深入论述社会经济的革命问题的,只有当时在巴黎协助马克思的共产主义者赫斯。①

在基督教文明的整体氛围中,宗教和政治存在着共生关系,精神奴役与社会奴役的区别只是形式上的,两者都是对自由的否定。赫斯认为,无产者想要在根本上消除奴役,就需要建立共产主义和无神论的理论联盟,继而摈弃市民社会、国家等处于对立状态的政治实体,代之以处于调和状态的、自在自为的共同体生活,在那里争取解决自己的财产权问题。马克思在 1843 年 10 月给卢格的信中驳斥了空想社会主义批判家们的臆断,首次表明了自己对赫斯引领的哲学共产主义的支持:意识改革要优先批判神秘主义意识,无论这种意识是宗教的还是政治的,"这是一项既为了世界,也为了我们的工作。它只能是联合起来的力量的事业"。

在初步形成类哲学与财产权批判的双重视角之后,马克思写作了《论犹太人问题》,此文既是他脱离青年黑格尔派的标志,也是他构筑独立的科学世界观的起点。学者们面对这篇文献时陷入了诸多困惑,比如文章名为"论犹太人问题",却并未提出任何解决犹太人问题的有效方略;文章本意是驳斥布鲁诺·鲍威尔提出的宗教同化主义路线,结尾却转而严厉抨击犹太人的世俗性。欲解开这些困惑,先要辨明马克思是否具备犹太人意识。客观而言,虽然马克思并不具备赫斯那种明确的"犹太人"意识,但若以马克思一生的思想活动为参照,可以确认他拥有一种"犹太人问题"意识——在神圣性/世俗性二者之间进行研判和取舍。"世俗化狂热和对人类事务的神学干涉,在马克思的社会政治解放与人类从一切宗教幻想中的解放之间总的平衡中继续存在着。"②人应该在实践中确证自己思维的此岸性,而非沉溺于经院哲学式的彼岸关切,在宗教批判完成了自己的历史使命后,人们无须同僧侣本人做斗争,要做的是同"自己内心的僧侣"进行斗争。

马克思在克罗茨纳赫研读了兰齐措勒《七月革命的起因性质与后果》、兰克《宗教改革时代的德国史》等 24 本历史论著,这些文献涉及的时间跨

---

① 〔德〕莫泽斯·赫斯:《赫斯精粹》,方向红校译,南京大学出版社 2010 年版,第 228 页。

② 〔美〕沃伦·布雷克曼:《废黜自我——马克思、青年黑格尔派及激进社会理论的起源》,李佃来译,北京师范大学出版社 2013 年版,第 324 页。

度从罗马帝国时代到近代,这与赫斯的历史哲学属于同源主题。马克思逐渐意识到,"人的实际的宗教笃诚"构成了政治解放的现实牵绊,那种通过概念主谓颠倒得出的结论"市民社会决定国家",本质上也是一种宗教笃诚。国家是公民与意识形态之间的中介,人把自己的全部的非神性、全部人的无约束性寄托于国家,国家却未必能确保所有人的政治自由,矛盾的症结在于意识形态。因此,必须突破传统的神学政治论框架,"犹太人获得解放的能力问题,变成了必须克服什么样的特殊社会要素才能废除犹太教的问题……这种关系是由于犹太教在现代被奴役的世界中的特殊地位而必然产生的"①。马克思做出了精准的研判:社会经济生产方式是政治意识形态的基础,而非相反,精神奴役和社会奴役不能一概而论。

斯宾诺莎认为,国家的弊病与犹太教会的弊病不能从制度的本质中去寻求,而是要从各种偶然性的形式中,即掌权者和拉比们的恶意中去寻找。马克思尽管反复地,甚至略显刻薄地论述犹太人的劣根性,如财迷的民族、耶和华只是幻想的票据等,但在思路上与斯宾诺莎、赫斯基本保持一致,即宗教笃诚是"不幸意识"的产物,犹太属性不能作为宗教继续发展,不可能创造任何新的世界,因此必须寻求超越犹太人狭隘性的社会解放,只不过在犹太精神能否在近代社会实现自我发展的方面,马克思与赫斯出现了明确的理论分歧。赫斯认为基督教表现为利己主义的逻辑,利己主义的现实基础对应基督教小商人世界;马克思则直接把小商人世界与犹太社团画上了等号,犹太教的经验本质在于"做生意及其前提",只有通过对"社会的犹太人狭隘性"的财产权批判,才可能彻底消解资本主义——犹太性。布鲁诺·鲍威尔最大的错误,就是将犹太人的解放等同为哲学兼神学的行动,而非政治经济问题的批判,马克思认定犹太人应该从犹太精神中得到解放,摆脱世俗生活中的资本主义异化。然而,号召那些处于社会边缘的犹太人抛却传统信仰的指引、放弃放私贷与商品经营,"从做生意和金钱中解放出来……就会是现代的自我解放了"②,是否能切实解决犹太人问题?马克思其实并不关心答案,对他而言,无论犹太人还是基督徒谁能得到救赎,都是亟待被扬弃的政治解放论题,它们都不如凝聚其无产阶级的阶级意识更具现实意义。

---

① 《马克思恩格斯全集》第 3 卷,人民出版社 2002 年版,第 191 页。
② 《马克思恩格斯全集》第 3 卷,人民出版社 2002 年版,第 192 页。

第二节　无产阶级的神圣使命

一、针对"世俗异化"现象的科学分析

赫斯试图将精神奴役和社会奴役毕其功于一役,即以共产主义运动为中介实现犹太人的解放。马克思对两者加以明确区别,他关注政治解放乃至人类解放的现实意味,认为社会奴役相对于精神奴役更为根本:一方面,问题不是如何实现政治解放,而是必须对政治解放本身进行批判,唯有如此,才是对犹太人问题的最终批判。另一方面,使人的世界、人的关系回归人自身,即给社会力量以共同体的框架。"人类"这个概念必须在"现实的人"的语境中,才能真正达到人的高度的革命。无产阶级将通过否定私有财产,宣告迄今为止的世界制度的解体。

在十九世纪同化主义的影响之下,一方面绝大多数的德国犹太人已经形成了明确的国家认同,他们不再认为自己是犹太人,最多保留对希伯来文化的青睐,另一方面在反犹为基调的文化氛围中,同化了的犹太人仍不可避免地要直面并思考犹太人问题。这两个方面都落在马克思的视野之内,他的"犹太人问题"意识,是能够与赫斯维系思想共识的关键。赫斯在1843年提出一套面向社会经济领域内的人本主义异化论,在他看来,资本主义生产方式所导致的类的异化,必须过渡到类活动(Gattungsact)即各种不同的个性的共同活动,"只有这种共同生活才能实现生产力(Productionskraft),因而是每一个个体的现实的本质"。这种对费尔巴哈哲学的改造直接对应着马克思的诉求:"费尔巴哈只有一点不能使我满意,这就是,他强调自然过多而强调政治太少。然而这是现代哲学能够借以成为真理的唯一联盟。"[①]在马克思早期思想的逻辑结构中,宗教批判剥离了各种形而上学的神圣幻象,政治批判要在此基础上扭转人的个体被升华为目的、类本质被贬斥为手段的异化状态,经济学批判则立足于探究异化状态的根源——私有财产。"对于金钱的本质和作用所做的分析,也促使马克思对

---

① 《马克思恩格斯全集》第47卷,人民出版社2002年版,第53页。

自己对于共产主义的那种哲学政治理解打下了坚实的社会经济的基础。"①
赫斯的哲学共产主义和社会异化论,以神圣性/现实性的悖论为参照,成为
马克思在《手稿》写作时期重要的思想资源。

在先行者赫斯的影响下,马克思相信自己找到了历史之谜的解答,尽
管这重解答依旧是人本主义价值论层面的。随着民族主义思潮的兴起,赫
斯始终无法在社会革命的主体——犹太民族与无产阶级之间做出真正取
舍,只能持续进行调和。马克思则逐渐意识到,只有严谨地论证经济现实,
社会主义才能成为一种不可动摇的政治愿景,政治解放本身涵盖了狭隘的
民族主义诉求,只有拒绝虚幻的乌托邦愿景,无产阶级对现实世界的干预
才能卓有成效,共产主义运动是面向社会生活的、面向合乎人的主体性价
值的复归,它能够实现自我异化的积极扬弃,消解私有财产肇始的异化现
象。有西方学者热衷于寻找马克思思想中的民族因素,比如卡尔·洛维特
认为,马克思的共产主义信仰是犹太弥赛亚主义的虚假变形,共产主义要
求没有十字架的皇冠,无产阶级要去通过尘世幸福来获得解放。在崇高愿
景的统摄之下,历史是朝着一个有意义的终极目标的、由天意规定的救赎
历史。② 这种解读容易曲解共产主义之为信仰的含义,却也能引发一重追
问:在历史与逻辑相统一的理论范式内,科学社会主义何以可能?

二、民族主义与共产主义的立场抉择

赫斯晚年的民族主义观点在现代思想界不乏共鸣,其代表者便是列
奥·施特劳斯。施特劳斯坦言,他政治哲学思考的主线就是犹太人问题。
幼年时他目睹了沙俄犹太同胞于大屠杀后逃亡的惨状,在他的青年时代,
犹太人对自由民主制的政治信任已然变成了精神依赖,世俗社会的同化消
弭了那些在隔离式生活中建立起来的自我确认,使得他们在纳粹迫害来临
之前毫无作为。施特劳斯毅然参加了犹太复国主义运动,并开始质疑那些
为寻求解放而剥离民族传统的做法。他开始相信,传统观念下意识地致力
于保存民族存在并高扬了生存意志,选民观和弥赛亚观才真正维系着犹太

---

① 〔法〕奥古斯特·科尔纽:《马克思恩格斯传》第一卷,杨丕坤等译,生活·读书·新知三联书店
1963 年版,第 621 页。
② 〔德〕卡尔·洛维特:《世界历史与救赎历史》,李秋零、田薇译,上海人民出版社 2006 年
版,第 71 页。

民族的未来。晚年施特劳斯有一篇著名的演讲《为什么我们仍然是犹太人》,总结了终其一生对犹太人问题的基本看法。施特劳斯崇古薄今,认为现代社会的犹太人问题终归无法彻底解决,无论是自由主义、共产主义还是政治犹太复国主义,在资本主导的社会情境下都做不到彻底解放犹太人。所以不能随意拒斥民族传统,犹太教绝非犹太人的痛苦之源,而是彼岸之海,即便按照无神论的观点看,没有了造物主上帝,犹太人仍然摆脱不了天然被造物的自由行动和所有歧视带来的罪,犹太人和他们的命运活生生地见证了救赎的缺失。此外,民族传统不是文化传承,启示真理不能仅依靠文本解释,做自由的选民还是神的选民,二者并不矛盾,犹太人应当坦然回归祖先的信仰。

移居美国后,施特劳斯的学术视野日渐宏观。他采用古典政治哲学立场对现代性进行了更为深入的批判,也就是学界热议的"现代性的三次浪潮"。对于这些"显白理论",若是缩小视野则不难看出从民族意识出发的隐秘思路。"普世一体化国家"是不可能的,犹太人问题无法解决,同化方案不能解放犹太人;任何政治社会都是特殊的,都是"封闭的社会",也就是柏拉图意义上的自然洞穴,启蒙主义者坠入了自然洞穴以下的历史主义的"第二洞穴",如果回归古典理性,从犹太启示传统出发,则有望走出洞穴;任何政治社会都立足于一套特殊而根本的"意见",这种"意见"不能被"知识"取代,因此任何政治社会都必然是特殊的而且是特殊主义的社会,犹太社会正是这样一个社会,"意见"中包含着人们赖以自我确认的民族意识。

同赫斯一样,施特劳斯是一位政治思想家,而非神学家。青年时代的他把犹太人的中世纪启蒙带入学术思考,旨在表明,神学与政治的联系非常密切且具备多种解释路径。宗教是政治的盟友,既然中世纪的启蒙思想可以在一神论的框架之下延续和发展苏格拉底、柏拉图的教诲,那么现代犹太人则更需要从近代启蒙理性的缺陷中逾越,切实地借鉴启示真理,实现希伯来民族精神的重铸。施特劳斯的理论基础是对古希腊古罗马经典文献的隐微式解读,赫斯的视野并没有上溯那么遥远,他始终试图在近代启蒙主义的框架内展开思考。

赫斯对黑格尔哲学的理解是费希特式的,他坚持以精神为内核的人的主体性,在"非我"的逻辑框架内,因私有财产的异化而否认全部社会原则,进而消解无产阶级的劳动行为,"哲学及神学的思辨将随着商业投机的停止而停止。我们由于受自己的本性的内在必然性和关系的外在需要的驱使，将通过联合成为共同体并把一切外在的交往手段，把我们这一切肉中刺作为异己的身体连根拔除"①。赫斯长久驻足于人本主义价值论层面的社会批判层面，在无差别的人类交往行为中预设了哲学共产主义的宗旨——用普世的人类大爱取代无产阶级的政治解放，马克思能够扬弃赫斯的"神圣同化"思路，就在于他站在政治经济学的理论高度，真正科学地诠释了"世俗异化"。

马克思对黑格尔哲学的理解始终遵循着辩证逻辑，在对观念论法哲学进行深入批判后，他认为应该避免重新把社会当作抽象的东西同个体对立，个体是社会存在物，它通过自己的现实的社会生活，不断确证着自己人之为人的类本质。社会生活在本质上实践的，所有沉溺于神秘主义的乌托邦愿景，都能在人的实践以及对实践的理解中得到真正合理的解决。费尔巴哈和赫斯对于共产主义的理解，局限在某种感性活动范围内承认现实的、个体的人，他们除了被理想化抽象化的"爱"之外，并不清楚"人与人之间"之外还存在什么"人的关系"，因此在"共产主义的唯物主义者看到改造工业和社会结构的必要性和条件的地方"，重新陷入了唯心主义。② 市民社会中的任何阶层倘若自身的物质利益没有受到胁迫，是不会产生普遍解放的政治诉求的。马克思始终在德国社会中寻求"政治上的理想主义者"，他之所以选择激烈批判犹太民族性，在于市民社会中的犹太人专注放贷金融而不事劳动，他们并非无产阶级的天然同盟，而是新兴资产阶级的雏形。

十九世纪上半叶的德国社会，劳工阶层的境遇远比犹太小市民们要窘迫和困苦得多。新兴工业生产加速了封建等级制度的解体，底层无产者所遭受的普遍性的苦难并不因为他们选择何种宗教、笃信何种教义而存在分别，其深重苦难只与劳动本身相关。马克思对人本哲学的反思是在政治经济学的界面上展开的，劳动是人的类本质，人通过彼此交往协作从事的劳动是社会生产力的基础，表现为对象化，资本主义生产方式下的劳动行为、劳动产品则表现为异化。人所具有的包括民族身份认同在内的类意识，由于异化作用而彻底变质，类生活最终从目的沦为了手段。希伯来经典中的"你必汗流满面才得糊口，直到你归于尘土"在近代社会获得了政治意味，劳动不再只是私人领域内的自我谋生手段，而是进入了公共社会领域，劳

---

① 〔德〕莫泽斯·赫斯：《赫斯精粹》，方向红校译，南京大学出版社 2010 年版，第 165 页。
② 《马克思恩格斯文集》第 1 卷，人民出版社 2009 年版，第 530 页。

动和劳动产品所归属的那个异己的存在物,劳动为之服务和劳动产品供其享受的那个存在物,只能是人自身。① 当代"卑污的犹太人的表现形式"的活动,显然背离了革命性、实践性的共产主义理念,应当予以积极的扬弃。在马克思的人类解放方案中,作为类本质的劳动的普遍性将涵盖犹太人选民观的特殊性,自由王国只有以世俗生活为基础才能实现,深受资本异化的犹太人不再蒙受神的特选,在现代性的统摄之下,蒙受特选使命的是劳动者乃至整个人类。犹太人问题肇始于现代民族主义运动之前,犹太人不是通常意义上的缔造民族国家的族群,而是一个为了精神救赎象征而存在的民族;异化问题与近代资本主义物质生产方式的兴起息息相关,无产阶级不是通常意义上的共和制度中的政治派别,而是在人类解放理想感召下集结起来的革命力量。马克思试图将犹太人问题统合在共产主义运动的发展逻辑中,进而取消犹太人问题,二十世纪三十年代的"犹太工人阶级"运动,以及犹太复国主义的左派政治动员方式,都是对马克思《论犹太人问题》一文观点的有效实践。

赫斯拒绝了资本主义框架内的犹太同化路径,也放弃了共产主义之于犹太民族的救赎使命,他具有远超所处时代的惊人预见性,早在十九世纪六十年代现代种族主义尚未彰显之时便意识到了它的潜在恐怖力量:德国人对犹太人的种族仇视是一种根深蒂固的本能,它比任何合理的论据更强有力。同化主义可根除犹太人的标记,否定他们的民族身份,却不能解放他们,"如果德国爱国主义者继续制造所谓'德意志之剑'的幻象,那么他们也会日复一日地妖魔化犹太人,他们最终会将整个德国拖入一场灾难之中"②。然而必须指出的是,犹太复国主义者经历千辛万苦所建立的现代国家,既服务于世俗性的公民,也谋求维护神圣性的种族次序,占以色列总人口 25% 的阿拉伯人并不能获得平等的公民权。以色列建国数十年来,历届政府通过立法、意识形态宣教等手段,将民族血统本身进行高度政治化,那些没有被归类为犹太人的国民被区隔在公权力的运行之外。试问,这一犹太人问题的"终极解答",在本质上与历史上驱逐犹太人、隔绝犹太人的政治迫害又有何区别?

---

① 《马克思恩格斯全集》第 3 卷,人民出版社 2002 年版,第 276 页。
② Moses Hess,Rome And Jerusalem-A Study In Jewish Nationalism,www.jewishracism.com.

　　赫斯作为共产主义先行者,与晚年的犹太复国主义先驱的身份并不矛盾,因为他终其一生都背负着民族身份的精神重担。在马克思的思想发展历程中,同化主义只是一个不甚重要的理论要素,他从未拥有犹太人意识,对犹太民族的命运亦不甚关心,值得探究的是他早期思想的"犹太人问题"意识。犹太人在空间上没有根,他们的根在时间之中。赫斯梦想着的犹太人的祖国,被马克思升华为无产阶级的普世解放使命。新唯物主义的理论立脚点是社会化的人类,犹太人不能再求诸历史的权力,而必须求之于人的权力,要兼具科学性与革命性的实践力量,才能化解神圣性与世俗性之间的永恒悖论。

第五章 "末人"抑或"新人"

——政治人格的逻辑重构

> 只有作为绝对的否定,即作为所有肯定性的抽象,有限以及所有
> 人类阶级,才可超越有限的地位,成为救赎的力量……经历了绝对的
> (无条件)否定,无产阶级具有绝对的清白,因此,只有通过否定人性的
> 辩证否定,无产阶级才能成为人类的救赎者,成为否定的化身。[1]

这段引文可以简写成一句话:无产阶级的救赎身份基于对自然人性的
辩证否定。当宗教和政治事务的边界已经厘清、阶级意识成为推动社会变
革的精神主体之际,加诸无产阶级之上的神圣性并未就此消隐,反而愈加
彰显了。经前四个章节的论证可知,真正的宗教批判已完成了该辩证否定
过程的最初步骤,即根绝了人本主义对人类解放方式的垄断,也屏蔽了民
族主义的狭隘的路径依赖。在法哲学的批判谱系中,卢格与甘斯等人把自
由、博爱等启蒙价值观视为缔造共同体,以及认知自然权利的一种应然状
态,青年马克思则明确指出,人的类存在乃至阶级意识完全能创造出另外
一种状态,那就是"权利完全与占有性的意志与占有性的人格相分离"[2]。
这种分离有利于新型人格的塑造,即不是被动地、片面地依赖宗教信仰和
政治观念,满足于先验的形式化的权利,而是主动地、积极地参与到自身社
会权利的生成过程中。

---

[1] 〔美〕维塞尔:《马克思与浪漫派的反讽——论马克思主义神话诗学的本源》,陈开华译,
华东师范大学出版社 2008 年版,第 229—230 页。

[2] 〔英〕克里斯·桑希尔:《德国政治哲学——法的形而上学》,陈江进译,人民出版社 2009
年版,第 300—301 页。

第一节　现代性政治人格的转换

一、个人原则与社会原则的辩证矛盾

在马克思主义语境内,社会主义是全局性的科学理论体系,人道主义是政治意识形态的组成部分,如果对两者不加反思地予以调和,便容易将人道主义的普世关切限定于社会经济层面,从而抹杀了科学世界观的革命诉求,换言之,它只能演绎一种以资本主义生产关系为依托的、神秘化的政治意识形态。阿尔都塞认为,马克思理论总体上的反人道主义倾向,正如在历史唯物主义内部起作用那样,意味着"拒绝把对社会形态及其历史的解释根植于那种抱有理论企图的人的概念"①。无产阶级的阶级意识在宏观角度表现为一种集体人格,它得以区别于传统的人的抽象概念,在于其内含着变革社会的现实情怀。长久以来,公众显然已经习惯了从具体的历史例证着眼,去校验"旧"学说的马克思主义之解释力,却鲜有从当时德国社会的整体状况出发,来正视马克思主义全"新"的科学前瞻性:它洞察到德国尚处于萌芽中的工业革命与政治革命;它号召通过"社会主义化"即新型人格的塑造,促使无产阶级成为实践的、革命的政治联合体。

下列事实是不容回避的:共产主义思潮两百年间此起彼落,通过艰苦卓绝的革命实践,无产阶级缔造了资本主义/社会主义国家并立的世界格局,却也承担着世纪交替之际,社会主义阵营的解体与国际共产主义运动的低潮。理论是现实的镜子,西方学者援引苏联的失败认定共产主义理论也破产了,诸如自由经济和民主政体已经足够完善、社会主义将不再作为人类历史发展的路径选择之一、唯物史观只是片面的经济决定论等甚嚣尘上的论调,当代马克思主义者对此绝不能予以认同,也不能无视批判观点而闭门造车。

审慎客观的研讨方式,不应计较具体之一事一例是否符合理念演绎,而需要在通约的问题意识层面中提炼出主题,并借此重新梳理思想史线

---

① 吴晓明主编《当代学者视野中的马克思主义哲学:西方学者卷(中卷)》,北京师范大学出版社2012年版,第503页。

索。由这一方法论原则着眼,现代性社会危机可以称之为通约的问题意识,消解人道主义的神圣性、还原共产主义的科学性则是应然的论证框架,它是大多数学者遵循的至思理路。然而当本文论证与当今时事衔接之后,那个熟悉且愈加难解的问题浮现而出——共产主义理想神圣性与人本主义关切一旦证伪,人们应当如何证明它的科学性?在国际共产主义运动陷入低潮之际,马克思主义者需要完成时代主题的准确定位,因为唯物史观的科学解释力一旦湮灭,显然比早期马克思学说的神学指控要危险得多。马克思主义的“新”“旧”之别,于当代呈现出了全然不同的思想图景,研究者无须跟从西方学者的思路,在批判—反批判的矛盾中做出取舍,考虑到技术变革与政治运动已经变换样态,有必要暂时悬置阶级意识的讨论,并在“没有无产阶级与共产主义思潮的世界是怎样的”的追问之中,重建科学世界观的理论地平。

依照罗伯特·昂格尔的分析,黑格尔共留下了三笔思想遗产:马克思所继承的政治辩证法,韦伯发扬了的理性社会观,以及历史精神演变中的民族国家观。在马克思与黑格尔之间,公认的思想交集是理念层面的哲学方法论,韦伯同黑格尔的对话则是从现代性的社会危机中展开的。就思想共性而言,马克思与韦伯的学说都旨在阐释和应对宗教世俗化完成之后,西方社会层出不穷的现代性问题,在思想史的前继后续中,如果说马克思只观察到了初步彰显的资本主义异化,那么在韦伯所处的二十世纪,现代性矛盾业已尖锐且变得愈发难以调和,人们陷入了一个怪圈:首先,弥合这种政治理性的规范性失衡,需要更为冷峻且严格的社会伦理为参照;其次,践行这种社会伦理,需要技术官僚广泛参与的科层制管理,伦理与官僚构成了现代社会的“质料因”与“形式因”;然而,官僚体系所深入参与的社会性伦理改造,大多由于理论空泛而无法动员民众,或者沦为个别政客施行专制的借口,从魏玛共和国到纳粹德国的政权过渡,就是上述思路的生动写照。

现代吏治国家引导的治理模式背离了自由、博爱等原初的启蒙理念,造成了严重的社会原子化倾向,在传统的国家/市民阶层的政治框架中,作为中介的社会共同体一旦消弭,如散沙般的个人将直接面对国家权力,并任由强权意识形态驱使。作为西方文明的内在机理,雅典与耶路撒冷之争的本质实为理性和律法之争。当政治哲学开始服膺于世俗理性的强大力量,现代人也不得不为信仰的骤然抽离付出代价;当哲学对神学政治权威的批判成为一场"可疑"的胜利,思想史舞台也上演了荒诞的一幕:理性社会观在发展了逾百年之后,竟然回到了近代政治哲学运思的原点——利己主义。

古典政治观念论与神学启示互为表里,近代政治哲学的宗旨在于终结神权以建立世俗生活秩序,现代国家在扬弃了教权与政权的二元关系后,只关注如何高效、合理地运用政治权力。概括来讲,它锐意于法治而无意于统治、侧重于放任而非教化,行政管理作为其最核心的职能与经济事务紧密相关,是个人权益和社会公正的制度性保障。对于如何确保多元化的自由权益不受侵害,自由主义思想家有着十分简明的论证逻辑,即先在理性法(Vernunftrecht)传统中扬弃神学救赎史假定,继而对国家的宪政权威进行一种非宗教的、后形而上学的辩护,使社会各个阶层不再聚合于基于启示传统的道德信念,而是自觉响应政治正义的感召,多元化的价值取向在其中达成共识,公民的自由权益可以在这种共识的蓝本中厘清规范,进而得到保障。

在前文论述中,德国政治哲学的特性屡次被提及,在此可作一小结:首先,它深囿于宗教与形而上学曾经共同营造的唯心论思想氛围中,并在大多数情境中热衷于与人类学结合,试图完成政治论题与完满人性的统一;其次,它习惯于把理性国家解释为人格之扩大化和全面化,对政治权威的研讨,通常与抽象的人类本质等价;再次,合法国家构成了政治哲学的规范性维度,它通过被认为以法理形式诠释了理想的人类本质,再经由实证法所形成的法治,构成法理人格的全面扩展。综上所述,德国政治哲学的人类学维度加强了对原子主义或私人主义秩序概念的怀疑。①

那么相比之下,德国政治哲学的宗教维度呢?黑格尔曾经在精神哲学体系内预设宗教与真理的统一,却没有为哲学指明宗教与真理分道扬镳之后的出路。"宗教恰恰是真实的内容,只不过是在表象的形式中,而且实质性的真理并不是首先由哲学提供的,为了得到认识真理的意识,人们没有首先寄望于哲学。"②思想家对这种不言自明真理性的青睐,导致无论是护教的神学解释学,抑或渎神的激进无神论,在攻讦对方之时采用的往往是

---

① 〔英〕克里斯·桑希尔:《德国政治哲学:法的形而上学》,陈江进译,人民出版社 2009 年版,第 6 页。

② 《黑格尔全集》第 17 卷《讲演手稿(1816—1831)》,梁志学、李理译,商务印书馆 2012 年版,第 100 页。

同一套话语逻辑,这固然使哲学论证不拘泥于表层思维,却也造成观念向现实的转化——政治权威始终沾染一种神秘主义与宿命论的色彩。国内马克思主义研究者满足于"宗教鸦片论"和"宗教批判终结说"的结论,从而忽略了这重基本事实,他们无视马克思宗教批判所实现的从神学人格到阶级意识的理论跃迁,以及更为根本的,德国社会思潮百年间"原地踏步"的思想根由,这便营造出一种独特的偏见:已经被终结了的神学人格论争,一再变换形式回归理论视野。客观而论,神学—政治问题作为核心论题从来就未远离过。

在传统价值观持续崩解的时代,克尔凯郭尔"寻找一个对我而言是真理的真理"、"寻找一个我愿意为它而活、为它而死的理念"的热切呼吁余音尚在。伴随着意志哲学的兴起,对社会价值进行全面重估不再只是个别哲学家的玄思空想,它已经成为时代精神的主题之一。作为"上帝死了"的目击者,尼采回避了诸如绝对自我、伦理人格、类人格那些本质上无异,且寄生于神学人格的抽象理念,他明确否定了世俗化理性化的现代道德,号召代之以超凡脱俗的、孤傲卓越的生命意志,这种生命意志价值观的人格代表便是"超人"。尼采曾反复申明,"超人"并不是社会规范体系中的一部分,恰恰相反,"超人"是规范与价值的占有者与创造者,作为"超人"对立面的"末人",是饱食终日却无灵魂的最低下、最堕落之人。列奥·施特劳斯借由古典主义情结,把与终极价值相关的政治理念定位为"神法",而将只顾及生存权、财产权等公民基本权利的政治原则谓之"人法",末人便是"人法"的产物。当"超人"进入政治观念论层面,无疑就是韦伯在两种传统法理模式的政治权威之外,明确加入的克里斯马型权威(charismatic authority)。[1] 正如神灵统一了所有的受造物,在后宗教时代的政治世界,政治权威将凭借包容一切的人格实现跃迁。

二、现代社会的"末人"与"新人"

在"思辨的有神论者"眼中,国家应该在能够涵盖一切的人格中达到顶点,他们的愿望在二十世纪反讽般地实现了。希特勒、墨索里尼、萨达姆等独裁者和他们的"丰功伟绩",生动展示了高度依赖领袖人格的政治动员模

---

① 克里斯马(charisma)作为天主教的神学术语,指代着信徒神权与政权的神圣权威。

式的弊端,在领袖魅力与民众心理的交互作用下,官僚阶层尤其是宣传部门开始以政治合法性为名义,号召无意识地执行领袖的意志。以"理性社会"向极权主义暴政的转变为参照,克里斯马领袖所塑造的社会样态和法理规范显然过于理想化了,韦伯并不认为德国政治即将陷入独裁政治的深渊,却又不得不直面德国的国家学说代表了现代国家的未完成、德国的市民社会昭示着现代国家本身机体的缺陷。总体而言,在最高政治理想——国家统一的影响下,德国始终缺乏英美那种以习俗与历史传统为根基的传统型政治权威,要严格规范群己权界,社会原则亟待深化,它不能止步于政教分离。

在政教分离原则的引导下,与宗教相近的教育、文化、法制等社会领域也开始了"非政治化"进程。传统的法哲学体系中,国家在理念层级中高于市民社会,二者中介就是官僚体系。随着自治团体整合了私人利益,官僚体系调和不断出现的群己利益矛盾,除此以外,官僚体系通过等级代表制的立法权,把市民阶层的特殊性统一于国家的普遍性。在国家/市民社会的二元关系中,官僚体系使市民社会各阶层的目标趋于一致,由此成为公正无私的普遍阶级。但正如马克思所指出的,官僚阶层本身是没有灵魂的,"权威是它的知识原则,而崇拜权威则是它的思想方式"①。随着"非政治化"的深入,公共社会的自我组织能力完全被官僚体系垄断,公众便越来越依赖技术官僚阶层世俗化与理性化的统治,人们屈身于技艺而非以诗抒情、沉迷于市侩算计而弃绝画笔、委身于政治而忘却哲学……简言之,它造就了极端的"理性人"与精明的利己主义者,斯宾格勒在《西方的没落》中描摹的费拉(Fellah type)就是对这一群体的高度概括,在现代性危机的众多预言中,它较早地描摹了"末人"的形象。

费拉犹如手持单程票的火车乘客将一去而永不复返,不会有任何历史传统和启示信仰,可以把现代性的列车带回起始站台——有机的、传统的社会共同体。当公众的伦理规范任由政治权威统摄,随着现代社会治理体系的升级,一种全新的社会模式便形成了:政治意识无所不在又无所不能,在它之外,没有任何可以权衡对错、美丑、善恶的普世伦理。相对于那些坚信人类理性能力的启蒙者,保守思想家应对政治虚无主义的方法,是在政

———————————

① 《马克思恩格斯全集》第 1 卷,人民出版社 1956 年版,第 302 页。

治意识形态层面贯穿君主的人格化主权,当神权被彻底扬弃后,"一种持续不断的威胁始终贯穿形而上学、政治学和社会学概念,正是这些概念构成了主权作为一种人格统一性和原初起动者的前提"①。克里斯玛型权威已经具备了理念层面的必然性,把它从理念变成现实的,并非取决于独裁者的强力意志,而是费拉官僚阶层的盲目跟从。

西方思想家逐渐意识到,现代性的社会危机已经深入骨髓,即便政治独裁者未曾出现,散沙般的民众与费拉官僚合流,也只能营造出一幅礼崩乐坏的末世论图景,回归共同体是必要且必然的,问题仅在于怎样规划共同体精神的走向。一门社会理论的科学性,取决于它对社会各阶层意识之把握是否与时代主题相符,围绕着掩盖或揭露社会的阶级特性而展开的意识形态斗争,其意义不止于单纯的辩证矛盾,而是纯粹阶级社会内在的自我解体。② 从这个角度看,马克思等革命理论家预见到了阶级社会与阶级斗争,自然也构想了阶级社会自我解体之后,建立真正自由人的联合体的方略。总体来说,就是对整个资本主义社会进行格式化,让阶级意识与时代更迭保持同步,在"新社会"的物质基础上塑造"新人",无产阶级便是"新人",无产阶级的阶级意识将成为"新社会"的共同体精神。至此可以重思前文指出的那个矛盾:在政教边界厘清、阶级意识成为助推社会变革的主体精神之际,为何加诸无产阶级和共产主义理论的神圣性并未消隐,反而愈加彰显了?

综而观之,无产阶级卓异于其他社会阶层,在于它代表着一种反世俗的、激进的政治力量。这种"世俗"的内容,亦即新教伦理等欧美国家所特有的社会样态,它们是资本主义异化现象的根源。在理性认知层面诠释、批判并最终扬弃这种世俗进程,无疑将成为无产阶级意识的核心。在现代社会,资本在本质上表现为一种社会原则而非个人原则,于生产关系层面,阶级社会的解体造成了阶层特殊利益与社会普遍利益的冲突。换言之,个人原则与社会原则始终处于一种不可调和的辩证矛盾之中,其间只有资产阶级能够统摄全局。资产阶级规划着理性化、世俗化的生产关系,这造成

---

① 〔德〕卡尔·施米特:《政治的概念》,刘宗坤等译,上海人民出版社 2003 年版,第 39 页。
② 〔匈〕卢卡奇:《历史与阶级意识》,杜章智、任立、燕宏远译,商务印书馆 1992 年版,第 117 页。

了对社会原则的垄断。正像基督是中介者,人把自己的全部神性、自己的全部宗教约束性都加在他身上一样,国家也是中介者,人把自己的全部非神性、自己的全部人的无约束性寄托在它身上。① 资产阶级则拒绝充当神性和人性的中介,其阶级意识表现为一种纯粹性的、直接性的政治立场。形象地说,它是冷冰冰的、无人格的社会规范,亦即韦伯所界定的"对于社会性的自尊自重之无比强烈的个人利害关怀",这种社会规范表现为资产阶级的特有精神,为近代市民阶层树立了思想圭臬。②

回溯人格界定的思想简史,与费拉末人对立的是超人,与极端利己主义者对立的则是新人。马克思主义的"新人"与尼采哲学的"超人"一定程度上是等价的,它不是具备宗教幻觉的人,而是把神性收回自身存在中的人,然而另一方面,它又不是单纯思辨意义上的新型人格,人类的全面解放、自由人的联合体等的确因乌托邦特质而被冠以信仰的神圣性,但这种神圣性其实只是对比之下的产物,换言之,末人的低迷反衬出超人的伟大,极端利己主义者的自利本性,则从侧面烘托出锐意摈除私有制、奉行平等公义原则的无产阶级之魅力。唯物史观的科学性,基于马克思在扬弃了宗教批判弊端之后正视到的这样一个现实:技术革新与工业发展并不能带来人类苦难的释解。要缓解社会领域内的"非政治化",只有依赖全人类的政治化,这种政治化不是后世民众面临极权政治时的被动臣服,而是积极主动参与政治自由的实现。市民社会凭借利己主义的精神特质,构筑个人自由的合法领域,无产阶级在其阶级意识形成的最初阶段,便明确了反对资本世俗化、摈弃利己主义的思想路向,因为社会资本只有更迭为共同财产的形式,才能成为人类自由与公平的绝对表达,个人私利只有上升为普遍利益,才能凝聚阶级意识的内核。这显然是比宗教批判至政治批判更为根本的思想转型,它需要有力的例证作为依托,至此,我们的思想史梳理行至最后一站:马克思与青年黑格尔派成员中最知名的利己主义者施蒂纳的思想论争。

----

① 《马克思恩格斯全集》第 3 卷,人民出版社 2002 年版,第 171 页。
② 〔德〕马克斯·韦伯:《新教伦理与资本主义精神》,康乐、简惠美译,广西师范大学出版社 2010 年版,第 215 页。

第二节　德国观念论的利己主义困局

一、施蒂纳：对类哲学的彻底解构

正当马克思与恩格斯在《德意志意识形态》的开篇，以"唯物主义观点和唯心观点的对立"为线索，全面梳理包括费尔巴哈思想在内的德国政治思潮之时，麦克斯·施蒂纳已经在一个领域领先了他们：真正意义上彻底批判了费尔巴哈哲学。

围绕着马克思和施蒂纳的思想论争，德里达有过一段很形象的描述，"直到一百多年之后，人们才开始解开马克思、费尔巴哈、施蒂纳等之间盘根错节的线索的同谋关系与对立的暗扣。人们已经开始这么做了，但还没有结束。而且黑格尔的父亲般的阴影一直萦回不去……"①在马克思科学世界观的形成过程中，施蒂纳绝对不是个软弱可笑的论敌，而是促使马克思形成唯物史观洞见的关键人物。

在《德意志意识形态》"圣麦克斯"篇犀利批判笔触的引导下，人们往往不加反思便接受了对施蒂纳哲学的基本界定：信奉着绝对自利原则的个人组合成为利己主义者的联盟，这种政治诉求的理论前提在于强化意识形态的作用，思辨论证的不是概念与范畴，而是统治世界的现实力量。对《唯一者及其所有物》中的"利己主义"原则进行概括，可知利己主义不是市侩习气，它在本质上是一种精神原则，利己主义者也不是经验意义上以谋求私利为己任的小市民，而承担着对于抽象"人"的独特理解。在施蒂纳看来，费希特以来的思想家们只是热衷于谈论绝对的自我，自认为实现创新了的费尔巴哈所谓"类"也不过是一种理想，然而"人"只是一种理想，成为一个人并不等于完成人的理想，而在于表现自己、个人。也就是说，应当以现实的自我代替绝对的自我，需要成为我的任务的并不是我如何实现普遍人性的东西，而是我如何满足自己。② 施蒂纳直截了当地说道：类即是无！抽

---

① 〔法〕德里达：《马克思的幽灵——债务国家、哀悼活动和新国际》，何一译，中国人民大学出版社 1999 年版，第 187 页。

② 〔德〕麦克斯·施蒂纳：《唯一者及其所有物》，金海民译，商务印书馆 1989 年版，第 200 页。

象概念被祛除后,一片虚空的现实生活中还有什么? 只有利己主义者,亦即秉承自利原则的个人。

"从一种超尘世的神圣的东西变为一种尘世的东西,从一种神的东西变为一种人的东西。"①施蒂纳同样把费尔巴哈哲学当成理论中介,二人的论争则隐匿于思想史的深处。不同于马克思偏重从社会政治角度的反思,施蒂纳建立了一套针对费尔巴哈的思辨方案,他的精神哲学批判往往切中要害。对于费尔巴哈悬置了黑格尔对伦理社会的思辨演绎、直接探究"人"的类本质的做法,施蒂纳在《唯一者及其所有物》的开篇便以彼之道还施彼身,在他看来,费尔巴哈宗教批判的成果——"神学即人本学"虽然实现了从神到人本体论转换,但仅仅如此还是不够的,"神的事是神,人的事是'人'的事业。我的事业不是神的事,也不是真、善、正义和自由等等,而仅仅是我自己的事"②。从神到人再到我,施蒂纳以本体更迭的方式突破了费尔巴哈设定的"人的本质"的哲学边界,依此洞察到人本哲学的普遍弊端——为了实现人道主义关切而盲目绝对化人的主体性价值,这造成了无法化解的理论危局:人本主义热衷于抽象空洞的共同体,它会导致价值体系的湮灭,也就是"类即是无"的虚无主义,价值观的混乱往往导致它在宗教批判后重新倒向神学道德。人道主义者倘若自信于可以构建一套道德政治体系,便与它追求感性现实的理论基础构成了矛盾,如果要强力完成论证,就只能不断地"醉心于人,而且那种醉心不断在扩展,谁就将个人置之度外并游离于一种理想、神圣的兴趣之中"③。施蒂纳认为,人道主义者与自由主义者们常常公开否定国家和社会却又在概念领域中保持着两者,其本质在于取消政治诉求,使之"非个人化",拯救如同自己意志被转移给一个普遍者,转移给"人",由此变成普遍人的意见。施蒂纳调侃起费尔巴哈对神—人二元关系的颠倒:既然神的精神就是人的精神,那么作为可怜虫的现代人只不过是精神的住所罢了,费尔巴哈既然摧毁了精神在天国的住所,那么精神只能带着全部家当去逃难。施蒂纳生动地形容了这种人本精神的泛滥,"这样我们——它的尘世的居所,将要人满为患"④。

费尔巴哈认定只要把思辨哲学颠倒过来,就能得到纯粹而显明的真

---

① 〔德〕麦克斯·施蒂纳:《唯一者及其所有物》,金海民译,商务印书馆1989年版,第39页。

② 〔德〕麦克斯·施蒂纳:《唯一者及其所有物》,金海民译,商务印书馆1989年版,第5页。

③ 〔德〕麦克斯·施蒂纳:《唯一者及其所有物》,金海民译,商务印书馆1989年版,第85页。

④ 〔德〕麦克斯·施蒂纳:《唯一者及其所有物》,金海民译,商务印书馆1989年版,第35页。

理,施蒂纳则冷静地告诉他,这无非是将主词与宾词对调,并突出了后者罢了。"人"既然已经代替了"神"作为观念控制人、否定人、异化人,那么这种所谓的新哲学在本质上"恰恰只是一种新的宗教"①。面对施蒂纳咄咄逼人的批判,费尔巴哈进行了回应,他认为人是全面的、绝对的、真正的实体,他不说个人是现实的个体,是因为"那样一来他也许就不知道他想要些什么了"②。为了彰显理论意图,费尔巴哈在文本中数个段落的首句都重复写到"应当遵循感官",试图以此修正自己对类的思辨结论,他直言类本质是基于人的自然本性而凸显的,并把利己主义精神统一到类哲学中,即自利原则实际上是"爱"的泛化形式,再度抽象的"爱"落实到人的类本质之中,人就必然成为道德乃至伦理社会的尺度,类也将因此升华为承载"爱"的共同体。然而,要在这个共同体中满足爱的需求,"人人推心置腹之前它是不会罢休的",费尔巴哈掩盖不了自己理论的空想臆断本质。如同费尔巴哈自认为颠覆了黑格尔,施蒂纳也认定自己超越了费尔巴哈,立足于反对社会原则,施蒂纳阐述了他的利己主义立场,"现今的情况则反了过来,是人反对人们,或者说由于人们而并非人"③。

施蒂纳向费尔巴哈提出了疑问:既然你承认了利己主义者的自私之爱,那么"爱"的主体——无私之爱的自然基础又在哪里呢?如果费尔巴哈回答在观念之中,那么正好与他的理论宗旨相悖,如果费尔巴哈回答蕴含于感官现实内,他便没办法正视施蒂纳对他关于"爱"的道德观的批驳:道德与利己主义是不相容的;因为道德不是让我起作用,而只是让我之中的"人"起作用,作为客观理性的"人",与服膺于市民社会自利原则的"我"不构成理论衔接。对于试图摆脱共同体—人思辨框架的费尔巴哈哲学,如果最终不能落实为道德关切,便只能复归到宗教与国家,这种自毁理论基石的行为费尔巴哈是绝不会做的。如果将二人的批判与反驳视为一场辩论,费尔巴哈无疑落了下风。获得胜利的施蒂纳总结陈词:费尔巴哈肯定不是唯物主义者,因为他自认为探讨现实的人时,得出的结论恰恰是抽象的人的实体——类;费尔巴哈也肯定不是唯心主义者,因为他一直坚持感性生活对精神思辨领域的统摄。施蒂纳对费尔巴哈的批判要旨,在于用个人的

---

① 〔德〕麦克斯·施蒂纳:《唯一者及其所有物》,金海民译,商务印书馆1989年版,第63页。
② 《费尔巴哈哲学著作选》(上卷),荣震华、李金山等译,商务印书馆1984年版,第425页。
③ 〔德〕麦克斯·施蒂纳:《唯一者及其所有物》,金海民译,商务印书馆1989年版,第151页。

自利原则否定一切以"旧道德"为准绳的伦理社会,在他看来道德与利己主义是完全不相容的,因为道德不是让个人起作用,而只是让个人之中的抽象物"人"起作用。从"唯一者""我"展开的论证,在政治思想领域中给予个人原则以无可替代的普遍性,"我和利己主义的东西才是真正普遍的东西;因为每个人均是利己主义者,对他来说自己是最重要的"①。

马克思曾经把青年黑格尔派成员之间混乱的思想论争比喻为"莱比锡宗教会议",德里达援引了这个说法并进行了解读,"如果召开一次秘密会议,那是因为有一个共同的赌注引发了论战。它就是所谓的幽灵。马克思和施蒂纳都想处置它"②。对于这个幽灵的身份,施蒂纳已经有了明确的说明,"人并非泛称的人,而是一个理想,一个幽灵"③。在现代哲学视野内,资本社会对人的异化是从形而上学状态中产生、被形而上学巩固、最终被形而上学视为无家可归的状态予以确证的,如果马克思想要建立"真正的唯物主义"的历史观,就必须回答一个费尔巴哈没回答过的问题:人们到底是怎样把思辨的形而上学产物塞进自己的头脑里? 问题的解答将成为新世界观的前提,而这也是他与施蒂纳的不谋而合之处,"马克思在实质上好像与施蒂纳是一致的:人们必须制服幽灵,必须使幽灵终结。不一致之处在于这种终结的途径和最佳解决办法"④。二人的思想交锋,生动预演了半个世纪之后意志哲学与存在主义主题——现实的人的主体性价值。

二、用"自我"取代"人"的自利原则

晚年海德格尔在三天讨论班中做过一个很特别的论断,他认为,黑格尔把知识视为辩证生成的绝对,费尔巴哈颠倒了黑格尔,实际上就是"通过把人而非绝对做成知识",马克思扬弃了费尔巴哈进而达到了虚无主义的极致。⑤ 马克思体会到异化的时候已经深入历史的本质性维度,那么他何以从注重物质生产的经济社会原则过渡到湮灭价值规范的虚无主义? 海

---

① 〔德〕麦克斯·施蒂纳:《唯一者及其所有物》,金海民译,商务印书馆1989年版,第198页。
② 〔法〕德里达:《马克思的幽灵——债务国家、哀悼活动和新国际》,何一译,中国人民大学出版社1999年版,第186页。
③ 〔德〕麦克斯·施蒂纳:《唯一者及其所有物》,金海民译,商务印书馆1989年版,第85页。
④ 〔法〕德里达:《马克思的幽灵——债务国家、哀悼活动和新国际》,何一译,中国人民大学出版社1999年版,第186页。
⑤ 吴晓明主编《当代学者视野中的马克思主义哲学:西方学者卷(上卷)》,北京师范大学出版社2012年版,第54—55页。

德格尔对这种转变语焉不详,他只是声称只有在历史性维度中才能与马克思主义交谈。假设这种交谈能够成立,最大的可能性也将是——马克思把"虚无主义者"的头衔如实地放在施蒂纳的头上。相比于费尔巴哈哲学式的宗教批判,施蒂纳更多是从单纯的精神原则出发,展开利己主义者"我"的历史演绎,这种思路的优势很明显,它可以最大限度地挖掘出人道主义思潮中的唯心主义要素,把现实万象重新还原为概念范畴,通过把主体价值还于主体,极大地张扬人的自由意识。但它同样造成一种弊端,施蒂纳面临了费希特、谢林乃至费尔巴哈都曾直面过的问题:精神原则已经从国家过渡到了个人,个人转化成了类,类被还原成了我,我则达到了利己主义精神的极致——唯一者,当与我有关的世界万有都成了所有物,到此还有继续抽象下去的余地吗?

为了彻底批判费尔巴哈哲学,施蒂纳建立了一整套思辨方案,他不满于从神到人的思辨过渡,进一步提出了与自身同一的"我",紧跟着"神已变成人"这一命题的另一个命题是:"人变成了自我。"综观《唯一者及其所有物》全书,"我"代替了"人","利己主义"代表着"爱","感性生活"被解释为"自由个性",诸如此类的概念转换随处可见。青年黑格尔派成员大多有在批判过程中立论的理论习惯,施蒂纳做得更为巧妙,他是借助论敌立论时的整体思路、转换论敌的基本理念而完成了批判。对于这种论证方式,马克思的评价十分明确:施蒂纳不断地让"我"作为单独行动的个人强加给历史,并认为历史可以被人创造,这造成了一种局面:施蒂纳无条件接受了费尔巴哈的幻想,并以此为根据继续创立自己的理论。① 这里存在一个需要注意的思想史细节,马克思已经把施蒂纳和费尔巴哈视作同一阵营里的批判对象,而在《德意志意识形态》"费尔巴哈"章中,他的批判笔触远没有这么直接。同一文本之中,对待同一思想家竟有着不同的态度,不难看出这一时期马克思对待费尔巴哈哲学仍然有些摇摆不定。

马克思认为对"人脑中形而上学思辨产物"的理解,为德国思想界开辟了通往唯物主义世界观的道路,这种真正批判世界观的宗旨在于根据经验去研究现实的物质前提。倘若在此断章取义,人们会形成马克思仍信服费尔巴哈的感性论的印象,而忽略了他接下来的自我辩解:由于当时习惯使用的费尔巴哈哲学用语——"人的本质""类"等,给了别人以可乘之机去不

---

① 《马克思恩格斯全集》第3卷,人民出版社1957年版,第259—260页。

正确地理解他真实的思想过程,并认为他的思想不过是穿旧了的理论外衣的翻新。① 众所周知,马克思"真实的思想过程"已经在"费尔巴哈"章的唯物史观基本原理中予以阐述,他在这里极力撇清的是与已经批判过的费尔巴哈—施蒂纳哲学运思的相似性,厘清思想地基从而开启新的世界观图景。首先,马克思用"解脱"即辩证法的扬弃方式对近代德国政治思想进行了概括:启蒙者从神性中解脱、自由主义从个性中解脱、共产主义从财产中解脱,人道主义从上帝手中解脱……这属于思想史的自然沿革,直到施蒂纳用绝对的"唯一者"使得"解脱"的辩证进程戛然而止,这种彻底的否定也就是"别无其他内容的"个人的"独自性"。需要提及的是,《德意志意识形态》中包含着广泛的历史观与哲学观交替运思,以往的解读模式是深入探究历史观中的唯物主义因素,对于马克思向各种德国政治思潮展开批判中的哲学观建构则鲜有论及,施蒂纳哲学"独自性"的解构则是其间最为重要的思想环节。在马克思看来,独自性是施蒂纳对个人共有、按哲学方式构成的一切特性,它作为普遍性的范畴,是对自由的否定。②

马克思发现,尽管施蒂纳竭力地宣扬个人原则,但他心目中的自由不是现实个人的自由,而是"我"的自由。施蒂纳设定了两种立场,代表青年黑格尔主义等左翼思潮的名为"批判",代表费希特、黑格尔、费尔巴哈以来的观念论哲学的名为"中迷",他认为政治思想的主流是"中迷者反对中迷"的批判,究其本质是一场意识形态斗争。人们不仅反对神,而且对于如权利、国家、法等观念也应该报以批判态度,因为"中迷者"欲图通过思维消融思想,施蒂纳给出了他认为能够最终解决问题的答案:只有无思想性真正能拯救我于思想之前。③ 无思想性即每个人先天具备的自利精神,独自性就是"我"的全部本质和存在,自利精神则赋予"我"以拥有、掌握的东西的所有权,"我"的个人利益是自我同一的。以此为原点,施蒂纳回到德国政治哲学的核心命题——普遍性问题。将利己主义代入人类历史,这种新历史观将建立于个人自由的最高表现"自我享受"之后,它并非人或人类的历史,而是我的历史,因为"我和利己主义的东西才是真正普遍的东西"。"每个人均是利己主义者,对他来说自己是最重要的"④是这种历史观的社

① 《马克思恩格斯全集》第3卷,人民出版社1957年版,第261—262页。
② 《马克思恩格斯全集》第3卷,人民出版社1957年版,第267—268页。
③ 〔德〕麦克斯·施蒂纳:《唯一者及其所有物》,金海民译,商务印书馆1989年版,第163页。
④ 〔德〕麦克斯·施蒂纳:《唯一者及其所有物》,金海民译,商务印书馆1989年版,第198页。

会现实依据。如果接受了所有人皆为利己主义者这样的设定,施蒂纳的论证似乎是无懈可击的。马克思通过前期的宗教批判,本能上排斥一切肇始于神学人格的人类主体性,他批判施蒂纳的核心,正是那个所谓人的利己本性。

第三节　为科学世界观奠基的政治人格

一、"唯一者"的共同体悖论

毋庸讳言,施蒂纳的理论视野大多局限于哲学层面,他经由抽象理念演绎出的政治诉求漏洞百出,"圣麦克斯无论在所有其他的领域或在经济学中都非常不走运"[①],然而这样的"总体论调"常常遮蔽了马克思对施蒂纳批判的另一个焦点。与"圣麦克斯章"中时常出现的调侃嘲讽不同,有几处文本马克思极其坦率地承认这位论敌的哲学修养,施蒂纳确实有别于其他青年黑格尔派成员,他在论证过程中从未忽视本质精神与非本质现象的区分,也没有"粗枝大叶的作风"。马克思经过思考概括出施蒂纳哲学的原创性宗旨,"真正聪明才智就在于他的这个论断":人是否思维取决于你的意志,人必须时刻保持自我,如果在哲学反思中与自己的意志混为一谈,那么人将有自我迷失的危险,精神领域内的自利原则就是与自我的高度同一。综合来看,"唯一者"的确深得黑格尔哲学的精髓,但在马克思看来它并不是无懈可击的。

马克思没有针对概念本身,而直接指向了概念的表述者施蒂纳。简言之,施蒂纳每时每刻都把自己同非本质世界区别开来,他成了"另一个人"并且是"神圣的另一个人",而当思辨外衣被剥除后,"唯一者"便回归了本像——无规定的人、普遍的人,总之,是一个游民。[②] 在另一处,马克思说得则更为具体:"如果一定要在概述中找到某个核心,那么,这个核心就是德国小资产者。"[③]施蒂纳寄予厚望的"唯一者",无非就是缺乏政治权利的城市小资产阶级,他们的政治立场消极保守,无法承担社会改造的积极使

---

① 《马克思恩格斯全集》第 3 卷,人民出版社 1957 年版,第 223 页。
② 《马克思恩格斯全集》第 3 卷,人民出版社 1957 年版,第 329 页。
③ 《马克思恩格斯全集》第 3 卷,人民出版社 1957 年版,第 263 页。

命。显而易见,"唯一者"与黑格尔所主张的人的普遍自由是无法匹配的,施蒂纳批判费尔巴哈的"人"是抽象化的幽灵,殊不知自己的"唯一者"也不过如此,施蒂纳继承黑格尔的辩证法,却在人的历史中设定了一个虚无主义式的结局——我把无当作自己事业的基础。[①] 围绕着共同体—个人关系问题,为了扭转费尔巴哈偏重共同体的"人",施蒂纳以个人原则为理论外衣阐释了"唯一者"和"我",但不是别人,正是施蒂纳自己把"社会"变成另一个"我",他只处于他自己的"社会"中。施蒂纳显然没有看到:对于黑格尔来说,世界不仅是精神化的,而且也必须经历去精神化的过程,他阐述的"我"究其本质依旧是精神哲学的创制物。马克思指出了施蒂纳利己主义的最大弊端:社会原则没有建立起来之前就设想把社会当成从中牟利的"无主之地",无视历史中无数个人通过相互间的社会关系建立起来的共同体。人类社会存在本身是不容否定的,人们只有在社会关系和与社会关系密切相关的物质生产中才具备实践空间。简言之,伦理生活本身应该是被改造的对象,而不是被否定的存在。

在施蒂纳眼中,"唯一者"是人格精神的最高抽象,按照他的逻辑,"唯一者"甚至可以统治世界:"我将世界作为我认为的那种东西、作为我的世界、我的所有物……"[②]对应前文的"超人"/"末人之分",即以意志哲学为参考去考察施蒂纳的"唯一者",可以发现他先于尼采道出了现代政治的虚无主义本质——其一,法律观。只要存在着统治意志,而且这种统治意志被视作与自己的意志有同样意义的时候,国家就会持续存在下去。统治者的意志即是法律。加入你的法律无人遵守,它对你又有什么用处? 其二,国家观。国家不能摈弃规定个人意志的要求,对其进行考察和计算的要求。对于国家来说绝对必要的是:不允许任何人有自己的意志;如果某人有了自己的意志,那么国家就必须将他排斥在外。[③] 总体来看,施蒂纳把意志放在高于国家的地位,政治化的意志即为权利,实现权利需要有资格的权威的命令——法律,意志的命令就是伦理法与国家法。

《德意志意识形态》之中,马克思的批判策略已然十分圆熟,表现在对待青年黑格尔派的观点不再采取先前讽刺—摘句—评述的方式,而是将其

---

① 〔德〕麦克斯·施蒂纳:《唯一者及其所有物》,金海民译,商务印书馆 1989 年版,第 415 页。
② 〔德〕麦克斯·施蒂纳:《唯一者及其所有物》,金海民译,商务印书馆 1989 年版,第 14 页。
③ 〔德〕麦克斯·施蒂纳:《唯一者及其所有物》,金海民译,商务印书馆 1989 年版,第 215 页。

放入思想史及人类历史发展的背景中进行评述,对于施蒂纳的意志法学观念,整体批判意向十分明确:现实历史中,围绕着法的基础,有权力与意志两种观点相互对峙。一方面,从权力的观点出发:马克思自觉运用了新生的唯物史观,认为法律"只不过是其他关系(它们是国家权力的基础)的一种征兆,一种表现。那些决不依个人'意志'为转移的个人物质生活,即它们相互制约的生产方式和交往方式,是国家的现实基础"①。而施蒂纳只看到了法律在文明形态更迭中或野蛮或完善的状态,却"不知道法的这些不同形式所赖以产生的现实关系,因为他只是把阶级关系在法律上的表现看作过去野蛮关系观念化了的名称"②。另一方面,从意志的观点出发:施蒂纳虽然精于理念演绎,但他的笔下却充满了对黑格尔的拙劣模仿:"谁为了自己的存在而必须指望别人的无意志,那么他就是这些别人的所造之物;这正如同主人是仆人的所造之物那样,如若服从停止了,那么统治也就没有了。"③黑格尔的主奴辩证法原本用于主观精神领域,描述了独立意识从被统治压抑恐惧到经过劳动的陶冶,实现自由意识的自为状态,在施蒂纳这里却成了造物和被造物的服从关系,意志也代替劳动成为衡量意识自由的标准。

二、政治批判的哲学边界

毋庸讳言,施蒂纳对于激进政治运动的见解十分敏锐,他准确地预估到了革命之后,胜利者在普遍性名义下以阶级道德为准绳立法的情况:"只要心意或情感决定法律,那么就只是有心意或注重情感的人享受法律的保护。注重情感的人立法本来只不过是意味着道德家立法:有什么东西是违反这些人的'道德感情'的,他们就严禁什么。"④马克思对此坚决回应道:"圣桑乔所得出的结论仍是一个无力的道德戒条,即每个人应为自己寻求满足并由自己来执行刑罚。他相信堂吉诃德的话,他认为通过简单的道德戒条他就能把由于分工而产生的物质力量毫不费力地变为个人力量。"⑤在他们看来,法律无疑是主观确立的统治阶级意志,但不能把它同社会经济水

---

① 《马克思恩格斯全集》第3卷,人民出版社1960年版,第377—378页。
② 《马克思恩格斯全集》第3卷,人民出版社1960年版,第395页。
③ 〔德〕麦克斯·施蒂纳:《唯一者及其所有物》,金海民译,商务印书馆1989年版,第215页。
④ 〔德〕麦克斯·施蒂纳:《唯一者及其所有物》,金海民译,商务印书馆1989年版,第224页。
⑤ 《马克思恩格斯全集》第3卷,人民出版社1960年版,第396页。

平即客观物质生活方式相脱离。私人的道德准绳,终归要从分工而产生的物质力量中发展为共同体的意志准则。总体来说,黑格尔将政治国家观念理想化,把共同体的共同意志变成了绝对意志,施蒂纳则把这种观念化的意识形态当作理想国家的范本,马克思理解的共产主义社会基础不是特定阶层的道德立法,而是普遍自由人的联合体,理由是"只有在集体中才可能有个人自由"①,哲学意义上的自由是人通过实践从必然王国步入自由王国,不是屈从于自在的客体意识,法学意义上的自由是人权利与义务统一的状态,不是作为市民社会成员对国家意志的服从。法律作为统治阶级的意志,在共产主义背景下才真正成为普遍化的自由原则,并构建共同体成员在实践活动中的良性秩序。马克思最终用这种方式,弥合了法律和法理的分裂状态,也在理论层面实现了从宗教伦理到政治秩序的有机过渡。

如前所述,十九世纪上半叶的德国,宗教问题本质上是政治问题,政治问题的核心是共同体与个人的关系问题,马克思总体上坚持了黑格尔政治哲学的基本立场,即个人原则需要经过扬弃,成为社会原则后上升为伦理概念。唯物史观从根本上回避经验主义的论证方式,马克思要树立政治批判的哲学边界,就必须回答那个费尔巴哈和施蒂纳都没有妥善解决的问题——形而上学与人的思维能力的关联。马克思认为,精神哲学的最大问题就是对思维本身进行了过于烦琐的反思,人的思维与广阔世界的多样性活动构成实际联系,是一种多元性的存在,人们无须"在反思上要什么复杂花样"。对于施蒂纳而言,人和我都不过是概念和观念的名称而已,人们如果脱离了现实事物对其进行研判,必然不是以现实的个人,而是以哲学观念中的个人,这样,他对哲学的信仰达到了顶点。②

依照马克思的看法,德国观念论哲学热衷于从概念出发,它做的全部事情就是编造新的词句来解释现存的世界。费尔巴哈把类本质与共同体视为一体,施蒂纳则经过范畴的历史演绎,营造出来一个所谓"利己主义者的联盟",在他看来,自由主义者、人道主义者、共产主义者们不懈努力,以求发现完美的共同体,因为不平等是共同体概念中非本质的东西,他们努力追求平衡和平等。施蒂纳把这些努力视为"从爱的原则出发的济贫尝试和天鹅结义联盟",认定其逃脱不了失败的结局,唯有从利己主义出发才能

---

① 《马克思恩格斯全集》第3卷,人民出版社1960年版,第84页。
② 《马克思恩格斯全集》第3卷,人民出版社1960年版,第332页。

帮助民众,必须"由庶民自己进行并且帮助将自行展开"①。说得更直接些,作为唯一者的"我"根本不想自我牺牲,而只是想着如何利用社会,"我"将消灭国家并代之以利己主义者的联合。对此,马克思直指施蒂纳历史观的贫乏,利己主义的个人绝不可能听任哲学家的任意界定,在社会层面个人利益必将转化为阶级利益而获得独立存在,这一过程中,个人将不可避免地受到资本精神的异化,同时它将整合起来表现为不依赖个人的,通过交往而形成的社会原则。

马克思坦言,人的个性能否得到发挥,靠的不是人道主义的道德说教,利己主义"牺牲一切特性而单方面地发展某一种特性"只能实现人的单方面的畸形的发展。"德国哲学是从意识开始,因此,就不得不以道德哲学告终,于是各色英雄好汉都在道德哲学中为了真正的道德而各显神通。"②他继而调侃道,"费尔巴哈爱人,圣布鲁诺爱人,因为人'值得'爱"。马克思认识到,以单纯的道德立场为准绳的政治批判会导致理论缺乏实践性,譬如"类""利己主义者的联盟"等还原到现实情境都是一种社会资源的有机整合,它实为空想社会主义者现代性批判的变种。与傅立叶等思想家深入论证现存生产关系和交往关系的联系相比,施蒂纳指望人们服膺自利原则进而认同相互妥协的"新制度",遑论其可行性与否,只在侧面反映了他跟其他青年黑格尔派成员一样,坚决地充当了现存资本主义社会关系的俘虏。

对于费尔巴哈与鲍威尔、施蒂纳等青年黑格尔派成员而言,宣布人们是非人的,一方面是因为他们在特定人群中难以抽象出真正的人的概念,另一方面在于他们根本就没有建立起对人的全面理解。马克思看到了在资本主义社会中共同体—个人关系的本质,亦即物的关系统治了社会性的个人。"偶然性对个性的压抑,已具有最尖锐最普遍的形式"③,这为人们提出了明确的任务,那就是确立个人对偶然性和关系的统治。也就是说,人的个性的实现依赖于社会关系,社会关系本身并不构成对人的个性的异化。马克思认为,无论怎样诡辩,施蒂纳所热衷的个人利益都将违背个人意愿而转变为阶级利益,并在社群独立化的进程中获得普遍利益的形式。这种普遍利益与个人对共同体的疏离构成矛盾,哲学必须正视这些矛盾,

---

① 〔德〕麦克斯·施蒂纳:《唯一者及其所有物》,金海民译,商务印书馆1989年版,第288页。
② 《马克思恩格斯全集》第3卷,人民出版社1965年版,第424页。
③ 《马克思恩格斯全集》第3卷,人民出版社1957年版,第515页。

它们的解决路径与共产主义原则所组织的社会宗旨是完全一致的。马克思做出了研判:精神哲学把人界定为抽象的自我同一概念,却无视现实中人们早已分化为对立的阶级,这应该成为理论思考的前提,而不是刻意避免的结论。人与共同体的真正结合是自由人的联合体,也就是无产阶级的存在,无产阶级和哲学将在人的本质之中结合为革命的同盟。黑格尔把人类历史进步的本质看成精神的进步,马克思则认为包括宗教批判在内,精神思考的所有真理都只是面具而已,或者只是局部真理而已,真正的真理是阶级的真理、革命的真理,并且只有这种真理才是合理的。[①]

对马克思而言,构成无产阶级的,只能是无数完成了政治觉醒的"新人"。在近代思想史层面上,马克思的"新人"与尼采的"超人"存在交集,即那种已经消除了宗教虔诚的、把主体性收回生存境遇中的人,然而"新人"奉行的不是传统形而上学意义上的主体性,也不是虚无主义的自性彰显,人类的全面解放、自由人的联合体……共产主义理想不能与信仰的彼岸世界等价,它始终立足于感性实践,奠基于类的对象性活动。如果说,"末人"的堕落反衬出"超人"的卓越,那么极端利己主义者的自利本性,则凸显出摈除私有制、奉行平等公义原则的无产阶级的伟大。唯物史观的科学性,基于马克思在扬弃了传统宗教批判弊端之后正视到的这样一重现实:技术革新与工业发展并不能带来人类苦难的最终疏解。要消除社会领域内"非政治化"带来的信仰危机,只有依赖全人类的政治化,而非那种佯装成人道主义的、宗教性的意识形态。这种政治化不是后世民众面临极权政治时的被动臣服,而是积极主动参与政治自由的实现。市民社会凭借利己主义的精神特质,构筑个人自由的合法领域,无产阶级在其阶级意识形成的最初阶段,便明确了反对资本世俗化、摈弃利己主义的思想路向。社会资本与只有更迭为共同财产的形式,才能成为人类自由与公平的绝对表达,个人私利只有上升为普遍利益,才能凝聚阶级意识的内核。这是比宗教批判更为根本的思想转向。

在马克思看来,共产主义理想并不需要一个神化了的类的总体,也就是说,历史进步的承担者是社会和与它结为一体的行为主体。[②] 共产主义

---

① 吴晓明主编《当代学者视野中的马克思主义哲学:西方学者卷(上卷)》,北京师范大学出版社 2012 年版,第 452 页。

② 吴晓明主编《当代学者视野中的马克思主义哲学:西方学者卷(上卷)》,北京师范大学出版社 2012 年版,第 338 页。

理想在根基处便摈弃了以洞察死亡为旨归的宗教性彼岸关怀,而代之以谋求"此岸"现实生活的全面解放,进行这种解放的主体,不可能是市民阶级"公共社会"的成员,也绝非热衷于反讽与"游戏"概念的学院派知识分子。唯物史观之所以具备指引政治实践的能力,在于它深谙现代性的历史性内涵,并选定了进行历史性实践的革命主体。黑格尔在新教兴起之际企图用绝对国家统一伦理人格,马克思则深入资本主义的异化现象中,号召以社会化的人类——无产阶级为主体,从事解决世俗社会冲突的政治革命,从而赋予人格新的内涵。通过见证施特劳斯、费尔巴哈等人围绕宗教问题的批判,马克思明确了宗教解放与政治解放的关联:现实个人从宗教中得以解放,在于他能够洞察到自己的宗教意识只是社会人格的一个侧面,而非全部,国家从宗教中解放,则意味着要杜绝精神原则对公共生活的粗暴干涉,国家从宗教中解放出来并不等于现实的人从宗教中解放出来。二者无法调和应该归结于市民社会的利己精神,因为正是利益把市民社会的成员彼此连接起来,他们之间现实的联系不是政治生活,而是市民生活。

总而言之,把市民社会的个体人格如原子般彼此连接起来的不是宗教、国家,而是私有制,要化解社会的原子化倾向,对私有制的扬弃势在必行。此外,无产阶级最为深入体验到资本主义社会领域内的异化,把他们凝聚起来的不是神学人格的神圣力量,而是现实发生着的经济危机。相比于针对神学教义、神权政治的宗教批判,马克思直指共同体意识的"宗教性批判"的理论意义显然更为深远。在马克思看来,自由人格的生成途径不能靠牧师的传教和共和主义者的道德说教,它依赖于对社会原则的深切体认。利己主义"牺牲一切特性而单方面地发展某一种特性"正在让人与自己的类本质日渐疏离乃至对立。随着资本主义社会对个人的压抑日益尖锐,并表现为私有制、货币信贷、商品等多种异化形态,要实现人类解放就必须充分认识这些矛盾,而非在公共社会场域中予以消解,或者在生存/死亡的宗教性抉择中陷入虚无主义。马克思通过对政治神学问题的翔实分析,认识到宗教世俗化的下一阶段就是资本主义社会的世俗化,而资本主义社会的世俗化势必造成人的生存境遇的异化,这个趋势本身是单向度的、不可逆的,"末人"或费拉的人性堕落无不与此紧密相关。在此历史背景中,以神学人格的逻辑重构为线索的宗教批判、基于启蒙信念展开的政治批判都已经完成了其历史使命,它终将让位于对人的一切社会关系总和的诠释——现代性批判。

第六章　判断力与权力装置
——现代政治哲学的双重审视

> 人类的真正本性是：任何行为一旦发生并且被人类历史记载下来，它就会一直潜伏下来，哪怕时过境迁。没有哪怕惩罚具备阻止犯罪行凶的威慑力量。相反，无论惩罚的力度有多大，只要一种特定的罪行出现过一次，重现的机会就远大于首次出现的概率。①

在现代政治哲学的理论视域内，青年马克思对神学政治问题的相关论述似乎总处于被遮蔽的状态，人们往往拘泥于字面上的"宗教批判"，而忽略了"宗教性批判"这一马克思早期学说中最具思想活力部分的独特内涵，割裂了"宗教性批判"与唯物史观的有机关联，便无法用唯物史观的基本原理应对乱象频仍的社会现实。思想史梳理不仅有上溯的路径，亦有下行的源流，二十世纪以来现代政治哲学的演变为此提供了多元视角，因此有必要撷选一二作为理论审视的独特参照，本章谨以现代西方政治哲学家汉娜·阿伦特和吉奥乔·阿甘本的政治哲学为参照，探讨马克思宗教批判的现代思想内涵。

第一节　政治判断的美学旨归

一、公共社会：政治与哲学的和解

与马克思一样，汉娜·阿伦特也是一位超越民族主义偏狭视野的犹太

---

① 〔美〕汉娜·阿伦特：《艾希曼在耶路撒冷——一份关于平庸的恶的报告》，安尼译，译林出版社 2017 年版，第 291 页。

裔思想家,并没有因民族出身而在个人的学术运思中有所偏私,她大胆抨击了以色列国借艾希曼审判从事意识形态宣传的阴暗动机,并揭示了在"二战"期间,犹太人民间组织配合甚至支持纳粹屠杀的历史阴暗面,这种捍卫真理而毫不妥协的态度,导致她被社会舆论尤其是犹太人社团持续抨击。这时,雅思贝尔斯写信安慰阿伦特,"总有一天,犹太人将会在以色列为你建造一座哲人的纪念碑,就像他们刚刚为斯宾诺莎所做的那样"。阿伦特的哲学家身份或许仍需商榷,但她无疑在哲学观领域,用思索之风(wind of thinking)显现出一种判断孰是孰非、孰美孰丑的能力,在人类面临重大的政治抉择之际,它有可能遏制灾难的发生,这是阿伦特留下的宝贵的思想遗产。

在现代西方思想史层面,阿伦特拥有两个形象:其一,关注现实的公共知识分子;其二,回避哲学的政治思想家。这两者与真实的阿伦特相去甚远,首先,阿伦特是专业学者,而非公共知识分子,她对公知们热衷的自由主义原则持保留态度,并始终秉承古典共和主义的基本理念。其次,著名的"我不是哲学家,而是政治思想家"的声明主要是为了强调研究领域①,并表达了一种对职业哲学家身份的厌弃情绪,人们不能由此认定阿伦特不关注甚至回避哲学。在《精神生活·思维》的导言中,阿伦特晚年申明了自己思想转向的动机:"是什么东西促使我冒险离开相对安全的政治科学和理论领域,着手谈论这些十分棘手的问题,而不是把它们搁在一边。"②与其对公众辩解自己思想转向的因由,不如对哲学观进行一番全面反思与梳理,再以此为基础,突破政治理论的固有局限性。无论是师从海德格尔、雅思贝尔斯的知识背景,抑或政治哲学式的学理路径,阿伦特都没有脱离西方哲学的主流传统,因此要解读她的政治理论,势必不能回避哲学观,反之亦然。

西方社会哲人与公民的分化由来已久,可追溯至古典城邦时代。依照哲人追问真理、公民探究意义的区分标准,阿伦特显然不是哲人,她对学院派的"正统"哲学观始终报以批判态度,即便在晚年也未改初衷,这成为人们误认为阿伦特回避哲学研究的主要原因。自十九世纪中叶以来,西方哲

---

① 1964 年,阿伦特在联邦德国接受了顾特·高斯的电视采访,对自己的学术生涯进行了回顾。

② 〔美〕汉娜·阿伦特:《精神生活·思维》,姜志辉译,江苏教育出版社 2006 年版,第 1 页。

学界对传统形而上学的解构已成为基本趋势,毋庸置疑,对哲学观的批判同样是一种哲学观。此外,如果援引马克思在《关于费尔巴哈的提纲》中的界定,阿伦特仍然是"解释世界"的思想家,只是更专注于政治理论罢了。自德国观念论哲学解体,人的思维是否具有客观的真理性,"这不是一个理论的问题,而是一个实践的问题"①,阿伦特与其他近代西方思想家一道,沿袭着这重问题意识。

在西方社会结构的整体层面,公民占绝大多数,哲学家只是极少数,公民从事思维活动,不是为了探究世界本原的真理,而是洞察日常生活中的意义,哲学家们总是依照真理的模式去解释意义,造成了一系列的形而上学谬误,它们充当着先验幻象,不断地"将人类理性推入任何时候都需要予以消除的一时糊涂"②。自启蒙运动以来,思想家们开始广泛涉足现实政治,他们在构筑起自由、平等、博爱等抽象政治理想的同时,也丧失了对人类原初思维与行动能力的关切。阿伦特深知,真理和意义并不是同一种东西,随着"单数的人"的真理逐渐凌驾于"复数的人"的生存意义之上,激进的政治意识形态裹挟着丧失判断力的民众隆隆向前,铸成了全民族的集体性犯罪。因此,阿伦特希望能够在社会结构层面贯彻一种符合人类健全理智的理念,这种理念,奠基于思想者所独有的存在主义立场。

客观而论,阿伦特并非原创性的哲学家,因而选定理论参照系尤为重要,海德格尔无疑是最初亦最重要的思想坐标。阿伦特高度推崇海德格尔,在她看来,海德格尔使现代西方哲学具备了全新样态,决定性地规定了二十世纪人类的精神面貌。③ 鉴于以往的西方哲学家们遗忘了存在的意义,因此需要进行此在的存在论分析,体察人之为人的生存价值。宗教改革之后,信仰维度在西方人的精神世界中逐渐消弭,人们开始直面操劳生活时的烦恼,在向死而生的畏惧中承担生存之重担,在这样的精神生活结构的影响下,人的生存价值是"不真"的,因而注定被遮蔽、沉沦。韦尔默认为,阿伦特在哲学观层面直接师承海德格尔,她将对形而上学的解构精神落实下来,并使之发生政治上的转向。然而,思想的伟大并不能掩盖其德行的不堪,在历史的考验下,哲学家本人也没有脱离被遮蔽、沉沦的命运。

---

① 《马克思恩格斯选集》第一卷,人民出版社 1995 年版,第 58 页。
② 《康德著作全集》第 4 卷,中国人民大学出版社 2005 年版,第 188 页。
③ 〔德〕贡特·奈斯克、埃米尔·克特琳:《回答——马丁·海德格尔说话了》,陈春文译,江苏教育出版社 2005 年版,第 197 页。

海德格尔在纳粹上台之后的趋炎附势,以及"二战"后拒绝悔改的游离态度,无不令身为犹太人的阿伦特极为痛心,"在她的个人经验中,留下了厌恶纯思想,为思想而思想的影子……这种纯思想的姿态会导致责任的缺失,为此,她有一种为政治思想奠基一个起点的紧迫感"①。哲学家面对现实政治时表现出来的愚蠢实与常人无异,因而政治思想奠基的起点显然不能是哲学家的个体化思考。阿伦特认识到,人的思维行为尽管孤独,但在根本上与共同体的命运休戚相关。马克思着眼于批判进而重构近代资本主义兴起之后的政治共同体秩序,阿伦特则将视野上溯至古罗马的城邦政治。

极权主义的兴起,充分证明了学院派哲学的荒诞与无力。海德格尔把人类生存归结于沉沦中的幽暗寂静,阿伦特则主张在公共生活营造的宽敞明亮中,讨论生而为人的存在论使命,城邦政治最显著的特征,就是将人从宗族子民升华为政治人,引导公众熟知"复数的人"的政治秩序,阿伦特从海德格尔的"被抛"概念中引申出了"共在"观:公共空间的多元性与差异性。阿伦特认为,沉沦并非人的生存论分析的最终结论,而是亟待扬弃的前提。人的生存的本真性不能再依赖于"漂浮在沉沦着日常生活上空的东西"——形而上学,它只能通过"式变来对沉沦着的日常生活的把握"②。"式变"不能停留在此在对时间的先行领会上,因为它没有普适性。如果一切都是私人性质的思考、个体参与的行动,那么将不会产生作为行动者的人的彼此相遇的公共空间,公共空间才是规定着世界结构的意蕴关联。相对于抽象的人的存在价值,政治事务显然更为根本,也更为契合现代人的生存境遇,阿伦特坚持哲学方法论,就是要谋求政治与哲学的最终和解。

在近代社会,随着神权逐渐退居幕后,政治国家依旧离不开国民意识的宣教,即自由主义、保守主义、共产主义等形形色色的意识形态,马克思与青年黑格尔派成员们的攻讦论争,并没有终止这一进程。人们在决定投身公共事务之前,需要面对截然不同的思潮、理念做出审慎判断,进而形成稳定的政治立场。公民的政治判断应当具备两种属性:其一,简明易行而非复杂难解;其二,依赖于主观意志,拒绝被动的规劝引导。阿伦特在思考

---

① 〔德〕安东尼娅·格鲁嫩贝格:《阿伦特与海德格尔——爱与思的故事》,陈春文译,商务印书馆 2010 年版,第 374 页。

② 〔德〕海德格尔:《存在与时间》,陈嘉映译,生活·读书·新知三联书店 2006 年版,第 208 页。

判断力的时候,发现了启蒙哲学衍生出来的政治理论悖论:在理性精神的感召之下,人们不断拓展着社会性(Gesilligkeit)的边界,随着民族国家的陆续建立,国际组织、甚至于国家联盟都已经成为现实。毋庸置疑的是,人类政治世界获得了前所未有的广阔空间,它赋予公众以多元化的价值选择,也承载着自由、和平的崇高愿景。尽管如此,它并没有实现公共空间与私人领域的平衡,公共社会的多元化加重了价值观的分歧与冲突,以至于无法重现在古典城邦时代,公民所普遍具备的那种简明易行的、积极主动的行动力。那么,何谓主动且简单的政治判断?基于公共社会共识的而非宗教或政治威权的明辨善恶的良知。

人皆有不忍之心。普通人天生具备对罪恶的排斥能力,探究普通人如何克服这种能力,以及达到了那个极限值之后会有什么样的后果,其法律刑责意义并不深远,却有着重大的政治哲学意义。艾希曼审判之所以成为阿伦特思想转向的起点,在于它提供了一个绝佳的视角,让人们正视判断能力匮乏所导致的恶果。阿伦特注意到,作为戕害了无数犹太人生命的纳粹刽子手,艾希曼自我辩护的观点尽管庸碌枯燥,却颇有些哲学意味,"没有外在声音,没有任何告诫来唤醒我的良知"。艾希曼坦言,纳粹及其反犹运动完全吞噬了自己,这一切发生得太快太突然,作为个体根本难以拒绝。毋庸置疑,他的所作所为有悖于人类良知,自己为此也深表忏悔,但那只是由于无条件地执行了元首希特勒的意志。他的罪过在于服从,服从是备受称颂的美德,他的良知被纳粹头目滥用,却要因此受到极刑的惩罚。按照这套逻辑,艾希曼作为军人执行了上级指示、作为公民服从了国家法律、作为人恪守了公共准则,尽管有悖人伦良知,但何罪之有?

在一场全民族参与的集体罪恶之中,如何界定个体所承担罪责的程度,成为"二战"后自纽伦堡审判到艾希曼审判的核心论题。阿伦特认为,艾希曼身上集中体现了纳粹罪恶的核心属性——无个性化(faceless nature):在一个封闭的政治体制之内,通过高度集中的意识形态,消除所有共同体成员的人格个性。纳粹政权成功翻转了包括艾希曼在内的几乎所有德国民众的头脑,将所有固有的合法秩序与良知,经由"谬误与恶意变成一个新式'正义'的基础。在第三帝国,人们对罪恶已经麻木,认定了其正常性"[1]。

---

[1] 〔美〕汉娜·阿伦特:《艾希曼在耶路撒冷——一份关于平庸的恶的报告》,安尼译,译林出版社 2017 年版,第 9 页。

德国社会的八千万人以完全相同的方式,将自己的心智隔绝于现实之外。所谓"正常性"的罪恶,凝集为恶的平庸性。在阿伦特的解释下,平庸之恶并非源于愚蠢,而是无思(thoughtlessness),即内心对话维度的丧失。当人不再反思自己所作所为的意义,他便会任由共同体塑造自己生存的意义。对于公众而言,思维活动意味着探索意义,那么恶作为思维活动的终结,将彻底否定意义的存在,全然不知道内心的无声对话为何物的个体,会自然而然地选择从众,泯灭良知,进而加入前所未有的恶行之中。阿伦特分析道,在这重意义上,艾希曼只不过是纳粹反人类罪行的一只替罪羊罢了,即便绞死了他,这种恶行仍然有可能卷土重来。阿伦特深沉地提醒世人:我们同刽子手之间的实际距离越远,责任程度反而会越大。①明辨善与恶的良知,不能操之于意识形态或极权政治,为了杜绝悲剧的再度发生,人们必须学会主动思考。

关于如何理解大屠杀,利奥塔提出过一个隐喻性的问题:如何测量一场毁灭了全部测量工具的地震?"测量工具"即文明准则,大屠杀不仅仅湮灭了无数无辜的生命,也造成了西方文明准则的全面崩溃,大屠杀是不可理解的、纯粹的罪恶。作为亲历者,阿伦特描述过自己短期身陷集中营时的心态,"仿佛一个深渊真的敞开了,这本不该发生",她认为,在如工厂化管理的死亡工厂中,犹太人的生命充当了"尸体的生产"的原料,让他们言说死亡已无可能,因为集中营里发生的不是恐怖,而是某种更加恐怖的事情——那种漠视语言与思考的、平庸的罪恶。为了享受安全与繁荣的社会环境,人们通过民主手段,心甘情愿地将选择权交给了独裁者,强权政治上台后,首先做的却是废黜法治、人权、契约精神等社会进步成果。启蒙理性催生了一种全新的人类献祭仪式:人被摆上了各种抽象之物(民族国家、教会、阶级……)的祭坛,那种向着终极意旨不断进步的社会性,最终走向了自己的反面。进步观念对个体生命而言,蕴含着显而易见的悲凄,阿伦特曾经多次引用康德的话,证明近代政治理性所面临的困境,"展望到了连续不绝的恶……在无休止的恶中,人是无法找到满足的"②。近代西方哲学沿革中,意志主义、存在主义已经正视了这种现代性危机,却无法在实践层

---

① 〔美〕汉娜·阿伦特:《艾希曼在耶路撒冷——一份关于平庸的恶的报告》,安尼译,译林出版社2017年版,第263页。

② 〔德〕康德:《历史理性批判文集》,何兆武译,商务印书馆2007年版,第89页。

面予以解决,出路何在? 阿伦特认为,人类文明的共性在于:无论是罪恶还是善行,它们一旦发生并被历史记载了下来,便会遮蔽自身,并在特定情境中显现。想找到它们的最初形态,人们需将思想史视野上溯至古希腊。

二、从真理到良知的理论假设

依照前文提及的区分标准,阿伦特重视公共生活,却不放弃形而上学方法论,使她介于两者之间,成为一位具有哲人气质的城邦公民。在古希腊,哲人倡导玄思天道,轻视世俗生活。在柏拉图设计的理想国之中,哲学家需要从精神王国中走出,充当世俗城邦的护卫者,原因简单明了:哲学家并不热于政治,然而善政即知识,为了杜绝城邦内的丑恶制度,哲学必须找到如它本身一样既善且美的政治制度,哲人要依照理论生活去改造政治世界,换言之,哲学家必须改造现行的政治制度,因为其中没有一种是适合哲学本性的。只有这样,哲学家本人才能得到"充分的成长",进而保卫自己和公共的利益。[①] 然而,如果回顾古希腊与古罗马的历史,就会发现哲学的兴起并没有真正带来城邦政治的繁荣昌盛,反而是全面的道德沦丧与王权衰落,从伊壁鸠鲁学派、新柏拉图主义到斯多亚学派,那些曾经以维护社会道德秩序为己任的思想流派,最终大多沦为悲观的道德说教,或是消极的享乐主义。阿伦特认为,柏拉图及后来的哲人们,为了让哲学远离政治世界的戕害,曲解了希腊人寻求荣耀与不朽的公共精神。如果说柏拉图代表哲人抨击公民政治,那么,阿伦特则代表公民谴责了哲人们的妄自尊大,在她看来,民众对哲学的敌意是自然而合理的,公民们无须热于哲学思辨,只有积极的世俗生活(an active life)才能确保共同体的良性运转,政治生活是理论生活的前提,而非相反。在这样的理论前提下,一种前政治的思维方式如何可能?

城邦孕育了哲学,哲学史的起点却与城邦生活毫无关联,这在阿伦特看来是不可思议的。她认为,人类最初的哲学家绝非追问世界本源的泰勒斯,而是那些以抛售思维技巧、教导公众如何辩论的智者。作为古希腊启蒙运动的代表,智者们在"真理"与"意见"尚未分化的时代,引导人们勇于运用自己的理性,因为人才是万物的尺度,要勇于运用自己的价值尺度去衡量世界,这是一种批判性的思索艺术,后来被苏格拉底发展为一种关于

---

① 〔古希腊〕柏拉图:《理想国》,郭斌和、张竹明译,商务印书馆 2002 年版,第 248 页。

提问与回答的哲学观。阿伦特称其为"前政治的"哲学。这种哲学之于政治的先在性,发生在逻辑层面,而非时间层面。苏格拉底认为,未经省察的人生没有价值,那么与之同理,未经省察的政治生活也缺乏意义,公民通过讨论道德和其他问题,形成了关于善恶、是非、美丑标准的意见,以公共社会的开放性,增进城邦政治的和谐。然而,随着政治与哲学的分化,这种质朴的思维方式被扼杀了,在理论层面,它不容于柏拉图的理想国,公民的愚蠢与浮躁,使他们不配从事哲学思考,"闯进与他们无关的地方,互相争吵……再没有比这种行为和哲学家不相称的了"①,在现实层面,它终结于雅典人对苏格拉底的审判。如同耶稣的复活之于基督教的奠基意义,苏格拉底的审判与赴死是西方政治思潮的真正起点,苏格拉底宁可忍受不正义也不去做不正义,他亲身践行了前政治的哲学。

阿伦特不吝言辞地推崇苏格拉底,因为他奠定了美德即知识的等式,并鼓励城邦公民去思索、论证,进而践行这一等式。哲学家热爱智慧,他们使认知世界的模式变得繁复多样,但归根结底,哲学根源于思维行动,人们需要认识到,如果在思维中存在着使人不做恶的东西,那么它必然是内在于思维能力本身而与思维对象无关的某种属性。② 苏格拉底把思维视为将灵魂一分为二的工具,它能够促使人们在静止状态中扪心自问,通过思维的无声对话,完成日常生活与沉思生活的分离。苏格拉底之可贵,在于没有像柏拉图等后世哲学家那样否定现实世界的真实,他始终相信表象的真理性是不容置疑的。③ 表象的真理性构筑了知识的客观性,知识的客观性缔造了美德的普世性,阿伦特称之为古希腊城邦的"前哲学假设":思维行为应当归结为可实践的公共伦理,而非抽象的理念演绎。

阿伦特的政治理论,隐藏着存在主义和现象学的概念框架。其中,公共伦理的本质在于"显现":任何事物都不是单独显现的,也就是说,任何存在之物都必然被人感知,在现代社会,意识形态的谎言蒙蔽了人在面对共同体时本应该展现的真诚,没有多元化的意见交流,就不会显现出公共伦理,因为"众多是世界的法则"④。与之相对应,私人生活的精神在于"遮蔽":思维是人与自己进行的无声对话,面对大千世界时的惊诧、需要做出

---

① 〔古希腊〕柏拉图:《理想国》,郭斌和、张竹明译,商务印书馆 2002 年版,第 252 页。
② 〔美〕汉娜·阿伦特:《精神生活·思维》,姜志辉译,江苏教育出版社 2006 年版,第 201 页。
③ 〔美〕汉娜·阿伦特:《论革命》,陈周旺译,译林出版社 2007 年版,第 86 页。
④ 〔美〕汉娜·阿伦特:《精神生活·思维》,姜志辉译,江苏教育出版社 2006 年版,第 19 页。

道德抉择时的困惑，这些都需要个人回避外部世界，进行切己的思维活动。海德格尔认为，人的特殊性在于其始终存在一种思维的焦虑（angst），因为世界被公共社会的显现原则支配，剥夺了人自我理解的可能性。阿伦特拒绝这种思辨设定，因为从柏拉图到海德格尔，真理都蕴含在事物的形式层面，而非质料所代表的现实中，哲人在面对世界时，将超越表象世界的超验存在视为理所当然，其态度傲慢亦缺乏真诚。只有苏格拉底充分展现了哲学的真诚之维，"真诚本身……能够变成一种重要的政治因素，在一个每一人在每一件事情都撒谎的世界上，真理讲述者就开始行动"①。

柏拉图将哲学与政治一分为二，苏格拉底却专注于将思维与良知合二为一，他宁可忍耐城邦对他的不公正审判，也不去做背离城邦法律的不义之事，"消除了思维的孤独，其固有的两重性指出了作为普遍规律的多样性"②，这是思维活动的真正真理，也符合公共政治的合作精神。阿伦特认为，认知政治现实并不一定要依赖理念，因为围绕着人的生活，其存在与显现没有前后的逻辑顺序，它们实际上是同时发生的，人的生存根基就是使自身显现的思维。具体而言，现代人需要将思维活动从私人领域中拉进公共社会。人们通过彼此交流，清除认知过程中的那些缺乏依据的意见与信仰，让真理摆脱形而上学赋予它的孤独感与绝对性，在差异性与多元性展开自身，所以这是一种批判性思索的艺术，具备不可替代的政治意蕴。

青年黑格尔派成员从事宗教批判的时代，罪恶/救赎很大程度上是一套旨在加深信徒虔诚的教义，而二十世纪以来，罪恶已经不再只是一个神学概念，它演变为一种至今尚未被充分认知的暴力形态，"文化在恶的可见性与可以获得的应对它的知识之间，裂出了一道鸿沟天堑。恐怖景象从未如此广泛被传播，也从未如此耸人听闻"③。当这种罪恶与抽象的哲学理念相遇，会产生了什么样的后果？阿伦特还原了这荒诞的一幕：艾希曼在庭审时，非但没有对罪行做出忏悔，反倒宣称自己遵从哲人的教诲，他既理解康德的义务概念，也实践着批判哲学的道德律。在阿伦特看来，这种说法令人发指，且完全不可理喻。艾希曼十分擅长把上百万人送进集中营，却不擅长在没有"语言规则"也就是官方意识形态的界定下，客观严谨地讨

① 贺照田主编《西方现代性的曲折与展开》，吉林人民出版社2002年版，第325页。
② 〔美〕汉娜·阿伦特：《精神生活·思维》，姜志辉译，江苏教育出版社2006年版，第209页。
③ Andrew Delbanco, *The Death of Satan*, New York: Farrar, Straus, and Giroux, 1995, p.3.

论大屠杀的罪行,因为没有良知标准,便没有罪行,没有罪行,便没有惩罚。作为极权政治的代表,纳粹建立了无数"遗忘的洞穴":一切行为无论善恶,终将遁于无形,元首的意志才是衡量善恶的标准,党部的决策才是良知的准绳,人类既往的文明标准,被这样颠覆和重置。从任何理性角度看,艾希曼的陈词都是无耻而悖谬的,康德的道德律令不是可以机械操作的教条,它与人的判断能力密切相关,基于良知的、主动做出的判断,与对权力的盲目服从有着本质区别。阿伦特分析道,艾希曼并不只是认定康德的公式不再有效并对之加以摒弃,而是将它篡改为:应按照立法者或国家法律来制订个人行动的准则。① 那么,如何才能既超越思维的孤独性,又不会屈从于共同体的多数意见,保持清醒的政治判断力呢?

康德美学理论中的一种形象吸引了阿伦特的注意:他们具有审美品位,且能够亲自且独自地对审美对象进行缜密思考,即"下判断的批评者"。从道德哲学到美学,康德始终将理性诉诸一个普遍共同体,他对于"共在"抱有深切的期待,即"从他者的不偏不倚地审视我的种种判断"。阿伦特将康德视为衔接古典精神与近代理性、秉承批判性思索方式的最伟大代表人物,她开始了对康德政治哲学的探究,这也正是"康德的苏格拉底形象"的开始。②

三、政治美学的本体论

根据阿伦特的写作计划,《精神生活·思维》《精神生活·意志》以及"康德政治哲学讲稿"③的顺序,直接对应康德的三大批判。阿伦特坦言康德哲学对自己的独一无二的启示性意义,在她看来,康德之后的哲学家并没有太多关注思维活动本身,以及思维活动中的自我体验,康德主张将理论性的运动延伸到感性世界之外,清除理性自己制造的障碍,这种批判性的思索方式尽管抽象思辨,但对人类来说无疑具有"极大的存在重要

---

① 〔美〕汉娜·阿伦特:《艾希曼在耶路撒冷——一份关于平庸的恶的报告》,安尼译,译林出版社 2017 年版,第 143 页。
② 〔美〕汉娜·阿伦特:《康德政治哲学讲稿》,曹明、苏婉儿译,人民出版社 2013 年版,第 7 页。
③ 根据阿伦特晚年的写作计划,《精神生活》包括"思维"(Thinking),"意志"(Willing)和"判断"(Judging)三卷,阿伦特未写完"判断"篇便与世长辞,人们根据她二十世纪七十年代在社会研究新学院的课程讲稿与笔记,整理出版了《康德政治哲学讲稿》,"讲稿"与其哲学观思路紧密相关,是理解未完成的"判断"篇的重要文献。

性"①。在"意志"篇中,阿伦特反思了自己攻读博士学位时期的问题:意志力(faculty of willing)作为连接思维与判断的桥梁,易被感性驱使且短暂易逝,它如何为政治自由提供坚实的精神基础? 意志力最多只能通达奥古斯丁的"爱",即与其他人"共在"时的归属感,精神必须突破实践理性的边界。卢梭认为人生而自由,实为预设人向往自由、追求自由的理性抉择,"我愿意"源自向往自由的天生倾向,基于自由之人对政治强权的天生反感。在这个意义上,判断的自反性低于意愿的自反性②,它不会被轻易动摇。政治自由不同于哲学自由,政治判断具有"我能",而非"我愿意"的特质。

　　思维活动具有天然的孤独特质,批判哲学则赋予思维活动以必要的公共空间。苏格拉底鼓励人们通过论点的攻讦,清除灵魂在认知进程中的没有根据的偏见,康德则在启蒙精神的感召之下,将这种古典的共同体意识升华为三个理性准则:其一,自己思考,即有勇气运用自己的理智;其二,从每个他者的立足点进行思考,即借由共同体拓展自己理智;其三,始终如一的思考,即与自我认知保持一致。康德是率先提出"世界公民权"这一概念的哲学家,在他看来,哲学家的自我中心论点只能用公众意志化解,在这种多元化的公众意志中,自我将不再是视己为全世界的玄思之物,而是身为一名世界公民的责任感。对这种责任感的解读,一方面不能再局限于认识论层面,因为它已经突破了自我意识的窠臼,另一方面不能止步于道德实践,因为实践理性原则体现了个人的意图,"道德法则无非表达了纯粹实践建立性的自律,亦即自由的自律"③。社会责任感超越了单纯的思维活动与自由意志,而与个人判断力紧密相关。判断力(judgement)源于纯然沉思的快乐,即思维守静时的愉悦。康德写作《判断力批判》期间,正是法国大革命和美国革命此起彼伏的时代,宪政问题,即政治共同体的组织形式成为他关注的核心点。如何将民族群落改造成民族国家,如何将民族国家改造为共和国,在此过程中,共同体中的每个成员不应当仅仅是手段,而同时也是目的,个人的政治判断力"促成了这个整体的可能性"④。

---

①　〔美〕汉娜·阿伦特:《精神生活·思维》,姜志辉译,江苏教育出版社2006年版,第14页。
②　〔美〕汉娜·阿伦特:《精神生活·意志》,姜志辉译,江苏教育出版社2006年版,第74页。
③　〔德〕康德:《实践理性批判》,韩水法译,商务印书馆2007年版,第34、35页。
④　〔德〕康德:《判断力批判》,邓晓芒译,人民出版社2002年版,第225页。

阿伦特认为,尽管康德在理论思维中正视了政治问题,但他晚年的心智能力急剧衰退,无力也无暇经营政治哲学体系了。人们把康德的政治论稿结集成册,称其为探讨政治哲学的"第四批判",显然是有失偏颇的,因为这些文章的品质无法同批判哲学体系比肩,康德本人也认为,《历史理性批判文集》不过是一场"与理念的玩耍"。阿伦特认为,第三批判即《判断力批判》才是重点所在,相对而言,它讨论的主题最具政治哲学意蕴,且预设了从社会原则到个人原则的理论路径。社会原则代表普遍性、个人原则指代特殊性,判断官能即人用来处理特殊性的心智官能(faculty of man's mind)。康德认为,私下运用自己的理性是狭隘的,只有公开运用自己理性的自由,才能带来全人类的启蒙,那种追求普遍性的社会原则,正是判断官能的运作条件。① 前文已述,阿伦特并不赞成限制公共社会权利的近代自由主义原则,她否认私人领域具有不可侵犯的道德地位,然而,这些恰恰是康德所着力论证并始终坚持的。康德认为,私人领域内的道德自律,缔造了人之为人的尊严,政治事务要充分尊重个人的自由选择,使依照道德的法则进行的判断成为"与我们自己的自由行为以及对别人自由行为的观察相伴随的研习"②,有德行之人必然会提出德福结合(至善)的诉求,这在逻辑上是完全自洽的。阿伦特为了打破这一理论逻辑,将康德哲学的道德基石抽离,并换之以政治判断力,这样的思路是否合理? 客观而言,阿伦特所解读和设想的康德哲学与思想史层面的康德哲学是有差别的。对于这样的矛盾,人们可以援惯例:大思想家们往往热衷于根据自己萦绕于心底的动机,来"借助"和"重构"他(她)所阅读的一切,那么,究竟是什么让阿伦特抛开学术的严谨性,执着于审美判断力的政治解读?

在思想史解读方面,阿伦特犯了两个根本错误:其一,康德并没有因心智衰老而无暇顾及政治,成为叔本华口中的"普通的庸人",恰恰相反,他有过完整的体系化的政治哲学论述,即《法的形而上学原理》。阿伦特认同实践理性批判将人理解为立法型存在(a legislative being)的结论,却否定了由立法型存在推演而出的法哲学,此书构思的政治哲学体系,显然与阿伦特的理论愿景相去甚远,因而她选择了无视。其二,康德思考政治事务的逻辑线索,是从实践理性延伸至法律精神、从个体道德过渡到公共社会,而

① 〔美〕汉娜·阿伦特:《康德政治哲学讲稿》,曹明、苏婉儿译,人民出版社 2013 年版,第 26 页。

② 〔德〕康德:《实践理性批判》,韩水法译,商务印书馆 2007 年版,第 174 页。

非相反。道德实践之所以先于政治行动,在于人们"建立了基于自由的积极概念之上的无条件的实践法则,他们专门构成道德法则"①。康德认为,权利的普遍法则基于个体意志的自由,并能够和其他人的自由并存,他始终强调共同体的普遍原则,希望能够给实现了道德自律的公民提供一套行之有效的社会典范,这种社会典范,绝非阿伦特所设想的,那种在危机来临之际引导个人明辨善恶的政治良知。简言之,康德相信理性对政治生活的规划,阿伦特则试图用政治意识重构理性。

　　回到本节最初的问题:审美判断力如何政治化? 这是阿伦特"哲学转向"的核心命题,总体而言,她去除了康德批判哲学的先验性,并将其与政治理论进行结合,这种思路曲解了康德哲学的本义,却也简化了从沉思生活到积极生活的理论线索。思维、意志、判断三者的关系被梳理了出来:思维为意志、判断提供可供抉择的"沉思之物",意志为思维、判断提供了自我意识,自我意识成为对话式的思维、公正无私的判断的前提条件。在学术严谨性与思想改造二者之间,阿伦特选择了后者,她坦言,自己关注的并非康德已有的政治哲学,而是倘若他的某些设定想法系统展开之后,会催生出怎样的思想形态。塞拉·本哈比认为,在近代思想家中,阿伦特具有一种让哲学充满生机并使之完成预定目标的独特能力,在对康德哲学的"曲解"中,她转向了全新的理论维度——政治美学。

　　在希腊哲人眼中,"脱离知识的意见全都是丑的"②,因而只有理想国才能代表完美政治。近代政治美学关注古典精神与近代理性的"和解"维度,它立足于平衡个体与公众之间的张力,并提供审视共同体原则的美学视角。阿伦特认为,康德没有完成政治美学思想建构,但他充分意识到了美的公共秉性(审美意识与公共伦理的相关性),因此坚持对于品味的判断是亟待讨论也是能够容纳异议的。鉴赏力意味着审美的共通感,同理,人类知性则代表逻辑的共通感,这种共通感能够使人们"对一个给予的表象的情感不借助于概念而能够普遍传达"③。能否做出简明直观的判断,取决于个人的心智,共同体则是拓展个人心智的空间。想象和反思能够让人们从纷繁复杂的政治现象中解放出来,达到相对的"不偏不倚"。阿伦特认

---

① 〔德〕康德:《法的形而上学原理》,沈叔平译,商务印书馆 2008 年版,第 27 页。
② 〔古希腊〕柏拉图:《理想国》,郭斌和、张竹明译,商务印书馆 2002 年版,第 262 页。
③ 〔德〕康德:《判断力批判》,邓晓芒译,人民出版社 2002 年版,第 137 页。

为,"不偏不倚"正是判断力所独具的德性(virture)。① 判断力隐含着将审美结论进行交流的维度:人进行判断不是为了自己,而在于说服他者,并按照他者是其所是的样子来看待他者。在这重意义上,审美判断与政治意识产生了交集。

如前所述,阿伦特的政治理论是被存在主义、现象学的哲学框架界定的,政治是抽象化的公共生活,表现为现实世界中的自我显现,而自我显现的不仅仅有政治生活,还有人文艺术。在西方文明的原点,政治与艺术是完全可以通约的,"让我们从头开始,在语词中创造一个完美的城邦"②。二者尽管偶有冲突,但彼此联系、彼此依存。如果说西方哲学遗忘了存在,导致了人类的存在论危机,那么同理可知,启蒙理性摈除了政治与艺术的交集,德性不再被理解为政治所坚守的准则,恰恰相反,德性因为政治的缘故才能得以延续。启蒙理性把道德问题与政治问题转换为技术问题,人性的尊严不再归结于自然,而是历史。阿伦特认为要重新赢回人类的尊严,不能否定历史的重要性,但必须否认它有权充任终极的判断标准。在城邦时代,人的美德不是由行为结果来评判,而是通过其表现方式展现的,这引发了一个典型的希腊式问题:谁是不朽的? 是行动者还是讲故事者? 阿伦特从近代理性的角度,认为答案取决于回答的人——行动者或观众,在她看来,所谓思想者的存在主义立场,就是成为那些积极行动者们的观众。行动者们言行的伟大,只有被赋予美才能持存于世界,使潜在的不朽在政治生活中持久显现。判断力/品味(taste)通约了政治与艺术,它就是那种真正地将美(的东西)人文化并创造出某种文化的政治能力。③ 如本雅明所见,荷马史诗时代属于奥林匹克终身欣赏对象的人类,成为为自己而存在的利己主义个体,资本主义异化已经严重到人们将单纯的自我否定视为一种审美体验。阿伦特根本不关心政治的审美化或艺术的政治化,她更关注公共生活中的人的自我良知,但这种自我良知是否能超越马克思所预设的无产阶级阶级意识? 福柯、阿甘本等人从生命政治角度做出了独特的解读。

---

① 〔美〕汉娜·阿伦特:《康德政治哲学讲稿》,曹明、苏婉儿译,上海人民出版社 2013 年版,第 110 页。
② 《柏拉图全集》第二卷,王晓朝译,人民出版社 2014 年版,第 326 页。
③ 〔美〕汉娜·阿伦特:《康德政治哲学讲稿》,曹明、苏婉儿译,上海人民出版社 2013 年版,第 155 页。

第二节　作为权力装置的人的生命

一、生命政治的人权框架

回溯到西方文明的奠基之处,人们会发现亚里士多德的经典定义——"人是政治的动物"。这个定义包括双重内涵:人的动物性是可朽的,它界定着人类的生命界限;人的政治性是不朽的,它规范着人类的自我组织形式,二者构成了古典政治的理想范式。希腊人坚信神与人是同性同形的,他们热爱不朽声名要远胜过可朽之物,如神明一般完美的身体,对应着如神明一般崇高的灵魂。对城邦公民而言,需要竭力超越感官欲望的窠臼,通过参加政治活动即积极生活(vita activa),才能成为与神类似的、自由而全面的存在。在古典政治视域中,人只有在共同体中生活,才能获得生而为人的意义,换言之,绝对孤独状态中的人是无法想象的,它并不是真正的人,最多只能称为"劳动动物"。在城邦之外,无论是作为"劳动动物"的奴隶,还是蛮族敌人都是无语的,在城邦之内,政治生活的核心经验就是言说,公民们习惯于言辞说教,通过彼此攻讦以表达政见。在古典政治的经验层面,行动的出发点是在恰当的时刻找到恰当的言辞,行动的终极目标是照拂生命,相较之下,戕害生命的纯粹暴力是沉默的,暴力永远都不会凸显人的伟大。

对哲学家而言,人最伟大的能力并非言说,而是沉思能力,沉思本身虽不能完全付诸言辞,却不能等同于沉默。不能认定"作为人就要考虑人的事情,作为有死之物就要考虑有死的事情,而是要尽可能地达致不朽来考虑它们"[①]。柏拉图出于对苏格拉底之死的愤懑,认为哲学家不该受制于肉体的生命必需性,他们生活于纯粹的思辨宁静中,唯独身体定位在城邦罢了,而那些沉溺于政务的公民们苛责虐待先知,不过是一群"好管闲事者",有必要在言辞中构建一个完美的城邦,给予哲学家统治民众的权限。相比之下,亚里士多德清醒地看到了哲学家与公民之间的认知鸿沟:其一,哲人王不会得到民众的真正爱戴;其二,哲学的兴起将带来政治生活的全

[①]　〔美〕汉娜·阿伦特:《人的境况》,王寅丽译,上海人民出版社 2009 年版,第 37 页。

面颓败(晚期希腊哲学与希腊混乱政局的关联,间接证实了这重判断)。综而观之,应该为那些即便不朽却并不属于政治行为的沉思划定权限。这种划分影响深远,从古罗马到中世纪,人们逐渐丧失了对纯粹形而上理念的关切,而代之以宗教信仰,那种追求不朽声名的意愿,也开始被利己市侩心态涵盖。西方文明在基督教时代完成了转向:"人的定义"被置换为"人会变成什么",人在历史沿革中生产了自己的本质。"我们可以说'让'人死或'让'人活的古老权力已经被'让'别人死或'不让'人死的权力取代了。"①肉体的存灭一旦关乎正义,人的身体便不再被遮蔽,开始成为界定共同体精神的基础。

福柯发现,近代启蒙理性重树了人的主体性价值,也无意间建立起针对身体的权力体系。费尔巴哈只是指出了问题的形式,他远远没有揭示人的主体性被政治权威俘获后的场景,这种政治模式不再如同封建领主那样通过威胁来使人死亡,而是通过管理社会生活,致力于扶植生命以使人生存。"这样一种新的技术逐渐成形了:不再是使臣民对统治者的意志的服从,而是控制一些看上去与人口不相干的事物,通过计算,分析和观察思考,人们知道控制这些事物可以实际上对人口施加影响。"②福柯解释了管理生命的规训型权力:监狱中制度性的戒律、监视确保着犯人们的驯服状态,与之同理,驯服状态是现代社会管理保持高效的心理机制。如果控制了身体所处的时空运动,便可以达到身体所需要达到的规范,规训型权力促使人们自觉向标准范式"看齐",给予所有人驯服的机会。客观而言,对生命权力进行的政治规训,保证了社会秩序的良性运转,然而随着封建臣民到现代公民的政治人格转换,人的动物性全面介入政治生活,本该作为目的的生命沦为了手段。换言之,确保规训行之有效的并非政治的正义感召,而是纯粹的生杀予夺的暴力。

十九世纪下半叶以降,进化论推动了生物学研究方式的变革,也开启了西方社会思潮的生理学维度:社会达尔文主义及其衍生的优生学、种族主义,与现代生命政治的最典型的场所——集中营、大型极权主义国家构成了紧密的思想关联。在城邦时代,亚里士多德曾谨慎地为哲人的沉思行

---

① 〔法〕米歇尔·福柯:《性经验史》,佘碧平译,上海人民出版社 2005 年版,第 89 页。

② 〔法〕米歇尔·福柯:《安全,领土与人口》,莫伟民、赵伟译,上海人民出版社 2010 年版,第 58 页。

为设定界限，但随着人的生命落入了公权力的掌控，主权者丧失了自我约束的理性，他们行使生命权力将"劳动动物"转变成了"人形动物"，规训造成了人的主体性的集体丧失。在阿甘本看来，从费希特、黑格尔到费尔巴哈所忧心忡忡的主体性丧失，对现代人而言其实并不可怕（某种意义上，这是人类历史中的常态），"活下去的权利"的整体性湮灭才是最紧迫、最恐怖的现实。福柯的生命政治研究是片段性的考古学诠释，阿甘本在其基础上进行了体系性的结构分析。

何谓生命政治？简言之，生命本身被政治强权捕获，进而被全面掌控。在第二次世界大战中，无论同盟国还是轴心国，千百万人被政府强行征用，他们在历史的洪流之中，或历经戕害，或选择戕害他人。在战后盟军舆论的渲染下，公众开始认定纽伦堡审判中正义战胜了邪恶，德国纳粹是反人类的恶魔。然而吊诡的是，在纳粹党人的世界观里，人道主义理念并没有湮灭，反倒彰显为一种政治意识形态。各类国家社会主义宣传小册子中反复说明了，德意志民族必须定点清除"劣等民族"，欧洲精神才能实现免疫，进而加速人类文明发展。客观而论，纳粹并没有直接将人动物化，他们选择了拓展人的定义，让人与动物之间开始有了中介性的存在，即拥有人类肉身的动物，或被动物性完全占据身体的人。集中营的犹太人、吉卜赛人、731部队的"马鹿大"，关塔那摩监狱里的囚徒等，都是这种类型的赤裸生命。现代民族国家普遍将人权视为政治理念的核心，但人权本身恰恰是生命被政治化的起点。阿甘本敏锐地指出，人权的确是国家做出的庄严"承诺"，然而一旦进入紧急状态，"承诺"随时可能被弃置。政治作为针对人的治理术（governmentality），其运作逻辑很难在历史中保持一惯性。

人权能够成立，依赖于人的境况的双重特征：人必定要在共同体内生活、人终有一死，二者赋予政治事务以开放性，也带来了无法预期的偶然性。那么，赤裸生命的出现是否是偶然的？神圣人作为不可祭祀的生命存在，只能以被杀死的形式纳入共同体中。"神圣"本身并非神明馈赠，而是源于公权力的诅咒，宗教不能给予人救赎，世俗政权同样不能，"受到这个诅咒的神圣人是一个被逐者，一个被禁止的、被禁忌化的、危险的人"①。在相关的权力范围中，杀戮行为是完全合理的，主权者和神圣人处于人类

---

① 〔意〕吉奥乔·阿甘本：《至高权力与赤裸生命》，吴冠军译，中央编译出版社2017年版，第112页。

境况的两个极端,人的二元定义开始成为一种权力装置。

装置(oikonomia)本义是"家政",可引申为一套完成管理、引导活动,这个福柯试图超越传统形而上学范式所创制出的概念被阿甘本延用。人的生物性/政治性始终处于社会关系之中,是居于核心的权力装置。装置作为知识关系和权力关系的交集,在人的世俗生活层面存在这样一个无区分的地带:被无条件纳入政治秩序中的赤裸生命,既非政治生活(bios),亦非自然生命,阿甘本敏锐地意识到,这个无区分地带并非中介,而是必须被摈除的例外。在例外中被制造出来的这种情境,有一个奇怪的特点:它既不能被定义为一种关于事实(fact)的情景、亦不能被定义为一种关于正确(right)的情境,而是创立了两者之间的一种悖论性的存在。[①] 如果有生命被"合法"地排除到了人权范围之外,普世的人本价值将愈发沦为说教与空想。

人本主义思潮兴起于十八世纪,它由最初反对封建贵族的世袭特权,演变为以人权为旨归的政治实践。如费尔巴哈哲学所展示,"人类"成为涵盖启蒙主义者社会理想的最佳载体,然而如施米特所言,普世性理念往往意味着彻底的非政治化,除非人们可以放弃共同体的天然边界,消除意识形态分立造成的敌我划分,人类大同才有可能实现,两次世界大战的历史经验,湮灭了这种理念的实践路径。人本理念能够成立必须严格限定在民族国家的主权范围内,近代国家通过凝聚民族意识而成为一个有机整体。在和平年代,公民的政治生活和自然生命之间可以得到某种意义上的平衡,然而一旦面临外部危机,国家行使了例外时期的特权后,将迅速转变为霍布斯所定义的"利维坦"。

现代人不会认为国家的权力是永恒的、绝对的,相反,他们普遍相信自己或多或少地参与了权力的运行,就在这个过程中,代议民主制营造出参政议政的幻觉。人的生存丧失了真实性,并由国家全面垄断了这种真实性,变成唯一的真正的现实。这种现实就是国家主权,国家主权以人权为承诺,其本质却是祛除、规训、禁止的否定性纽带,阿甘本找到了生命政治研究的拱心石——死亡。"只有通过将自身弃置于一个无条件的死亡权力

---

① 〔意〕吉奥乔·阿甘本:《至高权力与赤裸生命》,吴冠军译,中央编译出版社2017年版,第26页。

下，人的生命才能被政治化。"①作为概念的死亡需要通过一个决断，才能获得其政治意义：公共社会出现了例外状态，生命政治沦为死亡政治。若要探讨该决断的生成机制，就必须回归哲人的沉思生活，深入被遮蔽了的形而上学空间。

二、向死而生的政治天命

1966 年，海德格尔在勒·托尔进行了系列的哲学讲座，青年阿甘本正是听众之一，他曾经多次回忆这位哲学大师给予自己思想的冲击。客观而论，海德格尔对死亡现象进行的哲学思辨，在西方思想史中无出其右，《存在与时间》诠释了一种独特的死亡本体论：首先，在此在的生存论结构中，死亡绝非某个对象性的事件，那种围观他人死亡所建立起来的自明性，实际上遮蔽了人生存的本真意义。其次，死亡是单向度的、不在场的体验，而在人的生命体验层面，只有在场才能凸显意义，因注定无法经验死亡所造成的"缺席"，必须依赖生者的本真领会作为弥补。如果从生存论角度审视死亡，会发现一种最为本己的、无可逾越的可能性——人，向死而生。"先行向此在揭露出丧失在常人自己中的情况……这个自己却就在热情的、解脱了常人的幻想的、实际的、确知它自己而又畏惧着的向死的自由中。"②在庸常的死亡观层面，死亡仅仅是被生者围观的、肉身亡故的事件，然而如果将人的死亡与动物的殒命相提并论，便是经验性的流俗判断。海德格尔认为，专属于人的死亡领会会敞开被遮蔽了的生存论维度。向死而生的归宿就是畏，从恐惧肉身的消亡，到畏惧生存筹划的终结，"就这样开展出最极端的可能性来"，人也由此获得了无穷无尽的生命意蕴。

海德格尔始终强调，此在是立于真理之中的存在，而界定真理的并非知识，而是必然性。"形而上学的困难之处是，对人的追问和对存在者之整体的追问之间的整体关联，而是只要必须追问人的有限性"③，人应当无限地去接近自身所不可达到的必然性。从日常生活的沉沦状态中超脱出来

---

① 〔意〕吉奥乔·阿甘本：《至高权力与赤裸生命》，吴冠军译，中央编译出版社 2017 年版，第 128 页。
② 〔德〕海德格尔：《存在与时间》，陈嘉映译，生活·读书·新知三联书店 2006 年版，第 208 页。
③ 〔德〕海德格尔：《德国观念论与当前哲学的困境》，庄振华、李华译，西北大学出版社 2016 年版，第 400 页。

后,此在先行地向死筹划,并对个体命运有了全新的理解,即决断。只有在决断之中,未来才能持续地走进现在,人才能超越自身的有限性。

对生命的本真领会绝不是漂泊无据的,它以此在的在世为媒介,并表现为持续在场的生存论维度。反思一旦触及死亡的本体论内涵,那种无从遁逃的自然性便可以直接通达此在在世的内核——人性。这一系列判断无疑是深刻的,但也包含着阴郁的虚无主义倾向。作为海德格尔的学生,卡尔·洛维特是第一个把极权主义国家的基本特征定义为"生命的政治化"的人,与此同时,他也是第一个注意到民主与极权主义奇特近似性的人。① 洛维特在回忆在弗莱堡大学的学习经历时,困惑于海德格尔"唯一要务"的决断究竟该如何界定,直到某次调侃后才恍然大悟:所谓唯一要务的决断,其实什么都不是,它只是一个纯之又纯的决心,没有任何确定性目标,换言之,个体的本己的生存意义,只能被动等待着确定的目标。这个目标,既可能是魏玛共和国时期的自由主义放任,亦可能是纳粹时期的种族主义极权,当历史进程出现了转折点,作为德国公民的海德格尔做出了自己的决断与选择。

作为二十世纪最伟大的哲学家之一,海德格尔为何会主动支持纳粹?海德格尔终生也没有正面回答这个问题,因而只能在思想细节中寻找线索。阿甘本指出,对海德格尔和国家社会主义思潮而言,生命无须为政治性而去僭取诸种外在于它的价值规范,换言之,生命在其事实性层面直接表现为政治性。政治性是纯然内在的生命属性。亚里士多德的人之定义依旧成立,只不过在现代性语境之内,其意义已然大相径庭:城邦时代的公民尚有选择阵营与政见的自由,极权主义制度下民众只剩下了服从权威的义务。海德格尔认为,人如同被抛一般来到世间,能够使其超脱烦、畏境遇的,唯有此在的时间性(此在作为具有历史的此在,只有根据时间性才可能存在)。然而,人们如果将现象学方法还原出来的人的境况与已经完成全面统摄的治理术相对应,会发现自己根本无法领会无蔽的、本真的境界,究其原因,其一,生存论维度相关的时间,早已经演变为与历史相关的、普遍性的政治逻辑;其二,人道主义理念相关的此在,成为观念论层面的死亡参悟与政治哲学运思的契合点。存在与时间这两者不是被遗忘,就是被曲

---

① 〔意〕吉奥乔·阿甘本:《至高权力与赤裸生命》,吴冠军译,中央编译出版社 2017 年版,第 165 页。

解、被篡改了。

世界经济危机之后的德国乱象频仍，究其原因，海德格尔认为是群氓忘却了存在，施米特认为是公众忘却了政治，前者关乎生存意义，后者则直指敌我立场，两者最终在纳粹主义的"决断"中达成了某种共识。生存论维度中所形成的悖论，想要化解就必须洞察死亡，即通过反思洞察生而为人的"意义"，与之同理，现代政治造成了最剧烈的对抗，自由主义者只会在争执不休中逃避共同体的责任，他们热衷于商谈而不去进行决断。然而，民族国家之间的矛盾是不可避免的，每一次具体对抗的程度越接近基点、即形成敌—友的阵营，其政治性也就越强。① 海德格尔认为，人道主义很难超越形而上学的理念体系，因为人的本质比启蒙主义定义的"理性生物"更多一些，要从存在的历史延绵中，看出未来的天命，就必须去思考人与动物共同范围之外的东西。综上，阿甘本总结出了海德格尔的隐微教诲：在人的本质层面彻底排除生物性的参照，人是政治的动物，应该重新表述为"人是政治的天命"。

阿甘本认为，那些与纳粹媾和的思想家的言论的"人道主义"语境，表现为一种混淆了生命与政治的"非人性"，主权者彻底剥夺人本质的生物属性，并把人的生命视为实现政治目标的应然手段。无论深刻与否，哲学家进行的也只是个人的沉思，倘若拓展运思的边界，在每个现代国家都放一条生命红线，就会标识出一个对生命之决断变成一个对死亡之决断，即生命政治变成死亡政治（thanatopolitics）的那个点。② 当政治对生命的规训只剩下了生杀大权，哲学家注定会和古典城邦时代一样黯然离场，而主权者与法学家、医生、科学家形成更为紧密的关联。对施米特而言，主权者是能够决定例外状况、判断敌我立场的政治人格，当国家变成"利维坦"的那一刻，便湮灭了代议制的政治生活，它有着独特的人性特征与价值范式，集中在身为"领袖""元首"的主权者身上。

哲人沉思的对象是内心中的自我，其决断最多表现为一种精神顿悟，而主权者行动的对象则指向公共社会，在他的决断中，政治生活不会被市场和科技代表的物欲生活占据。面对"共产主义"工业化和"犹太主义"商

---

① 〔德〕卡尔·施米特：《政治的概念》，刘宗坤译，上海人民出版社 2003 年版，第 143 页。
② 〔意〕吉奥乔·阿甘本：《至高权力与赤裸生命》，吴冠军译，中央编译出版社 2017 年版，第 167 页。

业化的双重夹击,思想家困惑于欧洲精神如何能够突围,德国人早已在民粹声浪中集体迷失,并选定了一个自诩真理在握的独裁者。对此,阿甘本做了一个非常形象的比喻:真理存在于一场戏剧之中,人自己就是戏中的演员。① 大多数演员能够分清戏剧人格和现实人格,而少数人则混淆了二者。海德格尔与施米特这类亲附极权主义的思想家,代表着少数入戏甚深的演员,他们把现实生活中的人的境况,代入生命与政治合一的决断之中,进而将独裁者的谎言当作真理去膜拜。"首相阁下,想必您能够理解,不可预知的恐怖远甚于可以预知的恐怖,而我正被迫变得不可预知。"1938 年 9月,阿道夫·希特勒如此解释吞并苏台德地区的战略意图,如同谶语一般对应着人类世界的未来,当主权者开启了生命政治的权限,历史进程开始与思想家们的预判背道而驰。

三、消解"政治化的死亡"

近代以来,西方历史观逐渐世俗化,内涵于历史层面中的正义不再由上帝来承担,转由尘世中的人去践行。然而,近代历史观并没有彻底放弃神义论的框架,黑格尔的"理性的狡计"与海德格尔的"政治的天命"在精神气质上是相近的,即一种此岸的、无界限的进步理念,与一种彼岸的、超越世俗的天命信仰相结合。正如法国大革命以来的诸多政治革命,既有世俗性的废黜封建特权,也有谋求自由、平等、博爱等超验诉求。阿甘本发现,近代政治神学所谋求的"国王的两个身体",本质上是要保持进步理念与天命信仰的平衡,建立国家的道德精神和政治精神的持续性,因为这种持续性是维持政治组织的前提。康德慨叹西方文明将经历"不可想象的绝望",因为随着基督教的世俗化,道德精神从他律转向自律之后,上述持续性将无法成立。"现代性将上帝从世俗世界中移除,这不仅没有将神学远远地抛诸脑后,而是以某种其他方式使神恩安济的机制更为完善。"②阿甘本意识到,当上帝在世界上无处寻觅之际,世界本身便会演变出新的神像,换言之,当超越性的宗教象征被禁止之际,新的神像又会从世俗语言中发展起来。在这种历史意识的延绵中,人们不可能对生命以及它的实际情况,包

---

① 〔意〕吉奥乔·阿甘本:《至高权力与赤裸生命》,吴冠军译,中央编译出版社 2017 年版,第 205 页。

② Giorgio Agamben, *The Kindom and the Glory: For a Theological Geneology of Economy and Government*, p.287.

括此在本身、此在的生存方式做出严格界定,以至于传统人类学的诸多区分都被一一废除了。

阿甘本希望将政治哲学转到形而上学,即让政治理念返回其本体论层面,然而他发现,一种能够不困囿于主权难题的政治理论,仍然是无法成立的。"在我们这个时代,这所哲学医院已经关门了……创造和救赎都不再触及它们之间割舍不断、爱恨交织的印记。"①海德格尔的学生之中,本雅明、阿多诺等思想家亲历了纳粹暴政,他们目睹了政治化了的生命被迫害的重重惨状后,对西方文明持悲观主义论调,做出了"奥斯维辛之后,写诗是野蛮的"的哀叹。相比之下,1942 年出生的阿甘本对"二战"并没有直观印象,他缺乏前辈学者的悲悯心态,却具备了一种独特的冷峻视角:不存在不可拯救之物,亦不必执念于向死而生的幻灭体验,应该对权力装置进行悬置与去功用化,完成尘世的救赎。

阿甘本的理论运思始终具有神学背景,在他看来,哲学、语言学和神学之间的联系是如此强烈,以致形而上学问题不涉及语法规范就无法得到理解,在这个过程中,世俗化的弥赛亚精神是解构现代权力装置的关键。死亡观念的神学形象即天使萨麦尔(Samael),他用预言来宣告死亡。无论人们如何攫取生命的知识,都不可能推迟死亡宣告,只有理解预言之自明性的人,才能本真地把握死亡。②自明性的预言基于沉思生活,哲学是一种批判性的预言,但它唯独无法预言拯救,因为拯救的权柄是神明的。阿甘本在《语言与死亡:否定性的位所》中,对比了黑格尔和海德格尔哲学中"不可言说"的否定性,他提出了这样一个疑问:在语言事件的经验中,什么要把人们抛向否定性?为了让把握语言的尝试终结于这种虚无主义的权力,语言究竟应该被定位于何处?宗教改革之后,资本世俗化成为文明发展的主流,在这一历史阶段,拯救开始于即将实现的创造,终结于失去了目标的救赎。哲学家对死亡现象进行的理念分析,相当于感知同时代的黑暗,然而"感知这种黑暗并不是一种惰性或消极性,而是意味着一种行动和一种独特能力"③阿甘本发现了以往死亡哲学观的症结:蕴含着死亡领悟的语言本身也是一种暴力。想要拒绝死亡的纯粹的否定性,首先就要悬置权力

① 〔意〕吉奥乔·阿甘本:《裸体》,黄晓武译,北京大学出版社 2017 年版,第 12 页。

② Giorgio Agamben, "The Idea of Death", in Agamben, *Idea of Prose*, trans. Micharl Sullivan and Sam Whitsitt, State University of New York Press, 1995. p.129.

③ 〔意〕吉奥乔·阿甘本:《裸体》,黄晓武译,北京大学出版社 2017 年版,第 25 页。

对人的自然身体的掌控,使之"无用化"。权力加诸人类身体上的装置如同巫术,如果从这种巫术中解放出来,"这一身体仿佛第一次获得通向自身真理的途径"①,赤裸生命才有机会拥有一种全新可能的公共用途。

如尼采所言,当人在凝望着深渊时,深渊某种意义上也在凝视着人,相比于同时代人执着于过往时代的黑暗,阿甘本的分析坚守于此时此刻,他要在主权者的死亡/神圣人的生存的悖论中,拯救作为权力装置的人的生命。法国大革命和美国独立革命之后,权利宣言在人的动物性/政治性传统定义中制造了一个"界槛",这类界槛跨越了诸种极权政治的黑暗边界,将生命从死亡中分隔开来,从而确认一种新的活着的私人,即一种新的神圣人。② 神圣人能够生存下来,直接源于主权者的意志,死亡的确不是个人能够经验的"事件",但它并不具备什么本真领会。客观而言,死亡与主权者的至高权力相关,而至高权力的终极目标,即将所有人都构建成"可以被杀死但不可被祭祀"的权力装置。主权者显然会死亡,那么这种死亡是否意味着至高权力的湮灭? 阿甘本援引神学家的阐释,指出人的政治身体的隐喻从中世纪就已经不再是尊荣的神圣符号,而是主权的"非人性"的符码,在海德格尔的死亡观中推导出的"人是政治的天命",与之有着逻辑上的一贯性——至高权力的绝对性与持续性。

极权主义国家之所以依赖于绝对性的社会规范,以及主权者的至高决断,是因为生物性生命及其需求本身已经成为最具决定性的政治事实。身体是一个兼具生死的双面性的存在,生即个人自由的载体,死即至高权力威压下神圣生命,所以法西斯和纳粹分子在夺取政权之初,都会先重新界定主权与公民身份二者的关系。现代民主最大的问题,就是忽略了政治身体的"死亡维度",它没有消解神圣生命,而是将其打碎,任由其落实在公民个体的身体之中,使之沦为政治对抗的手段。阿甘本指出,要化解现代政治的诸多危机,必须明确这样一个基本逻辑:生命和死亡妥切来说不是什么神学概念,而是政治概念,该类概念本身恰恰只有通过一个决断,才能获得政治意义。③ 死亡的政治化何以可能? 阿甘本总结出了其极端状态:

① 〔意〕吉奥乔·阿甘本:《裸体》,黄晓武译,北京大学出版社 2017 年版,第 186 页。
② 〔意〕吉奥乔·阿甘本:《至高权力与赤裸生命》,吴冠军译,中央编译出版社 2017 年版,第 178 页。
③ 〔意〕吉奥乔·阿甘本:《至高权力与赤裸生命》,吴冠军译,中央编译出版社 2017 年版,第 220 页。

人的身体被国有化，由国家来决断公民的死亡时刻。它们并非死亡集中营所独有，也存在于现代社会的医院、监狱等，安乐死就是典型案例，它们的生命政治意义有两点：至高权力对可被杀死的生命的决断；对照料民族之生物性身体的承担。[①]

第三节　启蒙理性的现代性批判

在政治一体化、资本全球化的当今世界，普遍性思维大行其道，特殊主义空间逼仄。对于现代犹太人而言，启蒙即同化，那么其他民族的成员呢？激进的启蒙者霍布斯、斯宾诺莎、莱马鲁斯等对神学传统进行了严厉的批驳，他们从经验原则出发，考察了启示精神的荒谬前提。如黑格尔乃至马克思所见，这种批判性否定尽管十分缜密，却不合法。托拉与西奈山的启示信仰是希伯来文明的核心，启蒙者面对它们并不是论证其理性前提与政治意义，而是从无神论的角度直接追问这种宗教世界观是否真实，这不是论证，而是嘲讽。"通过嘲讽，方才第一次摆脱了先前据说已经摆脱了的'偏见'。"启蒙者实际上回避了理性与启示之间的矛盾，并武断地让理性充当了解释真理的唯一标准。对此，列奥·施特劳斯提出一个意味深长的问题：在现代社会中，如果人们最终的选择只剩下传统或启蒙，那么启蒙是否一定得是现代的启蒙？

中世纪的犹太哲人迈蒙尼德开辟了一种全新的文本解读模式，即把神学命题转换成了政治意识。律法的真理性作为前提断然不能更改，哲学却可以依赖神圣启示完成论证，迈蒙尼德致力于彻底理解这种依赖性。这种为律法进行哲学奠基的观点被施特劳斯概括成"为形而上学加冕"，其目标是通过先知来增强共同体的政治意识。先知既拥有理性思维与哲学洞见，又能够化解哲人由于沉思生活而不善于立法的弊端。集导师、政治家、哲人为一体的先知最为杰出的实用功能并非预言，而是政治方向。启示真理倡导的美德涵盖了肉体的完满，哲人立法使政治得以超然于预言和神迹，反观近代启蒙运动，本质上也是一场政治式启蒙，但它用"自由"取代"自

[①]　〔意〕吉奥乔·阿甘本：《至高权力与赤裸生命》，吴冠军译，中央编译出版社2017年版，第191—192页。

然"，让权利凌驾于启示，由此造成了对理性原则的片面强调，在针对犹太传统等古典政治理性时，启蒙者盲目从经验层面批判而错失了真正的政治哲学问题。迈蒙尼德把真理区分为"人法"与"神法"，与只关注肉体的、不言而喻的理性"人法"不同，启示真理是人用以自我确认的"神法"：它试图促进灵魂的完善，根据每个人的接受能力不断向他们灌输正确的意见，努力发展每个人对一切可能存在事物的理解。正如现代性的积极成果不容抹杀，对于启蒙也不能进行非黑即白的选择，蒙尼德等犹太哲学家把律法看作哲学的参照和保障，律法可以确保社会框架的持久和稳定，还能维系道德标准的超验性，这二者皆为现代自由民主制所匮乏。

在这样的启蒙中，哲人何以自处？施特劳斯发挥了柏拉图的"洞喻"，创造性地提出了"第二洞穴"：在困住哲人与民众的"自然的洞穴"之下，还有个第二洞穴，它是人为造就的、间接性的"历史的洞穴"，哲人们在意图逃离时无意间跌落进了第二洞穴。他们陷入这个洞穴，较少因为传统本身，更多是因为抨击传统的传统。唯有回溯思想史才能化解历史主义和实证主义带给哲人们的虚无困惑，直接从洞穴中走出，步入理念的阳光中，这才是"自然洞穴"中哲人的应然选择。施特劳斯深信在托拉的神圣启示之外，先知—哲人也拥有诠释律法的自由，如此上下通达的政治意识有助于现代社会中世人的自我保全。迈蒙尼德等中世纪先行者对犹太教义包含的至高理性有着绝对的信心，现代政治哲人则应将这种信心与信仰相结合，让人们拥有一个足以抵挡任何攻击的真理内核，在歧视和迫害之下仍可顽强生存。在这个理论层面，无论阿伦特还是阿甘本其实都共享着马克思所开辟的问题意识，即启蒙理性的现代性批判。

在政教分离原则确定之后，现代人在政治生活的终极旨归，不再是取决于如何听候神恩天启，而在于如何坚守人性的尊严。只要人们依然坚持理性的力量，善与恶的抉择问题就将始终显现，并挥之不去。让法国大革命、美国独立革命成为世界历史事件的，政治领袖即行动者的丰功伟绩或是拙劣行径只不过是"显现"，公众群体即旁观者的意见才是这些事件得以反复讨论，并使之铭记于人类精神的关键。无论古今，人们绝不能允许自己在未理解政治事务之前就下判断：对于罪恶，去理解才能尝试宽宥，对于善良，去认知才能努力践行。判断力构筑了公共领域，即政治自由的实现空间，没有了这个空间，人们就不能安全地退回政治的思考中，人们的自由行动便无法经过讨论而受到验证并变得人性化。阿伦特用现象学还原的方法得出一条简明的政治准则:我是人类的一分子,若没有人当我的同伴,我就无法生活下去。我是作为这个共同体的一个成员而不是作为超感觉世界的一个成员来作判断的①,这无疑是对马克思共同体思想的一种独特理论回应。

二十世纪五十年代,阿伦特在《极权主义的起源》的结尾,把极权主义产生的原因,归结于人类的生存论危机——孤独,以及与之紧密相连的意识形态宣教。在西方哲学传统中,人们能够存在一种"彻底的恶",但奥斯维辛用事实证明了这种纯粹的罪恶的存在,极权主义政权能够垮台,但极权主义的方案仍然存在,哲学作为时代精神的凝缩,作为预言无甚效用,也很少给人安慰。② 她坚信极权主义只是一种"有组织的孤独",政治自由能够有力地化解这种孤独感。然而,在经历艾希曼的审判后,阿伦特对隐藏在纯粹罪恶背后的"平庸之恶"产生了深深的困惑,极权主义亘古未有的罪恶,使启蒙理性奠基的政治思想范畴与判断基准纷纷失效,艾希曼对极权政治之外的世界缺乏想象力,因而其良知才会被置换为罪恶,判断能力的丧失,绝非生存论意义的孤独能够诠释。通过哲学观的回溯与重构,阿伦特发展了自己以往的观点:精神生活不是在形而上学的视野中升华的,而是在审慎理性的旁观者以及有责任感的行动者的共同努力中达成的。判断力赋予世界希望,使人们在行动之际仍能坚守良知,"下判断"成为一种在真正的公共领域萎缩之际,重获公民身份的有效方式。总体而言,判断承担了一种本体论的使命,它还原被遮蔽了的生存意义的现实性(existential reality),并赋予世界以审美价值:未经判断力审视的世界,便是无意义的世界。阿伦特经常援引伯里克利在阵亡将士葬礼上的演讲词:我们爱美,但限定在政治事务的审慎之中,不至于腐化奢侈,我们爱智慧,但没有蛮族的柔弱秉性。艺术与政治共享着公共世界,爱美与爱智慧因此可以在政治判断中达成一致。当共通感受到削弱的时候,公共世界的自由便处于威胁之中,人类"共同世界的权利是通过世界享有判断活动而受到保护的"③。

----

① 〔意〕吉奥乔·阿甘本:《至高权力与赤裸生命》,吴冠军译,中央编译出版社 2017 年版,第 101 页。

② 〔美〕汉娜·阿伦特:《极权主义的起源》,林骧华译,生活·读书·新知三联书店 2008 年版,第 596 页。

③ 〔美〕赛琳娜·潘琳:《阿伦特与现代性的挑战——人权现象学》,江苏人民出版社 2012 年版,第 117 页。

如果说哲学的政治性意味着形而上学能够创造最美政制与最美人性,那么政治的美学性则预设将这种人之为人、共同体之为共同体的完美概念落实为可预期可操作的世界图景。阿伦特晚年的哲学观是一种政治美学,它试图重建与现代性相适应的公共领域的本体论意义。"言与行的伟大,倏忽即逝,只有被赋予美,这样的伟大才能持存于世界。美,也就是辉煌的荣光,使得潜在的不朽在人的世界中被展现出来。"①

相比于阿伦特古典共和主义情怀的明朗乐观,阿甘本的理论视野要显得冷峻得多。阿甘本认为,集中营中发生的事情,显然已经超出了犯罪的司法管辖范畴,如同那个隐喻性的问题:如何测量一场毁灭了全部测量工具的地震?文明典范的崩解,源于政治化了的死亡。阿甘本犀利地指出,集中营堪称生命政治空间的典范,因为在这个空间中,权力和生命之间没有任何中介,生命政治可以即刻转换成死亡政治。阿伦特曾经身陷集中营,她生动地描述道,"仿佛有一个深渊敞开了,然而这本不该发生",犹太人充当着工厂的原材料,在党卫军的指挥之下,一切都在有条不紊地进行,只不过产品是死亡。集中营中最恐怖的不是死亡,而是漠视言说与沉思的平庸之恶。阿甘本认为,集中营代表着一种错位的场所化(dislocating localization),它是国家领土、政治秩序、公民身份三者之外的"例外"政治空间,它不被人道主义理念接纳,却又必然在以人权为圭臬的国家中存在。"哪里有一个大写的人民,哪里就会有赤裸生命",被无限净化的人的生物性身体,能做且唯一能做的,或许仅仅是政治任务了。

现代激进左翼思想家普遍试图从人类最崭新的经验,以及最切近的恐惧出发,来重新思考人的境况。他们普遍怀疑马克思对无产阶级意识的界定,认为技术自动化将彻底改变人类文明的样态,人们所面临的前景是一个"无劳动的劳动者社会"。现代政治的衰落,基于自然生命的优先性已经超越了政治行动,然而,既然行动是缔造共同体历史的前提,那么诞生性而非有死性,就是政治思想的中心范畴。② 然而极权主义以生命和政治的动态同一性为前提,唯有如此,政治动员才能充分开展,从这个角度来看,阿伦特所倡导的行动恰恰是有害的。阿甘本指出,生命政治向死亡政治的激

① 〔美〕汉娜·阿伦特:《康德政治哲学讲稿》,曹明、苏婉儿译,上海人民出版社2013年版,第152页。
② 〔美〕汉娜·阿伦特:《人的境况》,王寅丽译,上海人民出版社2009年版,第2—3页。

烈转变,导致"照料生命"与"消灭敌人"这两种使命逐渐杂糅,它绝非极权主义所独有,也潜藏在现代民主政治的肌理之中。思想家倘若无视政治哲学的死亡维度,便最多只能达到一种批判性的理解,而如果将政治哲学的死亡维度随意拓展,又很难避免主权者的暴虐决断,人们需要的是时刻保持反讽与中立,"把人类从神圣之物的领域中解放出来,使人类从那个领域分心,同时又不是单纯地废弃那个领域"①。

神学隐退,救赎消亡。死亡是包括人在内的所有自然生命的平等归宿,阿甘本试图废黜形而上学话语包裹在死亡现象之上的、那些是其所是的规定。在他看来,生命形式不该有任何的内容框架,人性也应该是充分敞开的。在人的经典定义层面,动物性作为活着的存在,其生命在政治生活中构成了问题,政治性作为人性的前提,在其自然生命中也构成了问题。在现代社会,人们普遍远离了戕害生命的极权主义,但生命政治理念仍然存在并持续发挥着效用,因此需要时刻保持警觉。只有悬置被政治化了的死亡观念,作为权力装置的人的生命才有寻求尘世救赎之可能。阿甘本并没有提出任何新世界的乌托邦构想,他所提供的仅仅是反抗的策略:如果生存与政治的相伴纠缠是不可避免的,那么就有必要终止所有围绕着死亡的沉思,使之回归本该有的寂静安然。

资本主义生产方式从近代到现代的发展,彻底改造了人的主体性价值,所以马克思主义的理论对手总是热衷于假设,某种"经济人"的假设会一直存在于世界历史的所有时代。回归前资本主义的人性是不可能的,同样,在后现代的资本主义图景中篡改人的主体性价值也是不可能的。批判的武器不能代替武器的批判,总体而言,无论是关注政治判断力的政治美学,还是探讨支配生命的权力装置的政治死亡观,二者其实都是启蒙理性的现代性"变种",它们有各自关注的特殊性的问题域,很难具备对时代精神演变的普遍解读范式,也正是在这重意义上,以启蒙精神为旨归的马克思的宗教批判,提供了反观这类现代政治哲学观点的独特视角。早在写作《德意志意识形态》时,马克思便总结了自己的哲学立场:它不决定于意识,而决定于存在;不决定于思维,而决定于生活;从意识/思维到存在/生活,这期间没有理念的相互否定,也杜绝思辨的抽象方法,是对唯物哲学观的简要概括,值得深思的是马克思接下来进行的理论衔接,即最终具备理论

① 〔意〕吉奥乔·阿甘本:《渎神》,王立秋译,北京大学出版社2017年版,第129页。

解释能力的只有"个人生活的经验发展和表现,这两者又决定于社会关系"①。社会关系形成的力量不是什么"神圣的"宗教理念,也不是与个体相关的生存或死亡境遇,而归结于人的本质——社会性的存在。终马克思一生,社会原则始终是他进行思考的自在之物。

　　相对于阿伦特和阿甘本,马克思的思想更为精准地触碰到了现代工业生产方式的症结,即经济制度已经成长为每个人生活中压倒一切的势力,以至于在这种势力面前一切有关人的自由的讨论都成为徒劳。② 在宗教批判的线索中,马克思把"类"界定为人与对象化政治世界间的中介,人类解放的宗旨在于把"非人"转变为人,将现实世界的非类存在物转化为真正的类存在物,然而,当"类"为中介的"人"的解放遭遇了资本主义的经济制度时,生产力和交往手段在私法原则中只能造成灾难,它不再是生产的力量,而是造成不平等的力量。在宗教批判到政治批判的转向中,只有阶级(而不是"类")才能和现实的总体发生关系并起到实际上的改造作用,无产阶级的政治判断力在于凝聚意志,而非沉溺于旧日世界的良知,无产阶级的理想永远定格在此岸世界的自我解放,而非彼岸的生死解脱之境。

---

① 《马克思恩格斯全集》第 3 卷,人民出版社 1957 年版,第 295 页。
② 〔美〕沃格林:《没有约束的现代性》,张新樟、刘景联译,华东师范大学出版社 2007 年版,第 167 页。

结语　人类解放理想的超越维度

在《1844年经济学哲学手稿》中,马克思认为人的共同体——"类"是为了实现人类解放而必须进行的必要的思辨抽象,是生成积极人道主义的理性中介。那么将这一逻辑推进下去,"类"概念将自然衍生出满足生产需求、精神需求、实践需求等需求的经济人、理性人乃至政治人的主体型人格,阿尔都塞如此评价这种思想倾向:"从人出发,你就不可避免要受到唯心主义的诱惑。"总体上,唯物史观的解释力不能根植于主体人格,它必定是"反人道主义"的。① 人道主义或主张人本身就是目的且具备最高价值,如费尔巴哈的人本学,或者定义主体人格的超越性,如萨特的作为人道主义的存在主义,二者基于一致的无神论立场完成推论,也皆在政治实践层面驻足不前。

本书在全面分析马克思宗教批判的政治哲学内涵的过程中,始终萦绕着一个疑问(马克思学说的科学性是否基于神学内涵)和一个指认(马克思学说的科学性是反人道主义的),通过横亘近代与现代的全面的思想研判,笔者试图提供一个理论契机:区分神学人性救赎模式与启蒙人道主义,通过扬弃两者之共性,还原马克思真正彻底的宗教批判立场。思想史长河前后相继,如果无视人类解放理想的宗教意识渊源,势必割裂马克思学说与西方思想的有机联系,从而使其异质化和空泛化。在问题意识之层级构建中,研讨人类解放理想与宗教超越维度的确切关联并加以区分,实为求解疑问的必由之路。

宗教批判立场之彻底性,既非在自我意识层面繁复地论证扬弃宗教的理由,亦非寻找感性生活的单纯共性、将神学彻底人本主义化。宗教批判基于回应"反人道主义"的指认,根绝神学/人本主义对人类解放模式的垄

---

① 吴晓明主编《当代学者视野中的马克思主义哲学:西方学者卷(中卷)》,北京师范大学出版社2012年版,第503页。

断。与神学隐退、理性兴起的西方思潮相伴，近代以来西方社会经济危机频仍，激进政治意识形态及其领导的群众运动此起彼伏，自由主义者常常蔑称无神论、共产主义是造成底层民众迷狂的催化剂，实为神学灵知主义的变种。然而吊诡的是，将诸如祈祷、忏悔、诫命等感性行为纳入理性认知体系进而引向政治生活的始作俑者，不是策动民运的激进分子，恰恰是那些早期的自由主义者。譬如自诩"我肯定我是一个基督徒"的洛克，他信奉理性是上帝赋予人类的宝贵才能，并通过财产权概念奠定了资本主义的经济理性，将新教改革之后人类本性的灵肉分离（spritual/bodily），以"政治宽容"的名义转换为政教分离原则。路德认为自由人格与公共义务外在于人的信仰，洛克对此进行发挥，让凯撒的仍旧归凯撒，却不再任由上帝落实于神坛。① 新教伦理与资本主义精神的衔接，并不单纯依赖于传统教会权力的崩解，它突出表现为以信仰之名推行理性主义的政治权威：一方面，政治权力不能干涉信仰；另一方面，启蒙者承担着用理性约束宗教的使命，他们引导民众遵循理性以趋近良善生活，拒绝接受暴政与教权的胁迫。时过境迁，当这一使命流转到十九世纪四十年代，以德国资产阶级之弱势、市民阶层之保守愚昧，启蒙者的警告在封建王权面前变得毫无效用，他们的"宗教批判留给人的是对任何彼岸世界的无望"②。

何谓良善生活？人们对这一问题的持续追问，自然而然地产生各类分歧，近代西方政治思想家们希望能够在尊重分歧的同时，尽力维系政治共同体的基本共识。如赫曼·鲁柏（Hermann Lubbe）所总结，社会问题在十九世纪三十年代的德国只是"一个发现"，尚未成为思想界的主流话题，但到了四十年代，它已经变成了口号。③ 在落后的政治社会环境中，自由主义显然"过于冰冷"而无法有效地动员民众。康德的道德律令何等崇高，但也有意识回避了神学隐退之后启蒙理性所陷入的窘境，亚当·斯密在讴歌

---

① 路加福音 20：20—26：于是他们窥察耶稣，派遣奸细，假装义人……耶稣觉察出他们的诡计，便对他们说："你们拿一个'德纳'来给我看！这'德纳'上有谁的肖像，有谁的字号？"他们说："凯撒的。"耶稣对他们说："那么，凯撒的就应归凯撒；天主的，就应归还天主。"此处经文阐述了政教分离观念。尽管耶稣对罗马社会并不认同，但他从未引导其门徒去改造社会或策动政治变革。

② 〔美〕维塞尔：《马克思与浪漫派的反讽——论马克思主义神话诗学的本源》，陈开华译，华东师范大学出版社 2008 年版，第 229—230 页。

③ Hermann, Lubbe, "Die Politische Theorie der Hegelschen Rechten", Archiv fur Philosophie, Bd 1013 - 4 1963.p.218.

自由贸易精神的时候,也有意识回避了自由贸易与奴隶贸易并行不悖的事实。自由主义让世人看到了资本主义生产方式"魔术"的神奇一面,却隐没了魔术师的机巧手段,在异化开始逐渐显现的时代,底层民众显然需要全新的精神坐标,马克思主义应时代而生。

在马克思看来,政治国家在世俗基础层面的矛盾可以通过革命排除,而精神基础层面的矛盾,亟待把人是革命的主体、人是类的存在物的判断整合为无产阶级的阶级意识。要为底层民众树立希望、凝聚政治共识且不至于锢陷神学人格、溺于哲学玄思,作为马克思主义者,如下信念在一定程度上应当是坚守且不容动摇的:马克思不是神学家,他通过对社会原则进行重构,扬弃了人本主义的解放模式,从而彻底颠覆了神学立场。

路德率先摧毁天主教廷权威之后,费希特、谢林、黑格尔对宗教世俗化的理性解读,经由施特劳斯、鲍威尔、费尔巴哈对神圣教义形象的解构,到马克思对"一切神灵"即全部权威秩序的摧毁,以及现代西方政治哲学关于共同体问题的讨论,其间贯穿着一条清晰的思想路线。作为宗教批判的审慎旁观者,马克思其实十分清楚自己的学说与新教传统之间的关系,在早期的思想活动中一直试图予以扬弃。

如沃格林所言,人们并没有足够充分的理由去预设新教精神如何深入自路德到马克思的思想史线索,但是完全可以自信地宣告,马克思主义乃是"德国自由主义新教之一解体的最后结果"①。思想史研究极易被虚无主义蛊惑,严格限定主体性的价值边界是完全必要的,我们必须时刻警惕唯物史观"批判的批判"科学维度的湮灭。马克思的全部学说绝非犹太—基督教宗教情怀的虚假变形,马克思主义之为科学,前后相继的思想史线索已经提供了充足的理由:在神学政治论层面,马克思建立了历史理论以及意识形态和科学之间的历史差别的哲学,这一切归根结底是在破除阅读的宗教神话的过程中完成的。② 在马克思看来,新教的精神革命从僧侣的头脑中开启,当僧侣与信众的界限已经打破,为世俗人谋求解放的革命便要从哲学家的头脑中展开,它首先要面对的就是新教"毕竟正确地提出"的问题。本书的全部论证所要达到的,就是接近这个问题的正确答案,进而提供当代人审视马克思主义的全新视角。

---

① 〔美〕沃格林:《没有约束的现代性》,张新樟、刘景联译,华东师范大学出版社 2007 年版,第 146 页。

② 〔法〕阿尔都塞、巴里巴尔:《读〈资本论〉》,李其庆、冯文光译,中央编译出版社 2001 年版,第 6 页。

主要参考文献

一、著作

［1］《马克思恩格斯全集》第 2 卷,北京:人民出版社,1957 年版。

［2］《马克思恩格斯全集》第 3 卷,北京:人民出版社,1957 年版。

［3］《马克思恩格斯全集》第 22 卷,北京:人民出版社,1965 年版。

［4］《马克思恩格斯选集》第 4 卷,北京:人民出版社,1995 年版。

［5］《马克思恩格斯全集》第 3 卷,北京:人民出版社,2002 年版。

［6］《马克思恩格斯全集》第 47 卷,北京:人民出版社,2004 年版。

［7］《马克思恩格斯文集》第 1 卷,北京:人民出版社,2009 年版。

［8］马克思、恩格斯:《神圣家族》,北京:人民出版社,1981 年版。

［9］戴维·麦克莱伦:《马克思主义以前的马克思》,李兴国等译,北京:社会科学文献出版社,1992 年版。

［10］戴维·麦克莱伦:《马克思传》(第 4 版),王珍译,北京:中国人民大学出版社,2008 年版。

［11］吴晓明主编《当代学者视野中的马克思主义哲学:西方学者卷(上卷)》,北京:北京师范大学出版社,2012 年版。

［12］中国社会科学院哲学研究所马克思主义哲学史研究室、《哲学译丛》编辑部编译《马克思哲学思想研究译文集》,北京:人民出版社,1983 年版。

［13］伯尔基:《马克思主义的起源》,伍庆、王文扬译,上海:华东师范大学出版社,2007 年版。

［14］柏拉图:《理想国》,郭斌和、张竹明译,北京:商务印书馆,2002

年版。

　　[15]《柏拉图全集》第二卷,王晓朝译,北京:人民出版社,2014 年版。

　　[16]斯宾诺莎:《神学政治论》,温锡增译,北京:商务印书馆,1963 年版。

　　[17]康德:《判断力批判》,邓晓芒译,北京:人民出版社,2002 年版。

　　[18]《康德著作全集》第 4 卷,北京:中国人民大学出版社,2005 年版。

　　[19]康德:《实践理性批判》,韩水法译,北京:商务印书馆,2007 年版。

　　[20]康德:《历史理性批判文集》,何兆武译,北京:商务印书馆,2007 年版。

　　[21]康德:《法的形而上学原理》,沈叔平译,北京:商务印书馆,2008 年版。

　　[22]黑格尔:《法哲学原理》,范扬、张启泰译,北京:商务印书馆,1961 年版。

　　[23]黑格尔:《小逻辑》,贺麟译,北京:商务印书馆,1980 年版。

　　[24]苗丽田译编《黑格尔书信百封》,上海:上海人民出版社,1981 年版。

　　[25]黑格尔:《精神现象学》,贺麟、王玖兴译,北京:商务印书馆,1983 年版。

　　[26]黑格尔:《历史哲学》,范扬、王造时译,上海:上海书店出版社,2006 年版。

　　[27]黑格尔:《精神哲学》,杨祖陶译,北京:人民出版社,2006 年版。

　　[28]《黑格尔早期神学著作》,贺麟译,上海:上海人民出版社,2012 年版。

　　[29]《黑格尔全集》第 17 卷《讲演手稿(1816—1831)》,梁志学、李理译,北京:商务印书馆,2012 年版。

　　[30]雅各布斯:《费希特》,李秋零、田薇译,北京:中国社会科学出版社,1980 年版。

　　[31]海涅:《浪漫派》,薛华译,北京:中国法制出版社,2010 年版。

　　[32]诺瓦利斯:《夜颂中的革命和宗教——诺瓦利斯选集卷一》,林克等译,北京:华夏出版社,2007 年版。

　　[33]施莱尔马赫:《论宗教》,邓安庆译,北京:人民出版社,2011 年版。

　　[34]维塞尔:《马克思与浪漫派的反讽——论马克思主义神话诗学的

本源》,陈开华译,上海:华东师范大学出版社,2008年版。

　　[35] 谢林:《对人类自由的本质及其相关对象的哲学研究》,邓安庆译,北京:商务印书馆,2008年版。

　　[36] 谢林:《哲学与宗教》,先刚译,北京:北京大学出版社,2017年版。

　　[37] 费尔巴哈:《未来哲学原理》,洪谦译,北京:生活·读书·新知三联书店,1955年版。

　　[38] 费尔巴哈:《关于哲学改造的临时纲要》,洪潜译,北京:生活·读书·新知三联书店,1958年版。

　　[39]《费尔巴哈哲学著作选》,荣震华、李金山等译,北京:商务印书馆,1984年版。

　　[40] 费尔巴哈:《基督教的本质》(珍藏本),荣震华译,北京:商务印书馆,2009年版。

　　[41] 费尔巴哈:《宗教的本质》,王太庆译,北京:商务印书馆,2010年版。

　　[42] 列奥·施特劳斯:《哲学与律法——论迈蒙尼德及其先驱》,黄瑞成译,北京:华夏出版社,2012年版。

　　[43] 鲍威尔:《复类福音及约翰福音作者的福音史批判》(德文版),《马克思主义来源研究论丛》第16辑,北京:商务印书馆,1994年版。

　　[44] 施特劳斯:《耶稣传》(第一卷),吴永泉译,北京:商务印书馆,1981年版。

　　[45] 施特劳斯:《耶稣传》(第二卷),吴永泉译,北京:商务印书馆,1981年版。

　　[46] 兹维·罗森:《布鲁诺·鲍威尔与卡尔·马克思》,王谨译,北京:中国人民大学出版社,1984年版。

　　[47] B.A.马利宁、B.N.申卡鲁克:《黑格尔左派批判分析》,曾盛林译,沈真校,北京:社会科学文献出版社,1987年版。

　　[48] 莫泽斯·赫斯:《赫斯精粹》,邓习议编译,方向红校译,南京大学出版社,2010年版。

　　[49] 麦克斯·施蒂纳:《唯一者及其所有物》,金海民译,北京:商务印书馆,1989年版。

　　[50] 卢卡奇:《历史与阶级意识》,杜章智、任立、燕宏远译,北京:商务印书馆,1992年版。

［51］德里达:《马克思的幽灵——债务国家、哀悼活动和新国际》,何一译,北京:中国人民大学出版社,1999 年版。

［52］西美尔:《现代人与宗教》,曹卫东等译,刘小枫审校,北京:中国人民大学出版社,2005 年版。

［53］洛苏尔多:《黑格尔与现代人的自由》,丁三东等译,长春:吉林出版集团有限责任公司,2008 年版。

［54］吴晓明:《形而上学的没落——马克思与费尔巴哈关系的当代解读》,北京:人民出版社,2006 年版。

［55］陈东英:《赫斯与马克思早期思想关系研究》,北京:人民出版社,2011 年版。

［56］萧焜焘:《从黑格尔费尔巴哈到马克思》,南京:江苏人民出版社,1982 年版。

［57］侯才:《青年黑格尔派与早期马克思思想的发展》,北京:中国社会科学出版社,1991 年版。

［58］李和中:《马克思与青年黑格尔派》,武汉:武汉出版社,1993 年版。

［59］张一兵:《回到马克思》,南京:江苏人民出版社,2009 年版。

［60］邹诗鹏:《激进政治的兴起——马克思早期政治与法哲学批判手稿的当代解读》,上海:复旦大学出版社,2012 年版。

［61］张盾、田冠浩:《黑格尔与马克思政治哲学六论》,北京:学习出版社,2014 年版。

［62］赵林:《黑格尔的宗教哲学》,武汉:武汉大学出版社,2005 年版。

［63］叔贵峰:《青年黑格尔派宗教批判的逻辑演进》,北京:人民出版社,2014 年版。

［64］聂锦芳:《批判与建构——〈德意志意识形态〉文本学研究》,北京:人民出版社,2012 年版。

［65］贺照田主编《西方现代性的曲折与展开》,长春:吉林人民出版社,2002 年版。

［66］艾尔弗雷德·韦伯:《西洋哲学史》,詹文浒译,上海:华东师范大学出版社,2007 年版。

［67］海德格尔:《存在与时间》,陈嘉映译,北京:生活·读书·新知三联书店,2006 年版。

[68] 海德格尔:《德国观念论与当前哲学的困境》,庄振华、李华译,西安:西北大学出版社,2016 年版。

[69] 卡尔·洛维特:《从黑格尔到尼采——19 世纪思维中的革命性分裂》,李秋零译,北京:生活·读书·新知三联书店,2006 年版。

[70] 卡尔·洛维特:《世界历史与救赎历史》,李秋零、田薇译,上海:上海人民出版社,2006 年版。

[71] 汉娜·阿伦特:《精神生活·思维》,姜志辉译,南京:江苏教育出版社,2006 年版。

[72] 汉娜·阿伦特:《精神生活·意志》,姜志辉译,南京:江苏教育出版社,2006 年版。

[73] 汉娜·阿伦特:《论革命》,陈周旺译,江苏:译林出版社,2007 年版。

[74] 汉娜·阿伦特:《人的境况》,王寅丽译,上海:上海人民出版社,2009 年版。

[75] 汉娜·阿伦特:《康德政治哲学讲稿》,曹明、苏婉儿译,上海:上海人民出版社,2013 年版。

[76] 汉娜·阿伦特:《艾希曼在耶路撒冷——一份关于平庸的恶的报告》,安尼译,南京:译林出版社,2017 年版。

[77] 贡特·奈斯克、埃米尔·克特琳:《回答——马丁·海德格尔说话了》,陈春文译,南京:江苏教育出版社,2005 年版。

[78] 安东尼娅·格鲁嫩贝格:《阿伦特与海德格尔——爱与思的故事》,陈春文译,北京:商务印书馆,2010 年版。

[79] 吉奥乔·阿甘本:《至高权力与赤裸生命》,吴冠军译,北京:中央编译出版社,2017 年版。

[80] 吉奥乔·阿甘本:《裸体》,黄晓武译,北京:北京大学出版社,2017 年版。

[81] 吉奥乔·阿甘本:《渎神》,王立秋译,北京:北京大学出版社,2017 年版。

[82] 列奥·施特劳斯、约瑟夫·克罗波西主编《政治哲学史》,李洪润等译,北京:法律出版社,2009 年版。

[83] 克里斯·桑希尔:《德国政治哲学:法的形而上学》,陈江进译,北京:人民出版社,2009 年版。

［84］潘能伯格：《神学与哲学》，李秋零译，北京：商务印书馆，2013年版。

［85］沃伦·布雷克曼：《废黜自我——马克思、青年黑格尔派及激进社会理论的起源》，李佃来译，北京：北京师范大学出版社，2013年版。

［86］米歇尔·福柯：《性经验史》，佘碧平译，上海：上海人民出版社，2005年版。

［87］米歇尔·福柯：《安全，领土与人口》，莫伟民、赵伟译，上海：上海人民出版社，2010年版。

［88］尤尔根·哈贝马斯：《在自然主义与宗教之间》，郁喆隽译，上海：上海人民出版社，2013年版。

［89］卡尔·施米特：《政治的概念》，刘宗坤等译，上海：上海人民出版社，2003年版。

［90］戴维·麦克莱伦：《青年黑格尔派与马克思》，夏威仪、陈启伟、金海民译，陈启伟校，北京：商务印书馆，1982年版。

［91］以赛亚·伯林：《反潮流——观念史论文集》，冯克利译，南京：译林出版社，2011年版。

［92］马克斯·霍克海默、西奥多·阿道尔诺：《启蒙辩证法：哲学断片》，渠敬东、曹卫东译，上海：上海人民出版社，2006年版。

［93］哈贝马斯：《现代性的哲学话语》，曹卫东译，南京：译林出版社，2005年版。

［94］马克斯·韦伯：《新教伦理与资本主义精神》，康乐、简惠美译，桂林：广西师范大学出版社，2010年版。

［95］Mark Lilla, *The Stillborn God*: *Religion*, *Politics and Modern West*, New York: Alfred A. Knopf, 2007.

［96］Stahl. Philosophie des Rechts, 5th ed., Vol. 2 pt. 1.

［97］L. Feuerbach, Samtliche Werke(Stuttgart, 1959) II 239.

［98］Feuerbach to Marx, 25 October 1843, Briefwechsel, Vol. 2.

［99］F. W. Caro "H. Heine und Prosper Enfantin", Neorama, 2. Th. Leipzig, 1837.

［100］Feuerbach, Briefwechsel, Vol. 2（1840—1844）, ed, Werner Schaffenhauer und E. Voigt, Berlin, 1988.

［101］Bruno Bauer, Die Posaune des jungsten Gerichts uber Hegel den Atheisten und Antichristen：Ein Ultimatum（Leipzig：Otto Wigand，1841）

[102] Avineri Shlomo，*Moses Hess*：*Prohet of Communism and Zionism*，New York University，1985.

[103] Giorgio Agamben，*The Kindom and the Glory*：*For a Theological Geneology of Econamy and Government*.

二、学术论文

[1] 胡建：《从施特劳斯到青年马克思》,《理论学习月刊》1989 年第 6、7 期。

[2] 侯才：《论作为马克思哲学思想直接来源的青年黑格尔派哲学》,《中国社会科学研究生院学报》1991 年第 1 期。

[3] 单世联：《从理论走向实践的"批判"——关于青年黑格尔派的读书笔记》,《开放时代》1997 年第 5 期。

[4] 刘仲康：《马克思主义宗教观概述》,《新疆社会经济》1998 年第 4 期。

[5] 张宪：《基督宗教、马克思主义和"历史终结"》,《现代哲学》2003 年第 3 期。

[6] 卜祥记：《公正评价鲍威尔关于基督教起源问题的研究》,《福建论坛》2004 年第 6 期。

[7] 卜祥记：《马克思思想历程的最初理论环节——对施特劳斯与鲍威尔关于基督教哲学的批判性分析》,《学术月刊》2004 年第 11 期。

[8] 李毓章：《论鲍威尔宗教批判的特色》,《广东社会科学》2005 年第 1 期。

[9] 迈克莱什：《马克思对共产主义的审美辩护》,《世界哲学》2005 年第 5 期。

[10] 王兴军：《论马克思宗教批判与哲学变革》,《哲学研究》2006 年第 7 期。

[11] 何中华：《马克思哲学与浪漫主义》,《山东社会科学》2007 年第 12 期。

［12］张盾:《"历史的终结"与历史唯物主义的命运》,《中国社会科学》2009 年第 1 期。

［13］王南湜:《历史唯物主义何以可能》,《学习与探索》2009 年第 5 期。

［14］田薇:《马克思与基督教关联的双重面相》,《学术月刊》2009 年第 6 期。

［15］汤姆·洛克莫尔:《社会批判之后》,《哲学动态》2012 年第 9 期。

后　记

在我本科入学的新生见面会上，有位老教师对哲学实验班寄予了厚望："很多年过去后，愿你们像拥抱新娘一样拥抱哲学。"坐在下面的我和同学们笑得很开心，多年后回望来路，心底却莫名多了些酸楚。在精神王国的穹顶之下，灯火阑珊处那个美丽的新娘可望而不可即，只有她那一抹神秘的微笑依旧让人沉醉，这本不算厚的著作是连接过往与前程的中介，让我能够坚定初心。

本书的写作和出版得到了国家社会科学基金后期资助项目的资助，特致深厚敬意。书稿本身以我的博士论文为基础加以充实修改而成，在此我要深深感谢张盾教授，张教授在我硕士和博士就读期间的言传身教，不仅让我明白学术为何物，更让我深味学者为人的傲然达观。张教授引导我走上了真正的哲学至思之路，并始终呵护着我学术成长的历程，学生屡教不成器，唯有先生不吝鞭策，在此谨向恩师表示最为诚挚的谢意。

我要真诚感谢我的妻子，恋爱七年、结婚五年，从课桌书本到三尺讲台，从青涩学生到为人师表，她始终包容着我的任性，理解并支持我所选择的道路。无论困顿还是富有，无论闲适还是忙碌，我们无须誓言而不离不弃。这是个变动不居的时代，世界的规则与人情的态度都在加速流转，然而只要有她在，这一生，我只够爱一个人。

本书得以完成，我要郑重感谢吉林大学的孙正聿老师、王庆丰老师、韩志伟老师、程彪老师，黑龙江大学的康渝生老师、罗跃军老师、隽鸿飞老师、刘振怡老师、赵海峰老师，上海师范大学的樊志辉老师，感谢他们在本书写作过程给予的宝贵意见，师长们的谆谆教诲犹在耳边。我要感谢同门师兄弟姐妹的无私帮助，田冠浩、刘聪、袁立国、刘睿、施冠男阅读了相关书稿并给出宝贵的批评意见，与他们的交流让我受益颇丰。

　　本书的顺利出版,得益于南京大学出版社卢文婷博士的鼎力帮助,在此特别予以感谢。

　　黄沙万里绵延,亲手种下的树即便干枯低矮,也注定是行者继续跋涉的路标。有没有绿洲或许并不重要,重要的是始终走在通往绿洲的路上。天地苍茫,释然有望。

图书在版编目（CIP）数据

从神学人格到阶级意识：马克思宗教批判的政治哲
学解读 / 张添翼著. —南京：南京大学出版社，
2020.9

ISBN 978 - 7 - 305 - 23787 - 4

Ⅰ. ①从… Ⅱ. ①张… Ⅲ. ①马克思主义–宗教学–
研究 Ⅳ. ①A811.63

中国版本图书馆 CIP 数据核字(2020)第 169587 号

出版发行 南京大学出版社
社　　　址　南京市汉口路 22 号　　　　邮　编 210093
出 版 人　金鑫荣
书　　　名　**从神学人格到阶级意识**
　　　　　　——马克思宗教批判的政治哲学解读
著　　　者　张添翼
责任编辑　郭艳娟
照　　　排　南京紫藤制版印务中心
印　　　刷　南京鸿图印务有限公司
开　　　本　718×1000　1/16　印张 13　字数 220 千
版　　　次　2020 年 9 月第 1 版　2020 年 9 月第 1 次印刷
ISBN　978 - 7 - 305 - 23787 - 4
定　　　价　60.00 元
网　　　址　http://www.njupco.com
官方微博　http://weibo.com/njupco
官方微信　njupress
销售热线　025 - 83594756